识干家

日進日新 學以致用

润滑油品牌营销

张金荣 著

天津出版传媒集团
天津人民出版社

图书在版编目（CIP）数据

润滑油品牌营销 / 张金荣著. -- 天津 : 天津人民出版社, 2020.8

ISBN 978-7-201-16233-1

Ⅰ. ①润… Ⅱ. ①张… Ⅲ. ①润滑油-品牌营销 Ⅳ. ①F764.1

中国版本图书馆 CIP 数据核字（2020）第 121874 号

润滑油品牌营销
RUNHUAYOU PINPAI YINGXIAO
张金荣 著

出　　版　天津人民出版社
出 版 人　刘　庆
地　　址　天津市和平区西康路 35 号康岳大厦
邮政编码　300051
邮购电话　（022）23332469
网　　址　http://www.tjrmcbs.com
电子邮箱　reader@tjrmcbs.com

责任编辑　王昊静
策划编辑　李俊丽
装帧设计　仙　境

印　　刷　河北宝昌佳彩印刷有限公司
经　　销　新华书店
开　　本　710 毫米×1000 毫米　1/16
印　　张　16.5
字　　数　278 千字
版次印次　2020 年 8 月第 1 版　2020 年 8 月第 1 次印刷
定　　价　158.00 元

导　读

中国润滑油市场生产规模达到580万吨（不含白油、船用油），销售规模达到1100亿元，但竞争激烈，行业内有8000余家润滑油企业，仅占地规模在40亩以上的调和厂就有250家，单一品牌年销亿元的润滑油企业除了壳牌、嘉实多、美孚、长城、昆仑、统一以外不足40家。

企业只有具备一定规模，才能在原料采购上拥有价格优势，扩大品牌知名度，使企业的发展进入良性循环，这个规模就是“年销过亿”，它是无数企业梦寐以求的目标，也是一道很高的门槛。

笔者于2013年自创品牌运作的“九连环”润滑油营销模式包括命名、卖点、价格、包装、宣传、招商、渠道、终端、促销等9个环节。目前该模式已在多家企业实践，实现了3年做到年销1亿元的目标，个别企业甚至仅用4年就做到了年销2亿元，提升了企业的成长速度，降低了运营费用，实现了投资回报最大化。

本书从创业、运营角度运用“九连环”模式，通过8个实操流程全面介绍新兴品牌如何做到3年年销1亿元!

第一章谈准备，因为润滑油行业进入的门槛低，企业经营者费尽心力却难以做好，如果能做到谋定而后动，企业经营者会少走弯路，少花冤枉钱。

第二章讲产品，现在产品同质化现象比较普遍，我们要发掘产品自身特点，与同质化产品拉开差距，体现竞争优势，这样才能拓展市场份额。

第三章我们着重讲解包装。对于一个新品牌而言，包装至关重要，企业经营者想让自己的产品畅销，包装桶、纸箱、单页、海报、吊旗等都要具备鲜明的特色，以吸引消费者关注，引导消费者购买我们的产品。

第四章我们让企业经营者了解如何制定价格。制定产品的价格时，不仅要考虑所处行业的具体情况、企业具备的核心竞争力、用户需求，还要考虑各环节的价差推动力，产品质优价好才能赢得客户。

第五章讲解渠道的重要性，让企业经营者了解如何制定渠道政策，同时介绍常规的招商措施，以实现厂商协同，而市场就靠渠道政策来推动。

第六章主要介绍会议招商的操作方法，如果没有足够的经销商参与品牌宣传，产品就不会有好的销量。本书对会议招商的各个环节做了全面阐述，顺带讲解一些渠道管理的要点。

第七章讲解运营方式，包括企业如何用人、怎样制定经营目标、广宣物料的制作、品牌形象的树立、扩大企业的品牌影响力等。

第八章则对行业内最新的营销推广方式进行全面介绍，包括企业如何做推广活动，怎样用好微信群等。

本书涵盖润滑油企业经营完整的构架及路径，既有丰富的理念，又有务实的运作方法，是一部实用的专业书籍，适合中小企业老板、总监，以及知名企业的高管参考借鉴。

笔者希望本书读者通过借鉴成功企业的经验成就自己的梦想，或许有一天，你领导的企业也能走向世界，成为新时代的弄潮儿。

2020 年 2 月 2 日

张金荣

目　录

第三章　包装：当成广告去考虑

第一节　包装桶形的选择

第二节　包装创新的几个途径

第三节　桶贴设计与卖点展现

第四章　价格：切开市场的“尖刀”

第一节　价格优势从哪里来

第六章　会招：成本低、效率高

第一章

筹备：赢在起跑线上

润滑油行业门槛低，但企业要想做到年销几千万元的规模并不容易，在注册公司、商标起名、寻找工厂、名片设计、资金筹备的过程中，如果企业经营者决策稍有不慎，企业就可能无法成长。如果企业经营者能做到谋定而后动，会让自己少走弯路，少花冤枉钱。

第一节　润滑油企业老板必知的 6 个问题

1. 润滑油行业值得做

润滑油行业是一个朝阳行业。如果你现在决定加入润滑油行业，那么恭喜你，你选对了！

润滑油行业已经有几千年的发展史。在古代，人们用动物油脂来减少摩擦，近代则使用矿物油，当今通过采用各种合成技术，使润滑油品质不断提升。可以说，“只要有摩擦，就会需要润滑油”。即使是电动车也不例外，它也需要动力传动。

润滑油具备以下 4 个特点：

（1）价格攀升。石油是不可再生资源，未来能源越来越短缺，石油价格只会越来越高，过去 30 多年来，虽然石油价格不断波动，但润滑油的零售价格一直稳中有升，没有出现如手机、电脑等产品贬值的现象。

（2）新老并存。很多行业的客户买新不买旧，只要新型号出来，老款要么降价，要么积压库存。但在中国国内，不仅有豪华轿车，还有拖拉机，国外已经被淘汰 20 多年的 CC 机油在我国还在使用，所以，库存产品不怕卖不出去。

（3）重复易耗。很多行业不是做企业，而是做贸易。比如空调行业，一个人买了空调，下次再买就可能是 5 年之后，甚至 10 年之后，买房更是如此。而在润滑油行业，客户长则半年，短则半个月就需要复购，这样的生意利润虽然不高，但可持续性强。

（4）客情关系稳定。不管是设备，还是车辆，润滑油在整体费用里面虽然占比很小，但所带来的影响很大，客户采用 × × 品牌的润滑油后，一般不会轻易更换，这也意味着牢固的客情关系。只要你会操作，和客户从单纯的生意关系过渡到合作伙伴关系，你的润滑油销量就会不断攀升。

正是有着以上四大特色，所以，一些业外人士也纷纷涌入润滑油行业，时不我待，你还犹豫什么？

2. 小企业还有机会吗

越是大企业，越会瞻前顾后，缺乏创新意识。

我们知道大企业在资金、研发能力、人才储备等方面都具备强大的实力，可是很多创新却是由中小企业推出，比如超长周期的油品、有机钼的推广。为什么会出现这样的现象呢？

让我们举例说明这一问题。

2000 年，你是柯达董事会的成员，我是数码相机部门的主管。我来找你，我说："我估计数码相机有市场，有潜力。"

你问："性能怎么样？"

我说："性能凑合吧，还无法和机械相机相比。"

你问："谁来买这样的产品？"

我说："怎么也会有一些人吧，毕竟数码相机使用方便，可以随时将数据传输到电脑上。"

你问："一年能够带来多少收入？"

我估算了一下，咬咬牙，跺跺脚，说："能带来 500 万美元的收入吧。"

这时候，你考虑的是什么？当时的产品收入已经远远超过 100 亿美元，该产品能不能保持基本的 10 个点的增长率，这才是你最关心的问题。这个时候，一个创新产品带来的收入还不够塞牙缝的，你会把资源分配给谁？肯定分配给传统业务部门，比如增加一些广告，多投入宣传费用，等等。

而中小企业没有思想包袱，500 万美元对他们来说就是一个大"蛋糕"，他们会全力以赴地做成这件事。最终，大企业的传统业务量不断下滑，被中小企业不断蚕食市场份额。

这就是"大企业有大烦恼"的由来。

由此我们可以看出，大企业真正创造销量的产品是普通产品，而中小企业销量最大的反而是高等级产品。

3. 为什么企业要做大规模

“小而美”在润滑油行业是不存在的，企业只有做大规模才能获利。

“小而美”在这个时代基本不存在。看看我们熟知的金立、酷派手机，没有足够的销量，产品就无法降低成本，就会丧失在用户面前的曝光率，最后只能选择退出市场。

我们来看一个实例。

龙蟠科技于 2018 年营收 14.98 亿元，净利润 8183 万元，净利润率大约是 6 个点。我们知道，龙蟠科技的基础油来自台塑和其他炼厂直供，价格比我们大部分企业的产品低 10 个点，而基础油在润滑油中的占比是 70% ~90%，也就是说，龙蟠科技的利润来自原料的优势。2019 年前三个季度，康普顿营收为 7.47 亿元，净利润 0.81 亿元，净利润率大约是 13 个点。

据此推论，我们就能知道长城、昆仑的利润来自哪里。

年产 2000 吨的企业是不可能获得一手货源的，包装耗材、物流成本等费用都要比年产万吨的企业高，别人的 CH 机油卖 220 元有利润，你却可能是赔本赚吆喝。2018 年春节后，很多企业都发调价说明，到了夏天，又是一轮价格战，结果，CH 机油反而从 280 元直接跌到 220 元。2019 年厂家打折让利，进入 2020 年，在原油暴跌的情况下，甚至出现了 6 送 1 这样史无前例的促销方案。

这个端倪在 2019 年已经显现，一些只顾大干快上，不看发展趋势的企业已经倒闭，或者是发展动力不足。

面对激烈的市场竞争，企业必须做大规模，才能抵御风险，获得利润。正如小米手机，只有做大规模，才能生存，获得发展的机会。

4. 老品牌还能做大吗

老品牌只有摆脱过去的牵绊，才能做大做强。

在润滑油行业里有很多企业做了 10 多年，年销售额依旧在一两千万元，甚至还有下滑的趋势，有的企业曾经风光无限，但由于管理者决策失误，或者是受大环境影响，企业发展陷入一蹶不振的境地。这样的企业还有机会再次崛起吗？

我们知道巨人集团的史玉柱曾经风光无量，但在企业进行盲目的扩张后便销声匿迹。后来，“脑白金”横空出世，大家才知道是史玉柱做的。如果史玉柱二次创业，还给企业冠名为“巨人”，那么，很多企业是不敢和他合作的。

一些企业做品牌延伸也没有成功，比如茅台集团做啤酒无疾而终，红塔山集团做矿泉水不了了之，海尔集团做电脑不尽如人意，联想集团做手机每况愈下……一个品牌给人的印象是深刻的，通常很难打破人们对该品牌的印象和认知。

上海东昊曾经做到年销售额 3 亿元，由于资金链断裂，企业蛰伏 2 年后再次发力，我们建议其启用新品牌，但老板执意继续使用“东昊”这一品牌，如今，5 年快过去了，企业发展并不理想，经销商一听到“东昊”这个品牌，便不敢与该企业合作。

长春有很多打着一汽名头的润滑油品牌，然而，迄今为止没有形成一个具有一定规模的企业。据笔者了解，业绩最好的企业年销售额也不过几千万元。一些企业想树立自己的品牌，又舍不得“一汽”的名头，无法摆脱对一汽渠道的依赖，发展也就无从谈起。

在山东，有很多中小型润滑油企业舍不得现有的客户和销量，继续沿用老品牌，虽然多方努力，投入重金，但收效不大。

很多企业无法做大的原因就是“师出无名”，就像“统一”给人的印象就是高性价比机油，很难进入高端领域。现在，企业另辟蹊径，通过运作突破、顶峰等品牌成功做大规模。

对于发展不理想的企业来说，摆脱过去的品牌印象，启用新品牌，才能有发展的机会。

5. 调和厂不能只做代工

代工是为人作嫁衣，企业处于最低端，客户做大了，随时会离开。

“现在做一个牌子太难了，还不如做代工呢。”此话听上去似乎有道理，做品牌要投入资金、人员，还不一定能做成，而发展代工，只要硬件、服务跟上，代理费合理就可以了。现在，大部分润滑油工厂产能闲置，发展代工业务可以充分利用产能，降低运营费用，但做代工，客户很忌讳你有自己的品牌。你要做市场，客户也要做市场，你的销售人员在市场上碰到客户的经销商，很多人会给经销商“透底”，虽然这不是代工企业领导的本意，但销售人员要靠业绩生存，就会抢客户的经销商，这种现象很难杜绝。比如进利润滑油企业原来为一个企业做代工，曾经做到年销售额4000余万元，代工厂三令五申，仍无法禁止销售人员直接抢进利润滑油企业的经销商。进利润滑油企业不得不更换代工厂，才将局面稳定下来。

一些企业明白了这个道理后，就不再发展自己的品牌。比如惠源曾经给胜牌、日工、SK、车仆等做代工，后来上了自己的品牌后，很多客户与其终止合作。宝捷为了发展代工业务，在2018年年末彻底放弃了对自有品牌的推广。

如果你没有自己的品牌，完全做代工，是不是就能让客户安心呢？确实会。但只靠收取加工费获利，这样的企业很难持久发展。由于润滑油不是标准化产品，虽然有技术指标，但只有使用后才知道性能及优劣。一些品牌做大后，尤其是年销售额超过3000万元后，运作一个工厂的费用和代工费用相差无几，很多品牌为了保证品质稳定，进一步奠定发展的基础，大都会自己建厂。

这几年，代工品牌做大后就自建工厂，这已经成为代工厂的痛点，能和代工厂合作的品牌，年销售额大都是几百万元到一两千万元，配方更换、工艺调整、包装耗材、库房占用这些看不见的费用如果由代工厂来承担，代工厂就降低了利润，委托方又不乐意承担。很多时候，双方不得不为此而争执。

也有的企业规模大，想为大品牌做代工，比如源根、路路达，这样能降低运营费用，减少包装耗材、库房占用，但大品牌除了要求严苛外，也有代工费用低、结算周期长的弊端。当一个企业把主营业务集中在几个客户身上时，面临的风险会很大。

珠海的一家企业硬件设施一流，为格力、壳牌、大长江、马石油做代工业务，这几个客户占了9成以上的份额。可以说，丢一个客户就损失惨重。该公司在2016年销售额是4.3亿元，但2019年销售额才2.1亿元。无锡的路路达则主要是为统一代工，在 2016 年，统一计划在山东德州建厂，也把路路达的管理者吓出一身冷汗。大客户毕竟是有限的，比如东风嘉实多，自己有两个工厂，也在山东某企业代工，其年销售额是 5 亿元左右，能分给你多少？大客户对代工厂来说至关重要。

当代工厂的业务集中在几个客户身上时，也就意味着容易被客户“绑架”。即便是代工界的楷模富士康，当苹果、华为更换代工厂时也是损失惨重。像南京的英华达，小米手机的出货量占比超过 5 成，可以说，企业已经被小米“绑架”。

“没有根据地就是二流子”，同样，没有自己的品牌就如同裸奔。你只有客户，没有用户，随时会被市场抛弃。

6. 多品牌操作不可取

没有三头六臂，还是做一个品牌的好。

“东方不亮西方亮”，很多老板到现在还坚信这句话。通过多个商标、多种包装、多个部门来运作市场，“我上个牌子，销售额就能多出几百万元”，可是几年下来，销售额总在一两千万元徘徊，一个系列产品的价格从几百万元跌到几十万元，然后再推出新牌子，企业总是做不大。

关注润滑油行业动态的人一定知道 BP 撤出渠道，主推嘉实多；埃尔夫淡化品牌效应，力推道达尔；埃索雪藏，主打美孚；放弃统一，全力以赴做壳牌；整合加德士，全面打造雪佛龙……这些企业哪个不是世界级品牌？大企业双品牌操作尚且难以适应市场的残酷竞争，中小型润滑油企业又该如何生存呢？

多个机会实际上是多个负担，不是只增加包装花费几万元的事，而是需要几十万元的包装耗材、物料，企业管理者要考虑制定政策，确定产品价格，不仅增加产品线的灌装环节，还需要销售人员推销产品，更要命的是同一个地区不同品牌的经销商会发生内讧，相互压价。

在营销界似乎还没有成功的多品牌公司。多品牌典范宝洁日化一度拥有 300 多个子品牌，但连续 8 年业绩不断下滑，现在通过出售品牌，精简机构，到 2017 年年末锐减到 65 个品牌。而可口可乐公司也开始着手清理“僵尸产品”，以避免占用资源。

不要看到统一这个大品牌公司有突破，蓝大夫、顶峰这些小公司就羡慕它，统一是在走资本化的道路，品牌要发展，必须有资金支持。而活在当下的中小型润滑油企业需要随时获得利润，才能生存发展。

聚焦品牌，聚焦产品，才能轻装上阵。

第二节　代工怎么把控质量

1. 建厂是负担

销售额没有 5000 万元最好不要建厂，负担太重。

很多人觉得打造润滑油品牌，没有工厂怎么行？有工厂的，又觉得工厂太简陋，得扩建。他们认为没有工厂就无法吸引经销商，也没有办法取得竞争优势，但你还要考虑以下几个方面：

（1）一个初具规模的工厂一般占地 30 亩，土地费用、地上建筑、设备采购、检测仪器，这些下来，即使是在一个中等发达地区建设也要 3000 多万元；

（2）运营后涉及人工成本、水电费用、管理杂费、材料成本等，还需要投入 500 万元左右的资金；

（3）在市场推广中还会产生销售费用、运营费用、财务费用等，这些也不是小数目。

但按我们的市场操作经验，5 万元完全可以启动一个 100 万元至 180 万元的市场，如果有 3500 万元，即使扣除运营费用，也能拿出 2000 万元做市场，这就可以启动 300 多个市场，而全国不过 300 多个地区市，如果可以做到每个城市都能启动，理论销售额就是 3 亿元的规模。

一些在硬件上投入重金的企业，比如信诺、奥吉星、力能、欧裕龙、康力博、豪沃，我们可以看到其市场表现并不理想，工厂成了资金黑洞，用于市场开发的资金捉襟见肘。

即使你资金富裕，自己建厂也不一定划算！一开始，销量小，但必备的人员、部门、设施、仪器一个都不能少，折旧费用分摊很高，单位成本上并没有优势。

我们知道，在手机、电脑行业，各个品牌基本上都是采取代工模式，比如小米、华为、三星等企业，而拥有工厂的酷派、金立反而倒下了。当年的壳多美也是采取先市场后工厂的策略，在有了一定规模后，才开始在乍浦、天津、昆山等地建厂。

新创办的企业的资金要用在刀刃上，有了市场，有了规模，你还怕找不到代工厂，拿不到好价格？我们看到，车仆、中华、日工即使没有自己的工厂，也做得不错。据说，连统一也开始考虑放弃工厂，直接采用代工这种“轻资产”的运作模式。

如果建厂，基础油、添加剂都要批量采购，而找代工，需要什么直接下单就好，代工费用一般是5%，或者是每吨500～800元，比自己生产更有优势。至于产品质量，可以通过仪器进行检测，代工厂也会提供生产工单，难道你自己生产的产品就能保证没有问题吗？

先做市场，后建工厂，甚至不要工厂，企业可以大幅降低成本，提高效率。

2. 如何选择OEM代工企业

选择代工企业，不仅要看它的实力，更要看它的发展规划。

现在润滑油行业产能严重过剩，随便一条生产线如果24小时开工，每天生产100多吨很轻松，一年就是4万吨。国内占地40亩以上的民营润滑油厂就有200余家，产能不低于2000万吨，但整个润滑油市场的需求才达到620万吨的规模。

我们完全没有必要重复建设，更没有必要把资金浪费在不能变现的硬件上。选择OEM代工，不仅可以减少采购基础油、添加剂的资金占用，更可以把资金投放到市场上。手机、电脑、洗发水等行业大部分采取的是代工模式。那么，我们选择代工企业要注意什么？

选择代工企业要注意以下方面：

（1）硬件设施。不能只关注占地规模，要看灌装设备的先进程度，新品牌一开始销量比较小，而润滑油是按批次调和，所以要看工厂最小的调油釜是多少，最好有3吨，甚至是1吨。还要看调油釜的数量，数量越多，可调和的品种越多。灌装线则多多益善。

（2）储油规模。基础油的价格受原油市场的影响，如果一次性储油量少，就很难消除价格波动造成的影响；规模小的工厂需要通过贸易商进行交易，没有价格上的优势，而规模达到万吨以上的工厂才具备与炼油厂合作的条件。

（3）工艺技术。润滑油由基础油和添加剂调和而成，看似简单，但能保持每一批次都稳定不是一件容易的事，就像谁都知道红烧肉的做法，但做出来却有天壤之别。要看工厂是否有先进、齐全的检测仪器，以保证包装质量的稳定性。

（4）管理制度。好产品是建立在严苛的管理制度之上的，一个油污遍地、物品随意摆放、灰尘蛛网遍布的工厂是不会做出好的产品的。到工厂要四处看一看、摸一摸、闻一闻，比如看厕所是否干净，是否有异味；设备是否有灰尘，是否锈蚀；进货制度、投料流程、检测标准等是否健全并可以执行。

（5）代工数量。代工不是硬件完善就行，有的企业产能过剩，对外开展代工业务，比如以前做工业油或工程机械油品的企业油品数量、品种有限，就不一定能做好车用油代工。你还要看包装耗材库、成品库，看库房的大小是否能满足你的需要，是否收取面积占用费，等等。

（6）企业战略。很多企业新建工厂，或者是扩大规模后产能过剩，就为客户做代工，可能过不了多久，这些企业就开始全力推广自有品牌，比如东方能源、惠源、安美等。还有的企业做代工，会直接抢自己客户的经销商渠道。你要和老板沟通，看他未来几年的规划是什么。

3. OEM 代工的质量控制

新品牌最重要的是质量稳定，对此我们要给予足够的重视。

产品质量是 OEM 品牌商最头疼的事。日工润滑油创立十几年，开始在北京做代工，做了几年，由于产品质量不稳定，销售额总在两三千万元徘徊。换到无锡做代工，依旧是老样子。直到 2015 年，换了南京的一家代工厂，产品质量稳定，企业开始全面发力，短短几年，年销售额就突破 3 亿元。由此可见质量对品牌的重要性。

代工要注意以下方面：

（1）标准规定。厂家虽然会出具检测报告，但不足以证明每一批次的产品质量都能够过关，尤其是一些等级规格没有明确的标准。所以，在签订合同时，要对各个级别的产品进行详细的罗列和规定，包括检测项目和指标，以便检验。原材料的产地和标准，配比，加料程序，以及调和时的温度、压力、时间、搅拌速度等工艺条件，都是质量控制需要留意的地方。

（2）交接流程。在规定的检测项目和指标检测合格后，详细填写检测报告单，加盖合格印章，每批次最好附上检验报告、合格证，并保留油样至少一年。

（3）包装耗材。包装物料一般是由配套厂家直接送到代工厂，需要委托代工厂来检测入库，比如包装桶要抽检克重、砂眼、色泽等，入库时要注意桶口朝下，避免灰尘进入油壶。标签、纸箱、瓶盖等也要提供入库标准。

润滑油的性能还不能完全依靠仪器检测出来，可以说，润滑油代工是一个良心活，最重要的是工厂和老板的口碑。

第三节　注册商标要注重细节

1. 几个字的商标好

名字越短，越容易记忆。1 个字的商标没有什么意义，尽可能采用 2 个字的商标。

现在注册商标越来越难，尤其是 2 个字的商标，很多企业就开始注册 3 个字甚至 4 个字的商标，觉得这样更洋气，却忽视了润滑油的属性。

产品可以分为个性化产品和必需品，个性化产品有饮料、衣服、化妆品、手机等，名字长一点可以凸显个性，尤其是服装、化妆品，名称都比较长。而必需品，比如大米、食盐、润滑油，人们很难关注商标，想让用户记住产品名称，最好的办法就是名字短一点。

一些企业也注册过 1 个字的商标，比如壳牌、行牌、夯牌、虎牌、力牌等，但这些名称过于简单，很难让人们产生丰富的联想，好记，却没有内涵。

3 个字甚至是 4 个字的商标则很难让人记住，在终端容易出现这样的情况：你耗费精力让用户购买了产品，但用户下次购买时，却想不起你的产品名称，无法形成二次消费。

我们主张商标尽可能是 2 个字，虽然难，但你也要努力做到。

比如 TOP1 润滑油在先期进入中国市场时，注册的是“托普”润滑油，让人很难记住，但统一接手后，用谐音“突破”成功注册，名字大气、响亮，还体现了润滑油品牌的精神，通过对赛车比赛的赞助，更是不断放大其内涵。

好的润滑油能起到保护发动机的作用，壳牌宣传历久弥新，嘉实多强调时刻保护，与其这样宣传，不如起名“如新”，直接体现产品的效果。如果再结合百万公里无大修、效果对比、引擎解剖图等，会起到事半功倍的效果。

2. 公司名称和商标名字一致

公司名称和主推品牌名字一致时，会节省很多的推广费用。

康普顿的前身叫派路石化、王冠石化，后来改名康普顿润滑油。上市前，又更名为康普顿科技，前后更名多次，造成很大的资源浪费。

我们知道，注册商标、专利证书上的内容，比如公司名称、注册地址，如果发生变动，就需要重新申请变更，费用比新注册商标还要贵。

如果公司名称变动，很多证书、奖牌上的名称是无法变更的，这样，企业前期的努力虽然不会白白浪费，但需要解释说明，浪费口舌。

更麻烦的是，很多企业之间合作，在对外新闻发布会上一般不会提及品牌，导致企业会丧失品牌宣传的机会。

所以，我们看到壳牌、美孚、龙蟠、统一等企业从一开始就把品牌名字和企业名称规范起来，在宣传上起到了事半功倍的效果。

那么，应该怎么起名呢？

从现在来看，如果直接叫××润滑油企业，在注册上要经过一些审批环节，如果今后企业发展需要融资、上市也缺乏概念。推荐一步到位，直接叫××润滑科技，或者是××能源科技，也可以直接叫××科技公司。

至于公司名称，可以先查询商标名称，评估注册成功率。如果成功率很大，就直接按该商标名称注册公司，如果出现不能注册的情况，再从多件商标中选择一个，变更公司名称。

变更公司名称是免费的，在公司规模小的时候，变更名称的影响很小。

3. 怎么提高注册成功率

商标文字、图形分开注册，才能获得最大的通过率。

现在商标注册越来越难，别说单字的商标难以注册，就是 2 个字的商标都几乎办不下来。那么，我们怎样做才能提高商标的通过率呢？

我们习惯上会把文字、图案组合到一起，让代理公司去申报，这样可以节省费用，但这样注册时，就会遇到类似的文字、图案，只要有一个方面出现问题，这个商标就无法通过，反而会浪费注册费用。

我们建议文字、图案分开注册，最好先注册文字，文字通过后，再注册图案。文字通过后，就能先用在产品上进行销售，图案审批通过后，加在包装上即可。

如果有类似的商标，我们还可以调整类别项目，争取尽快审批通过。比如别人注册了“润滑油 040042”，你可以注册“润滑剂 040063”，别人注册了“发动机油 040104”，你可以注册“武器用润滑油 040011”，虽然有差别，但你也能生产类似的产品。

如果还有难度，你可以注册谐音字，比如“宝洁”注册不了，就注册“宝捷”；“志高”无法通过审批，就改成“至高”；“保千里”批不下来，就申请“保万里”……这样，通过率就会大大提升。

如果你看好的商标都被人注册了，那就买过来好了。一般情况下，一个类别的商标，2 个字的是 6 万元起，3 个字的是 4 万元左右。如果商标涵盖第一、第四两大类，2 个字的在 15 万元以上，3 个字的在 10 万元左右。

购买商标时，最好找中介，避免对方漫天要价。比如苹果购买 iPad 这个商标时，通过中介购买就几十万元，但自己购买却需要花费几亿元。

4. 名字好坏这样验证

无须搞什么市场调研，给你朋友报一下名字，看他能记住哪个。

有一个好的品牌名字，品牌就成功了一半。

你起了几个名字，如何来判断哪个好呢？如果让员工来参谋，他们属于业内人士，会用专业的思路去思考，反而和我们未来面对的用户群体想的不一样。判断哪个名字好其实很简单，只需要按照以下方式操作：

把这几个名字说给你的朋友听，或者你打车时，把这几个名字告诉司机，然后随意聊天，过上十几分钟，再问他：“刚才的名字你记住了哪个？”如果他说只记住了某个名字，就说明这个名字值得注册。

一个人如果记住一个名字需要 1 分钟，记住第二个名字仅需要 10 秒，那么，第一个名字的宣传成本将是第二个名字的 6 倍。

品牌（产品）名称就像一个人在社会上闯荡，你认识多少人不重要，有多少人认识你，而且还能记住你的名字，这才是最重要的。就像一些朋友聚会，大家相互介绍，有的人的名字让人过目不忘，有的人的名字则让人饭还没有吃完就已经忘记了。

当你的名字实在难以记忆时，别怪你的父母给你取的名字不好，你可以给自己取个花名或笔名，比如我的笔名就是“百晓生”，后来才用真名实姓。如果你的品牌已经在市场上推广多年，实在不想换、不能换，怎么办？可以给自己的产品系列起名，像统一就有很多的系列，“精耕”是农业机械润滑油，“移山”是工程机械润滑油，“护航者”是船用润滑油。

你的产品名字越好记，用户下次购买的可能性就越大。如果用户记不住你的产品，下次他只会对终端老板说：“我要换机油。”这个时候，换的机油很可能就是其他商家的产品。

5. 注册哪些商标类别

除了第一类、第四类外，我们还要注册第三类、第三十七类商标才算齐全。

第四类商标是我们必须注册的，尽可能齐全。

第四类商标主要包括工业用油和油脂，燃料和照明材料。涵盖工业用油和油脂的有蜡，润滑剂，吸收、润湿和黏结灰尘用的合成物。涵盖燃料和照明材料的有照明用蜡烛和灯芯。

我们推荐注册以下 10 个小项目：

（1）切削液 040101，这是工业油里面的大类产品。

（2）润滑油 040042，无须解释，必须注册。

（3）润滑剂 040063，如果你做一些功能性产品，最好注册。

（4）润滑脂 040060，没有润滑脂，你的产品就不齐全。

（5）石脑油 040066，消费税按 30% 征收。

（6）纺织用油 040080，工业油里面的又一个大类产品。

（7）白油 C040014，既可以当基础油，又可以当成品油。

（8）乳化油 C040008，应用领域广泛的油品。

（9）齿轮油 C040025，必选项目，做变速箱油需要。

（10）导热油 C040023，润滑油企业自身也需要的油品。

至于其他类目，根据自己的需求选择。

第一类商标不要忽视，否则，你不能生产防冻液、节油剂等产品。

第二类商标主要用于工业、科学和农业的化学制品，包括用于制造属于其他类别的产品的化学制品。用于工业、科学、摄影、农业、园艺和林业的化学品；未加工人造合成树脂，未加工塑料物质；灭火和防火用合成物；淬火和焊接用制剂；鞣制动物皮毛用物质；工业用黏合剂；油灰及其他膏状填料；堆肥，肥料，化肥；工业和科学用生物制剂。

我们推荐注册以下 10 个类别：

（1）制动液 010315，有了这个商标，才能销售刹车油。

（2）乙二醇 010337，就是防冻液。

（3）油类用化学添加剂 010654，这个含义广，一定要注册。

（4）液压循环用传动液 010197，用作液压油。

（5）发动机燃料化学添加剂 010020，涵盖面广，比如省油剂、抗磨剂等。

（6）动力转向液 010643，方向盘用油。

（7）传动液 010644，转向系统、传动系统用的油品。

（8）燃料节省剂 010257，燃油里面用的添加剂。

（9）工业用甘油 010252，食品级油。

（10）石油分散剂 010351，也是燃油用的制剂。

很多品牌做到一定规模，才发现遗漏了第一类商标的注册，就无法销售桶装品牌的防冻液、玻璃水，这时候要么被人抢注，无法注册，要么花重金购买。

第三类商标属于清洗类，涉及玻璃水、洗手液等产品。

此产品主要包括不含药物的梳洗制剂以及用于家庭和其他环境的清洁制剂。这类产品比较简单，一般润滑油企业无须注册，但如果你要做一些汽车养护类产品，就需要考虑。

我们推荐注册以下 10 个类别：

（1）挡风玻璃清洗剂 030126，就是玻璃水。

（2）清洁用油 030117，发动机清洗油，未来将有很大的市场空间。

（3）香精油 030100，很多车主喜欢用。

（4）洗手膏 C030001，给修理工洗手用的。

（5）玻璃擦净剂 C030015，类似玻璃水的东西。

（6）研磨剂 030003，汽车打蜡前，需要研磨。

（7）去油渍油 C030019，喷雾剂，清洗发动机外部。

（8）抛光制剂 030045，打蜡或钣金后需要抛光。

（9）抛光蜡 030054，车蜡。

（10）汽车、自行车上光蜡 C030027，小产品，捎带注册。

车仆从养护品起家，现在已延伸到润滑油；龙蟠从润滑油着手，现在已进入汽车养护用品，3E、可兰素都取得了不错的市场业绩；康普顿的路邦、长城的喜世都属于这类产品，虽然销售规模不大，但利润可观。

很少有企业会注册第三十七类商标，那么，你的门头、车辆就不能使用 Logo 来宣传。

第三十七类商标主要包括建造永久性建筑的承包商或分包商所提供的服务，以及由个人或组织为修复建筑物或保持原样而不改变其物理或化学特征的服务。

只要你做终端门头、车身宣传、上门换油业务，就要注册以下 10 个项目：

（1）汽车保养和修理 370006，修理厂门头必备。

（2）汽车清洗 370007，洗车店门头必备。

（3）运载工具（车辆）保养服务 370085，连锁换油必备。

（4）车辆服务站（加油和保养）370083，移动换油保养服务。

（5）运载工具（车辆）故障救援修理服务 370089，开店必备服务项目。

（6）运载工具（车辆）加润滑油服务 370049，上门换油服务。

（7）运载工具（车辆）清洗服务 370055，直营店洗车服务。

（8）运载工具（车辆）上光服务 370072，直营店上光服务。

（9）运载工具（车辆）防锈处理服务 370082，汽车防锈服务。

（10）运载工具（车辆）清洁服务 370087，洗车、清理服务。

渔船市场、工程机械市场、物流中心这 3 大市场的开发比较适合上门换油，最好提前储备商标。

第四节　产品名字怎么取

1. 好名字就是让大部分人能记住

好名字能节省推广费用，让用户一目了然，还能自带流量。

要想做个亿元品牌、百年企业，名字是最重要的。苹果、奔驰、宝马做得这么好，和名字容易记忆有关。艺人为什么改名？就是要让名字大气、好记。

成功的公司和产品几乎都有一个好认、好读、好写、好记、好传播的名字。给品牌取一个好名字一般要遵循以下3个原则：

（1）不用生僻字。因为名字不好记的话，就不容易被人知道，比如“又双叒叕”我们经常见到，可读音很多人却不一定知道（叒 ruo、叕 zhuo），这样的品牌如何实现有效传播？例如驭者、飒牌。

（2）不用空洞词。有的词汇几乎没有含义，很难发挥作用，比如鑫达、昊派、美孚等，完全是企业自造词，推广起来会事倍功半，最好能有一定的内涵，例如鑫业、圣马力、佐川。

（3）不用大众词。现在一个班上叫子轩、思涵、佳豪、俊杰的重名学生很多，老师都会混淆。在一个行业里，如果名字普通，没有个性，很容易和别人混淆，比如行业里有高科也有高科先锋，有沃特也有沃特加，让人感觉有相互抄袭的嫌疑。最好不用大众词，例如中孚、力霸、中壳王牌。

好的品牌名字具有以下作用：

（1）降低认知成本。如果你的产品有好的品牌名字，无须花费过多的时间和客户解释，就能让其了解你的产品，比如“畅启动”就是启动顺畅，“九州通”就是机油适合中国广袤的区域，几乎是零成本认知。

（2）降低传播费用。我们知道美国有个洛矶山，但有个润滑油企业注册了“洛矶山”，很多人会写错拼错。还有的企业取名字复杂绕口，比如坚纳斯、索菲尔、斯福乐，不管是读还是写都很困难。

（3）让用户一目了然。好名字要能让人一眼看明白，过目不忘，最好能直接看出产品的优势所在，迅速判断是否自己所需要的。比如“保万里”，一看就知道换油周期长，多拉快跑，明显体现了油品的质量。

好名字自带光环，自带流量，能让人听一次就记得住。

2. 名字要有广告性质

我们没有时间给用户科普产品功能，名字就是最好的广告。

我们已经知道，产品的卖点靠言传口授容易失真，最好的途径是让产品自身会说话，也就是产品的名字要传递使用价值，激发用户购买的欲望。

有人煞费苦心地用英文或高雅的名字来命名品牌。

比如 Super，一般人还是认识的，“超级”的意思；Titanium，恐怕大多数人不知道这是“钛”的意思；Quartz，你认识吗？道达尔产品上的英文名字，“石英”的意思；Diamond，钻石！

一家中字头的企业把产品命名为天元、天骄、天蝎、天润……整个是字谜游戏，恐怕只有企业的人才能明白这些“天”字系列产品之间的区分。

还有的企业起名叫天擎、坤王、800，没有企业的解释，你永远不知道它的含义。

不要奢望用户买了你的机油，就会知道你的品牌名字。绝大部分用户没有时间听工作人员的介绍，再说，工作人员有介绍你产品的动力吗？

让你的产品名字直接打动用户，这是起名的原则之一。

3. 产品命名的 7 个方法

起名是艺术创造行为，需要发挥想象力。

产品名字的重要性我们已经知晓。那么，怎么来起名呢？可以采用以下几种方式：

（1）概述具体场景。根据用户的使用场景、需求来给产品命名，比如长途车辆需要的是换油周期长，满足负荷力，动力强劲，“多拉快跑”就很形象；汽机油用户希望发动机声音动听，对发动机保护好，“如新”“悦驾”就很形象地描述了效果和感受。

（2）强调目标用户。你的产品定位是什么？哪些人应该购买？你要让用户一看到你的名字就知道你的产品定位是什么。比如换油中心起名“一呼到”，完全体现了你的服务效率；你打造线上线下一体化服务，线上下单，线下换油，用“优满分”就很贴切。

（3）突出功能价值。每个行业的用户对产品的需求不同，要让用户第一时间了解你的产品是什么，有什么功效。比如油压王、粘力宝，一个是油压比较稳定，一个是黏度比较好，区别很大，目标群体清晰。

（4）显示品牌内涵。每个品牌都有其主打特征，比如美孚的动力、壳牌的清洁、嘉实多的保护，所以，美孚是“我就是想静静”和“爆发力十足”，壳牌的“极净超凡”，嘉实多的各系列，比如护力、极护、磁护，这些都是从“保护”角度出发起的名。

（5）使用常用字词。要用通俗易懂、大众熟知的词汇，不要自造字词，别用大部分人不认识的字词、比较难拼写的字词或者是容易读错的字词，比如飒、驭、夯、骉。慎用英文，以及汉字拼音组合。

（6）名字尽量简短。名字长了容易被人遗忘，降低传播效果，比如美克拉美、威利斯、亚克斯龙、万瑞达这几个名字，你看过后能记住吗？名字最好是 2 个字，但不是说越短越好，完整表达是名字简短的前提。

（7）直接用公司名字。现在很多企业还存在公司、产品名字两张皮的情况，原因是公司注册在前，商标注册在后。但在实际运作中，有时候商标名称也不尽如人意，这个时候，直接用公司名称也减少了传播上的浪费。

这 7 种方式互为补充，组合使用，如果你按照这几种方式给自己的产品取名，成功的概率就会更大。

4. 产品名字一定要注册成商标

不能为了省钱而少注册商标，否则会影响你的产品线拓展。

如果你是润滑油行业的业内人士，你一定知道壳牌旗下的“路路达”机油，曾经是的士用油的领导者，可在 2000 年为什么突然销声匿迹？因为这个名字被无锡的狄总注册了，还把公司命名为路路达，壳牌只好取消了这款产品。

你也一定知道壳牌还有“超凡”系列，由于疏忽，壳牌没有注册该商标，被宁波一家企业抢先注册，虽然该企业历尽波折，但在2019年再次复出，不仅工厂粉刷一新，占地20亩的新工厂也已经奠基，预计2021年建成投产。

嘉实多的产品、海报上以前经常有“至强”机油字样，但从2018年起，就不再这样宣传，因为至强这个商标已经被别人注册，嘉实多当然不会再为别人作嫁衣。

当然，还有我们熟悉的统一润滑油，“统力”是统一率先启用的，但由于疏忽，没有注册润滑油类商标（四类），被武汉一家企业抢注。如今，统一旗下的“统力”只能做防冻液、刹车油，而武汉的统力只能做润滑油，双方都在观望，看谁先放弃这一名称。

这几年崛起的龙蟠没有走这样的弯路，龙蟠都是提前申请注册商标，只要看到、想到好的名字，就先申请注册。比如“四季通”早在2006年就注册成功，但直到2015年才启用该商标。我们还注意到，2016年，龙蟠注册了“喜收”商标，你想龙蟠会做什么产品？我猜一定是农机产品。

可以说，商标先行是做市场的原则，千万不要等市场做大了，或者有钱了再去注册商标，这时候，估计商标早被人抢先注册了。

比如滴滴打车本来叫“嘀嘀打车”，企业后来才发现“嘀嘀”被人注册了，只好改名。苹果为了让iPad进入中国市场，不得不花费重金购买iPad商标。

现在注册商标很便宜，注册一个商标1000元左右，这点钱你就不要省了。

5. 怎样规避知名品牌

借助知名品牌，可以取得事半功倍的效果。

乔丹体育旗下的“乔丹”商标已注册了很多年，很多人都以为该公司从事的是美国飞人乔丹名下的产业，直到乔丹起诉该公司，人们才知道乔丹体育是欺世盗名，乔丹体育上市无限延期。

业内也有这样的故事，青岛矫马旗下的“JIAOVO”商标成功注册，公司名称也用了矫马，但在山西日本能源这一正宗矫马的不懈努力下，该商标被判撤销；类似的还有天津日矿矫马，因为公司名称不合规，被工商管理局罚款10万元，并予以撤销。

这些公司的失误之处在于公司名称借用知名品牌来命名，然后在包装上凸显，以实现浑水摸鱼的目的，这种行为自然会被正版品牌打压，尤其是在法律不断健全的今天，被处罚毫无悬念。

我们该怎么借势呢？

我们来看看真功夫这个实例。

真功夫起源于广东省东莞市长安镇，前身是双种子，主打“蒸”工艺，后改名“蒸功夫”，最后改名为真功夫，并和功夫明星李小龙建立了形象关联。

为什么李小龙的后人没有起诉它呢？真功夫没有用到李小龙的肖像，而是巧妙地运用漫画让人一看就知道是李小龙。消费者只要看到真功夫，就能想到李小龙，靠借势，真功夫完成了让消费者信赖这一关键步骤。

我们也从这个角度去操作，完全可以避开侵权的嫌疑。

第五节　公司注册及股权设定

1. 注册几个公司

做企业不要指望东方不亮西方亮，公司越多，精力越分散。

很多企业为了增加成功率，会同时推广几个品牌，为了宣传方便，同时避免相互牵连，会注册多个公司，每个公司对应一个品牌，看似很保险，但至少现在看来成功的很少。

把 10 个鸡蛋集中放在一个篮子里，或者是分散放在 10 个篮子里，不管怎么放，都有一定的道理。把鸡蛋放在一个篮子里是为了集中精力，而把鸡蛋放在 10 个篮子里的确分散了风险，可也分散了精力，你还需要花钱买篮子。

中小企业本来在资金、人员上就先天不足，当你运作多个品牌时，每个品牌能分配多少资源？强大如壳牌，在吞并统一后，也出现“消化不良”；美孚也无法同时运作埃索；BP 和嘉实多难以并举；加德士、雪佛龙，也只能保留一个。难道他们就不知道多个品牌多条路吗？

非也。他们是要统一口径，避免内讧。我们可以想象，你面对客户时该如何推荐品牌？都是自己的牌子，哪个好，哪个差，很难主动推荐，只能让用户自己选择，可用户又不专业。

一家上市公司的老总曾说：“看不懂统一现在的操作，突破、顶峰、蓝大夫，有几个牌子，让用户怎么选？我们将一如既往地坚持一个品牌，一个声音。”这几年的市场表现也印证了多品牌的企业销量并不理想。

在你只有几杆枪的时候，与其分散精力看着 10 个篮子，不如把 1 个篮子抱在怀里，小心呵护。

2. 不要合伙开公司

一家公司能否生存，我们只要看这家公司的股东结构就知道了。

在中国，一个人是条龙，两个人是条虫，三个人只会鸡飞蛋打。国人缺少契约精神，很多同学、朋友、同事合伙开公司，最后由于各方利益分配不均而散伙。

很多人由于缺乏资金，在创业时寻找投资者，就会根据其投入资金的多少来分配股权，结果，大股东仅仅投入资金，小股东忙前忙后。在创业初期，大家都是为了把公司做起来，不会过于计较收入，不会有明显的矛盾。随着时间的推移，如果公司盈利，付出精力多的一方会觉得自己没日没夜地工作，拿到手的钱太少，希望调整分配方案，而投入资金多的股东觉得当时投资就是为了赚钱，如果调整股份，自己就亏了。

如果公司亏损，干活的人会拿一些工资，而投入资金多的股东会看不下去，觉得自己在亏钱，还要给小股东发工资。很多时候，合伙人就是因为这些原因不得不散伙。连雷士照明这样的上市公司都会发生内讧，何况其他企业？

有的公司合伙人都投入了同等的资金，股份均分，员工不知道应该听谁的指令。公司做不起来，大家互相埋怨；公司做大了，大家比功劳，要钱财。所以，合伙开公司的事情还是要慎重。

那么，创业缺钱怎么办？

一定要保证干活的人或懂行的人做大股东，主要出资人以借款的方式借钱给创业者，让创业者当大股东，这样他才有动力。而投资者通过借款的方式借钱给创业者，不仅资金安全有保障，在企业发展壮大后，还可以用企业的收益来弥补投资者的投入，从而成为真正的投资人或创业者。

3. 注册多少资金合适

注册资金意味着企业承担的责任，合适就好。

目前，注册资本是认缴制度，也就是说，在办理营业执照的时候，工商局不需要验资报告，而且注册资本大小和注册资本认缴年限都是由股东自行约定，只要在公司章程中载明就可以了。如果企业未兑现认缴的承诺，主管部门将按照《公司法》进行处罚，并将其拉入“经营异常名录”，向社会公示，甚至可能被写进全国联网的“黑名单”，导致“一处违法，处处受限”。

企业要按实收资本和资本公积缴纳万分之五的印花税。例如一家科技类公司的注册资本是 100 万元，如果企业完成实缴，那么企业的印花税将是

500 元。

做省级公司注册，注册资本要求在 500 万元以上（科技型企业需要 300 万元），核名是由省级工商管理局核准，然后在注册公司所在地区工商管理局进行工商登记。

注册资金数目对公司主要有以下影响：

（1）由于注册手续的费用是按注册资金的百分比来收取的，所以注册资金多，注册手续费就贵。虽然工商这方面免费，税务还是按照注册资金来收取印花税。

（2）公司注册资本越高，所承担的民事责任越多。

（3）注册资金多寡在一定程度上表示该公司的资本是否雄厚，有没有做大项目的能力，客户有时候会以注册资金作为是否合作的考虑。

（4）很多竞标项目要考察公司注册资金，因为注册资金涉及公司的资质评定等级，不同等级资质的公司可以获得招投标的项目等级也不同，正如三级建筑资质的企业不能获得 500 万元的工程招投标资格一样，注册资金达不到一定规模，连参与竞标的资格都没有。

（5）很多行业注册时就有注册资金门槛的要求，注册资金不够不能申请注册该行业名称的公司。比如劳务派遣公司最低注册资本 200 万元，没有 200 万元就不能注册。

（6）注册资金 50 万元以上，可以申请一般纳税人资格，可以开具增值税发票。

（7）注册资金 50 万元以上，银行可以办理员工工资卡业务。

（8）如果银行贷款给公司，往往也要参考注册资金这个条件。

综上所述，我们建议最好注册为科技公司，对今后融资、上市都有莫大的好处。比如“山东润道润滑科技有限公司”，只需要 300 万元的注册资金，但需要到省级工商局去核名。

也就是说，公司注册资金为 300 万元～500 万元是最佳选择。

4. 做一个品牌需要多少钱

做一个润滑油品牌，10 万元可以起步，50 万元够用，100 万元比较宽裕。

很多人觉得做润滑油品牌投入很大，迟迟不敢行动，总在等待时机。我们来看一下操作一个品牌需要准备多少资金。

在贴牌或代工的情况下，启动品牌需要考虑包装耗材、广宣物料、办公场所、人员配置、启动周期、差旅费用。

包装耗材可多可少，最好能轻装上阵，产品线少可以减少耗材费用。包装桶一般起步定量是3000个，一款颜色的包装桶大概需要1.3万元。汽机油、柴机油包装桶最好做成3种颜色，最高等级的产品可以只设计出样，无须真正投产，这样，即使3种颜色的包装桶都备货，包装耗材也只需要4万元。

在广宣物料上别做大部头的手册，因为你没有素材，拼凑的内容毫无价值，而且浪费钱财。最好先做汽机油、柴机油的单页，正面是产品特色，背面是产品介绍，再做汽机油、柴机油、品牌形象的海报各一份，至于不干胶贴，大车、小车各做一款，这样可将费用控制在1万元以内。

可以不考虑设置办公场所，刚起步的品牌，如果是与朋友合作，就可以在家办公；人员多的话，可以找代工厂申请一间办公室，不仅可以就近监督，还能节省办公费用。

不要指望招来的人为你开疆拓土，在公司没有好的业绩的时候，招来的人很难认同你，你要做出成绩，才能带动大家跟着你干。一般情况下，公司年销售额达500万元的时候，净利润有80万元~100万元，这个时候再招人才有影响力。

在运营费用上，一个新品牌立足一般需要3~6个月，在人员少的情况下，交通费、住宿费、餐饮费、公司运营费每个月需要约1万元，最好准备6万元，用以应急。

这样算下来，做一个品牌10万元就能启动，经济上稍微紧张一些，经销商需要推广支持时，可能会出现资金告急的情况，准备20万元就能避免这种担忧。

如果有50万元的启动资金，就能租赁一个办公室，招聘1个内勤、2个销售员，发展会快一些。

如果有100万元，就可以招募5~8个销售员，即使销售业绩不好，也能坚持半年以上。

如果你要打造自己的品牌，从安全角度来说，还是筹集20万元比较稳妥。

5. 没必要在香港注册公司

很多企业为了有一个响亮的名头，会在香港注册公司。在香港注册公司很简单，只要没有重名，大部分可以审批通过，经营范围可以包括生产、销售、贸易，涵盖上下游产业链。注册费用也不高，大部分人能够承受。

在 2000 年以前，注册这样的公司还能唬人，但随着经济的发展，信息变得发达，对于这种操作手法，别说经销商，就是终端商都心知肚明，车主也越来越难被忽悠。随着市场的逐步规范，这样的品牌还有虚假宣传的成分，很容易被工商部门查处打击。

有的公司越是底气不足越要虚张声势，就像一个小人物头衔一大堆，而真正知名的人物只有简单的一个名字。

企业不是依靠哪个国家或者区域来打造品牌形象，而是通过公司的产品、企业的硬件潜移默化地影响用户，从而树立自己的品牌形象。

如果要打造为哪个国家服务的品牌，企业完全可以在海外成立一家公司，请当地人士任职，这样，在年会、展会上就有海外人士，而且还是总经理、董事长来露面。现在，已经有几个企业开始在美国、德国成立离岸公司，甚至入股国外的润滑油企业，生产部分产品，从而证实自己的品牌影响力。

还有更省钱的方式，被称为厂妹手机的 OV 一直打造韩国风尚，近一两年，人们才知道其出自步步高旗下。润滑油品牌也可以借鉴这种方式，宣传自己的产品采用德国设备、德国工艺、德国风格，不说自己是德国品牌，但让人默认你是德国品牌。德国品牌体现了工匠精神，美国品牌彰显了高科技，日本品牌给人的印象是精益求精，利用这种方式宣传是不错的选择。

鸡蛋好吃，我们不一定要认识下蛋的母鸡。所以，仅仅成立一家空壳公司毫无必要，要么不成立公司，要么成立影响力大的公司。

第六节　漂亮的 Logo 这样来

1. 四条标准

Logo 要好看、简单、识别率高、好记忆。

Logo 设计一定要慎重，对于品牌来说，Logo 就是代表符号。

Logo 设计要做到以下方面：

（1）风格极简。现在在售的润滑油品牌有几万个，很多终端都摆放多家产品，想让自己的品牌脱颖而出，就要记住这一原则：少就是多，懂得克制，才能赢得更多。

我们的 Logo 一般出现在门头、单页、产品、礼品上，门头面积比较大，Logo 相对来说要大一些，即使是复杂的 Logo 也能表现出来，但如果把复杂的 Logo 放在产品上，就会模糊不清。

一些润滑油品牌的 Logo 极其复杂，比如康普顿、威力狮、星狮、亚瑟、上英。亚瑟的 Logo 是一个戴着头盔的武士，康普顿的 Logo 是一个骑马的骑士，威力狮的 Logo 是一个狮子头像。这些 Logo 如果印在 1L 的包装上，就会成为一个色块，难以看清原来的线条模样。

（2）色泽鲜明。首先，颜色不能多，一般情况下最好是两种，尽量不超过三种；其次，颜色要纯粹、鲜亮，尽量不用中间色，比如紫色、灰色；最后，颜色要符合行业默认颜色体系，也就是红、黄、绿。

龙蟠采用了草绿色和深绿色，体现了环保趋势；统一是黄底红字，色泽鲜明；嘉实多是红绿搭配。这几个品牌色系即使在光线昏暗的地方也显得十分醒目。

我们建议色系这样搭配：红黄、黄绿、红绿。不建议采用长城、美孚这些“蓝红”色调，在光线暗的地方就黑乎乎一片，看不清楚。

（3）嵌入名字。现在一些企业喜欢高大上，学习大品牌的 Logo，只有一个图案，你要知道，即便是壳牌，也是在历经百年后，才在近期取消了 Logo 上的“壳牌”字样，如今，统一、龙蟠这些高知名度的品牌还保留着名字。

人们对新品牌缺乏认知，仅仅通过一个图案难以让人记住品牌的名字，Logo 里面嵌入名字，可以起到相互补充的作用，让人“望图生义”。

笔者建议企业在注册商标时，先注册中文名字，Logo 文字就直接用中文，然后再慢慢设计图形 Logo，注册成功后，再结合起来使用。

（4）Logo 扁平化。以前，很多企业的 Logo 都推崇立体化设计，比如长城、嘉实多，通过颜色的深浅过渡，让人直接看出立体感，但立体化图标在平面上很难体现出来，效果大打折扣。

扁平化率先在苹果手机系统中出现，并逐渐成为一种潮流趋势。如今，壳牌最新的包装取消了各种弧度的线条，开始扁平化；美孚用大面积的色块代替之前花花绿绿的图案；龙蟠也在逐步升级包装。

在使用字体时，要注意版权，别用繁体字，目前可以免费商业使用的字体有宋体、仿宋、黑体、楷体、隶书、幼圆。而电脑里最常见的微软雅黑字体不是免费的！

如果想省事，就直接用中文商标做 Logo，字体就用黑体。

一个品牌成功的要素有很多，不要觉得 Logo 很普通就觉得 Logo 不重要，你完全可以做得更好。

2. 颜色这样选

每个行业都有自己的色彩认知，润滑油行业也分 3 个体系，看你选择哪个。

很多企业管理者看着自己的 VI 就觉得郁闷：在电脑上看着不错，怎么到终端就走样了？

这是因为你没有仔细研究行业内的 VI 体系，别看润滑油行业品牌众多，其实它的 VI 体系只有三种。具体如下：

（1）黄色。以壳牌为代表，昆仑、统一、久润也采用了该配色，以红黄为主。

该配色在终端比较抢眼，唯一不足的是黄色容易在太阳光的照射下慢慢褪色，变成灰白色。目前，壳牌通过提升材料、颜色的品质来保证色泽的稳定性。

（2）蓝色。以美孚为代表，道达尔、福斯、长城、雪佛龙也是该色系，以红蓝为主。

这个色系有个很大的弊端，就是很容易埋没在大街小巷的品牌颜色里，到了夜晚，更是没有辨识度。所以，虽然品牌听起来挺响亮，但终端表现不理想。

（3）绿色。以嘉实多为代表，BP、龙蟠、康普顿也采用该体系，以黄绿为主。

这个色系看起来很舒服，尤其是红绿搭配，十分抢眼，即使是在夜晚也很醒目。

为什么是这几个颜色呢？想想红绿灯就知道了。白天、夜晚都好识别，易区分。红色灯的红光穿透力强，传得很远；绿色给人以安全感；黄色是暖色，很柔和。

笔者建议从这 3 个颜色中选择 2 个，重新设计自己的 Logo、VI，颜色太多就成了万花筒，无法凸显重点。

3. 设计灵感从哪里来

企业不能只是希望设计公司能设计出好的 Logo，大方向还要靠自己来把握。

我们知道，设计外包是设计公司把企业对于 Logo 的想法通过电脑软件体现出来，或者把 Logo 做得更好看。

那么，企业的 Logo 创意灵感从哪里来呢？

设计企业 Logo 可以采用以下几种方式：

（1）关联行业。让 Logo 和行业属性关联，这是最常见的操作方法，不仅直接，也便于客户记忆。比如昆仑、福斯、长城、嘉实多、道达尔等品牌的 Logo 都近似于圆形，这体现了行业特征，是大的原则，一般不要轻易偏离这个轨道。

（2）几何图形。品牌名称比较中性，没有特殊含义或概念比较宽泛，可以用抽象的集合图形来进行拆分或组合。润滑油产品尽可能使用圆形、弧形的图案，比如龙蟠的 Logo 是几个油滴组成的车轮，吉诺润滑油的 Logo 是一个球形，安达润滑油的 Logo 是 A 和 D 的组合变形，宝力多的 Logo 是 BLD 的组合。

（3）字体变形。Logo 不一定只是图形。在国内，我们完全可以直接用中文的商标名称来设计，这样做可以使 Logo 更加简洁大方。一般要对字体进行加工，比如把某个字的“点”变形为油滴，颜色最好也做一些调整。美孚 Mobil 就是把字母“O”做了特别处理，司能则是把“司”字做了艺术创新。

（4）好看醒目。对于一些中小型润滑油企业来说，品牌 Logo 只要好看就可以了。路伊斯润滑油的 Logo 是圆形和油滴的组合，没有什么特殊含义，而新宇润滑油的 Logo 则是内含油滴的圆形。

（5）出身背景。很多企业为了更好地拓展市场，会把自己的产品宣传为某个国家的品牌，设计 Logo 时可以采用这个国家具有代表性的图案，比如加美润滑油的 Logo 就用了枫叶，中华润滑油的 Logo 用了华表，昆仑润滑油的 Logo 是山上的太阳，新加坡 SPC 的 Logo 用了狮子，油之陆的 Logo 用了美国雄鹰。

总体原则是 Logo 要简洁、好记。

4. Logo 不仅仅是一个图形

很多人觉得 Logo 就是一个图形，其实，Logo 是品牌给客户留下的第一印象。

我们日常看到的 Logo 几乎都是图形，其中大部分是圆形，这让我们感觉 Logo 就是一个图案。正因为如此，有的企业管理者认为 Logo 无关紧要，对品牌形象或销量没有什么影响，有的企业管理者却说 Logo 会影响产品的销售，是品牌识别符号。

为什么多年未见的同学、朋友虽然外表有了变化，但见面后你还是会立马认出他？这就是因为你的脑海里有一个印象。Logo 也是如此，我们看到很多品牌的 Logo 不断演进，比如可口可乐、星巴克、嘉实多、壳牌，但它们的灵魂却没有改变。当人们一看到这个 Logo，就知道这是 × × 品牌的产品，从而放心购买。业内流传着一个故事：你过桥的时候几乎不抓扶手或栏杆，但没有栏杆的桥你敢走吗？Logo 就是将抽象的品牌具体化，体现品牌的灵魂。

可以说，Logo 代表着一个企业品牌，承载的是一个综合的环境背景，不只是一个简单的名称。

Logo 会出现在产品、包装、纸箱、单页、海报、吊旗、信纸、礼品、展台、广告、名片、车身、横幅、网站、招牌、微信、微博、抖音这些地方。所以，Logo 忽视不得，但更重要的是产品过硬，用户认可。摩托罗拉、诺基亚被收购后，虽然还在销售手机，但购买者寥寥无几。

5. Logo 设计不能过于简单

我们不要看大品牌现在的 Logo，它多年前的 Logo 才有参考价值。

笔者提倡 Logo 要精简，但有的企业管理者误认为 Logo 就是一个图片，还说壳牌、美孚也是这样做的。

我们今天看到壳牌的 Logo 是个贝壳，但你别忘了，几年前图形下面还有 Shell 这几个字母或壳牌的文字，更早之前，Shell 直接印在贝壳上面，这样做就是让大家认识它的商标名称是“Shell”，壳牌的品牌知名度足够高之后才省去了“Shell”这几个字母。嘉实多的 Logo 也是历经百年，由繁到简，逐步演变而来。

运动品牌耐克的 Logo 刚开始是几个大一些的字母和公司的英文简称，直到 1972 年才有了今天的雏形，就是“‘钩’ + Nike”。到了 1978 年，耐克才把 NIKE 挪到“钩”的上方。1985 年，耐克公司和乔丹合作，为纪念跨界成功，Logo 的后面加上了红色的方框。这几年，耐克被大家普遍认知，“钩”的形态已经成了耐克的记忆符号，才把“钩”上面的字母去掉。

一个新品牌首先要做的是让用户记住你的名字，这样他下次购买时会说“我要买如新润滑油”，而不是说“我要买那个有齿轮和油滴的润滑油”。最好的 Logo 是图形 + 文字。

如果你的设计师没有这样做，让他修改；如果你的 Logo 太国际范，比如恒运、东风这些 Logo 就是图案，或者是图案 + 英文，最好马上修改为图形 + 中文。

6. Logo 设计方案的评估

Logo 不单是个图形，更是一个品牌的形象外延。

一般情况下，中小企业很少请专职的设计人员，毕竟好的设计人员费用不菲，最常见的还是和一些设计公司合作。

那么，我们怎么评估这些设计公司的设计作品呢？

可以通过以下几个方面对设计公司的作品进行评估：

（1）关联性。Logo 一定要和企业、行业切合。润滑油行业的 Logo 大都圆润，大品牌都符合这个规则，比如长城、昆仑、龙蟠、领航、东风等，但个别品牌却没有这样的灵感，比如高路宝、恒运、蓝星、金冷等。当然，它们的市场地位也不尽如人意。

（2）独特性。Logo 都比较小，要在方寸之间体现差异性确实很难，至少笔者觉得比做海报、单页的难度大很多。正因为如此，很多企业的 Logo 越来越近似，失去了独特性。可以这么说，油滴、圆形、齿轮已经成了润滑油品牌 Logo 的标配，识别度很低。

（3）前瞻性。第一个把美女比作“西子”的是人才，后面的都是模仿者。以前，很多企业为了体现自己的背景，Logo 图案极其复杂，比如康普顿的 Logo 是个骑士，星狮的 Logo 是个狮子，奥吉星的 Logo 是稻穗、钻石、三角的组合。如今，在扁平化、线条化的大趋势下，很难做出进一步的精简。

（4）包容性。以前，润滑油企业只做机油；如今，涉足车用尿素、玻璃水、刹车油等产品，一些品牌的 Logo 没有这样的外延。很多企业的 Logo 里面还有化工、润滑油字样，而壳牌、嘉实多、长城、龙蟠早就取消了这些字眼，昆仑润滑油在 2019 年更改为“昆仑润滑”就是为了扩大外延。

（5）能注册。企业的 Logo 如果和其他品牌的 Logo 近似，就会难以审批通过。所以，Logo 的初稿提交后，就要让商标注册公司及时查询，判断是否能审批通过，如果注册把握大，再继续完善，免得白白浪费时间和金钱。

7. Logo 要这样运用

Logo 代表品牌形象，是无形资产，企业要加以重视。

要保证 Logo 能被人看清楚。在标准的名片上，品牌 Logo 能否让人看清楚？如果需要凑近才能看清楚，这个 Logo 就需要修改。

好的品牌 Logo 设计包括以下几个方面：

（1）形式。Logo 一般采用图片 + 文字的形式，所以要做成横版或竖版。一般情况下，竖版图案在上、文字在下的格式应用最多。

（2）颜色。一般情况下，Logo 最好选取 2 种颜色，尽可能不要超过 3 种，颜色如果太多，在一些小的物品上，Logo 就会模糊不清。另外，也要做出反白的效果。

（3）尺寸。如果是竖版，图案和文字的宽度要一致；如果是横版，高度尽可能一致，这样看起来就会比较协调。一般情况下，Logo 占整个物品的面积不要超过 8%，最好在左上角，或者是在右下角。

（4）口号。如果你有品牌口号，最好能和 Logo 配套使用。人的左脑对文字敏感，偏于理性；人的右脑解析图案，偏于感性。Logo 一般是图案，如果结合口号，可以打造最佳效果。口号一般加在 Logo 下方，如果文字较长，可以单独使用。

第七节　企业手册这样做

1. 手册要小而薄

手册的用途是销售，不是只为体现企业的面子和形象。

笔者对一些企业的做法感到很无奈：企业（产品）手册做得极其豪华，烫金封面、凹版印刷、覆膜内页、高档铜版纸，一本手册多达几十页，拿在手上沉甸甸的，制作成本要几十元钱。

翻看内容，基本上是这样的顺序：老板寄语、企业介绍、工厂场景、合作伙伴、实验室、产品介绍、市场掠影、VI 形象、促销礼品。内容千篇一律，看了一家企业的手册，其他企业的无须再看。

这样的内容能传递什么信息？产品琳琅满目，可没有重点；占地面积大，可你不是房地产开发商；水杯、吊旗、信封的制作标准，和客户毫无关系。

手册要传递出这样的信息：公司值得信赖，产品容易销售。手册是市场推广的工具，是要拿来派发的，所以，要小、要薄。

“小”就是尺寸最好和单页保持一致，16 开就够了，每页凸显一个内容，不要动不动就来个领导致辞，只需要介绍市场需求、用户痛点、产品卖点、效果体现、潜在终端、配套礼品就够了。

一般来说，手册用三折页或四折页就够了，这样，也就是 8 页，版面足够你介绍某个系列的产品，产品介绍过多，只会让人抓不住重点。

记得润道推出公司手册时，第一版 28 页，几乎把所有的内容都列了出来，结果很多人看后不知道公司是做什么的。

公司推出第二版手册时就减少为 4 折页，但依旧内容庞杂。

如今的版本就是一个尺寸为 A4 的折页，包括品牌峰会、百强评选、营销咨询这 3 个方面的内容。

2. 单独做产品手册省钱

最好单独做产品手册，做成活页的，针对性好，还省钱。

很多企业出于成本考虑，会把产品手册和企业手册合并，其实这样做更费钱。

经销商或大客户要看产品，你就要给其递上一份精美的企业手册，而手册内容并不一定适合其需求。

即使分开做手册，一般也是把各种油品罗列在一起，汽机油、柴机油、附属油、摩托油、工业油，应有尽有，而终端链上，做汽机油的不做柴机油，做摩托油的没有必要看工业油。这样，你的手册中就会有很多与客户无关的产品内容，白白浪费金钱，也会造成客户翻阅困难。

壳多美、城昆一这些大品牌单独制作不同的手册，中小企业如果也这样做，就显得有些浪费。

那么，应该怎么办？

我们建议做成插页式手册，外面是封套，里面是不同的插页。根据客户的需求放入不同的插页内容，这样做既方便客户浏览，也避免无效内容的传播。

那么，插页应该怎么制作？

我们建议直接使用产品单页，这样客户看到的不仅仅是一个产品指标的讲解，还能知晓产品卖点、特色。

插页式手册还有一个好处，就是经销商在跟大客户商谈时，可以把这个封套当成标书封面，看起来更正规。

我们在为一家企业服务时，该企业原来制作的是混合式手册，涵盖企业手册和产品手册，每本印刷成本是 15 元，每次印量 5000 本，由于产品线更新，上马变速箱油和制动液养护项目，老板就为是否重印而烦恼。

在我们的建议下，企业手册印制的都是相对稳定的内容，比如企业简介、品牌阐述、形象规范、合作客户、实力见证等。

产品手册则采用插页式，仅仅增加一个封套的费用，插页内容直接用单页代替，大大节省了广宣费用。

一些经销商直接拿封套给大的终端做产品展示。

3. 折页不需要有整体感

折页是用来翻阅的，有几个人摊开看呢？

一些设计师总喜欢用唯美的眼光看待设计，比如产品书册的封面、封底的风格要一致，折页的前后要有整体感。

他们在做设计的时候先定好整个作品的尺寸，然后在画布上摊开设计，很容易把折页设计得有“整体感”。

比如设计手册，他们不是一页一页地设计，而是封面和封底、扉页和尾页一并设计。折页也是根据同样的道理来设计，他们会按照手册摊开后的样子来设计，甚至会让一张背景图贯穿整个展开的页面，形成一个所谓的完整画面。

这样做真的没有什么意义，还限制了自己的想象力。有几个客户会把折页、手册摊开来看？他们几乎都是一页接一页地翻阅。

封面、封底、扉页、内容，这些都是完全不同的版面，应该分别设计，突出各自的价值，只要在风格上统一就可以了，比如颜色、线条、字体保持一致。

不要在无关大局的细枝末节上玩弄雕虫小技。

4. 做哪些单页

好的广告能吸引读者，差的广告只会浪费钱财。

单页一般有两种，即产品单页和宣传单页。

产品单页一般会罗列各种产品，介绍它们的性能。企业通常喜欢做成汽机油一面、柴机油一面，这样看似品类齐全，实际上却是浪费。

我们知道一般的终端很少同时维修柴油车、汽油车，因此你的单页上有一半内容都在浪费。

那么，应该怎么做？

我们建议在单页的正面介绍主打的产品，背面则介绍系列产品，这样既能突出重点，又能推介其他产品。

宣传单页是为举办活动而专门制作的单页，也就是促销单页。既然是介绍活动，就要把内容介绍清楚。

做活动和做产品设计一样，千万不要贪多，不要设想着把所有产品推介给用户，也不要想给所有人推介产品，我们要针对特定群体推荐特定产品。

针对长途运输车辆，可以主推省油型的产品，强调省油。如果是渣土车，就要强调抗磨、动力足，选择油压稳定或者是动力强劲的产品。针对车队，则可以主打长周期产品。

宣传单页在设计上要优先考虑传递内容，包括活动的时间、周期、赠品、卖点，接下来再考虑单页的外形设计。不要为了追求单页的美观而忽视内涵，让用户搞不懂活动的内容。

5. 销售手册这样做

有了营销手册，就可以让销售少走弯路，事半功倍。

我们羡慕大企业销售人员的素质，很多大企业的销售人员很年轻，却能搞定经销商。每个老板都希望公司的销售人员个个都是精英，客户有什么问题，他们都能搞定。只要方法得当，其实你也能做到。

具体做法如下：

（1）我们一般每个月都会召开销售人员会议，在正常的汇报工作结束后，大家就可以把遇到的客户异议提交上来，在日常的微信群里也可以随时汇报情况，或者是自己记录在便笺里。

（2）将客户提出的异议细分为产品、价格、终端、支持、质量等类别进行汇总。

（3）对出现频率高的异议，大家集体讨论，集思广益，编制适当的解答话术，由文员记录并打印出来。

（4）公司领导选出 3 ~ 4 种解答话术，打印出来，分发给销售人员。

（5）大家熟悉解答话术，并将其变成日常对话语言。

（6）实战演习，由职员扮演客户，提出问题，大家轮流用标准答案应答。

（7）找出异议手册中不足的地方，现场补充修订，直到大家认可。

（8）对经过修改的异议手册再次进行练习，练习 2 ~ 3 轮后，就可以定稿并打印出来，让销售人员随身携带，随时翻阅。

（9）如果出现新问题，可寻求解答话术，随时补充进异议手册。这样做的话，一般一年左右就可以形成自己公司的营销手册。

如果公司的人少，不好讨论，可以自己思考总结并整理成册。

第二章

产品：所有营销的起点

都说产品同质化现象严重，市场越来越难做，其实是我们误解了“同质化”的含义。它是指在基础制造环节，大家站在同一个起跑线上，中外品牌、大小品牌几乎没有品质上的区别。这就意味着，同类产品的竞争加剧，我们要寻找自己产品的优势，拉开与同类产品的差距，抢占市场份额。

第一节　用户要的是什么

1. 品质无须出类拔萃

产品品质差也有可能畅销，但高品质才是畅销市场的根本保证。

品质，只占产品畅销的 10%。

一个产品畅销与否，并不单纯由品质决定。

案例一：

曾经有个奇迹机油，靠传销的模式在武汉大行其道，人们购买它不是为了使用，而是为了赚钱。

案例二：

2016 年，广东的一家企业推出免费送机油的活动，只要支付 188 元的滤芯及保养费用，就可以获得一瓶全合成机油，一些人看到“免费”“全合成”就一拥而上地抢购，却不知道同样的产品龙蟠才卖 88 元。

可以说，即使产品品质一般，也能卖得很好，甚至一些打擦边球的牌子，比如康菲润滑油，靠着和知名企业的名字、包装一致，也能在短期内获得不错的销量。

品质一般的产品卖得好只是暂时的，从来没有一个低劣产品能成就一家企业。

免费送油的这家企业经营快 4 年了，年销售额不过 1000 万元，而康菲润滑油已经从市场上消失了。

没有人承认自己的产品差，即使是山东一些超低价的牌子、广东高仿的产品，也都是“王婆卖瓜，自卖自夸”。

真正的好产品不是指标有多高，而是每一批次、每一瓶都做到指标变动很小，甚至颜色完全一致。

就这么简单，但很多企业做不到。这批颜色正常，下批的颜色就可能暗了很多，甚至里面还有杂质，想成为大品牌，就要遵守“品质如一”的原则。

不求做到最好，而是做到最稳定，用户用了你的产品，体验一致。

就像很多人喜欢用苹果手机一样，其实苹果手机的硬件、软件早已经被安卓阵营全面超越，但苹果手机的稳定性有口皆碑。

一些企业为了彰显某种技术优势，或者是突出卖点，推广功能性机油，其前景堪忧。因为“是药三分毒”，你突出了某个功能，自然会弱化其他功能，破坏整个配方体系，短期内也许看不出来，但长期使用，大都有后遗症。

纳米、陶瓷、石墨烯机油，这些小众产品想取得技术性的突破，任重而道远。

踏踏实实、精益求精地做好品质如一的产品才是王道。

用户需要的就是这个。

2. 技术，不能仅仅是技术

生产出产品后再考虑营销为时已晚，企业要把营销思维贯穿到产品的每个环节。

大部分企业的技术人员并不参与产品的营销讨论。

在中小企业，产品立项的流程一般是：老板看到或想到一个点子，就会找包装、起名字，确定等级后，让技术人员拟定配方，在此期间可能会由于定价等问题让技术人员有所取舍。

等产品生产出来，有的企业还会召集销售人员开会，制定奖励制度，让大家优先推广新产品，还有的企业直接发个价格表、产品图片，新品就算上市了。

所以，笔者经常收到这样的信息：我们的产品怎么做才能提量？

木已成舟，方向已定，还能说什么？难道说颜色选得有问题，赶快起个名称，把卖点改一下，甚至包装太低端……这些都已经定型了，还能说什么？只好说：“这个……不错……”

难道你做了个奥拓，非要让销售想办法卖成奥迪？

很多企业各部门之间脱节，老板和销售部门的人员关系密切，经常收到的信息是：××品牌价格低，××厂家推出了新产品，××企业搞促销……真正用在研究趋势、把握方向的时间很少，只凭感觉做产品。

正确的做法是收集、整理大品牌的动态，他们的做法代表方向。结合展会、新闻，了解中小企业的一些亮点。最好到市场一线走访用户，看他们是否有这个需求，或者能否解决他们的烦恼。

如果你和乔布斯、宗庆后一样厉害，市场调研都没有必要做。你只需要把握用户的需求：要么省钱，要么省时间。

当有了方向后，你要和技术人员探讨怎样实现目的。虽然笔者不懂技术，但知道至少可以通过提高基础油品质、增加添加剂或者调整配方等途径实现超长周期更换机油。技术人员不仅会帮你找到最优途径，还能把技术亮点找出来，通过大家的智慧，把卖点提炼出来。

这里给你说一个开发方向，就是超长周期的产品。这几年，大品牌最不乐意推广超长周期的产品，因为会影响到其销量，中小型企业可以凭借这样的产品打开市场。

不要觉得奇怪，数码相机是柯达发明的，但它怕影响到机械相机的市场份额，就把这个项目雪藏起来；小型复印机是施乐发明的，但它怕影响到大型复印机的市场份额，就不进行推广；智能手机也不是苹果发明的，而是摩托罗拉的智慧结晶。

笔者见过一些企业会用几天甚至几个月的时间研究一个配方，或者是一个添加剂的比例，却根本不考虑研发产品的最终目的，也不会从销售的角度去考虑成本、卖点、表现。

技术人员要在产品研发的过程中掌握配方，提供说明，支持其他部门的工作。

3. 产品是最好的营销

面对润滑油用户，产品是最好的营销。

你去买房，售楼部的人员会为你详细介绍楼盘的周边配套设施，带你参观样板间；你去买车，销售人员会为你介绍不同价位的车辆性能，甚至带你试驾。

但你很少会为一个司机花费半个小时讲解油品的好处，因为一桶机油的价格不过是 100 ~ 800 元，赚的钱远远不够一对一的服务费用。

你也许会说超市卖牛奶都有促销员，一箱牛奶才几十元，难道他们的利润就能支持？别忘了，超市人来人往，一个促销员一天可以接触几十个客户。而你在汽修厂，一天能接触几个司机？

润滑油企业需要说服的还有经销商、修理厂、大客户、司机等，你必须制作出一把万能“钥匙”来打开所有的“锁”——渠道、终端、用户。

这把“钥匙”就是你的产品。

你没有办法一对一地进行说服，你所能用到的说服手段只有一个，那就是你的产品。

你要让产品本身成为销售利器，让销售人员愿意推广你的产品，让渠道商知道会赚钱，让媒体知道有亮点，让终端知道会有人买，让用户知道产品适合自己。

要做到这一点，你需要明确产品的卖点，然后围绕卖点展开标签、单页、海报、手册的设计，确定产品价格，制定销售政策，明确促销方式。在每一个环节你都要问自己：“我这样做有助于清晰地表达我的意图吗？有助于突出卖点吗？有助于说服用户吗？”

如果你是长途卡车司机，车况不错，每天要跑近千公里，摆在你面前的有油压王、粘力宝、10 万里途，你会选择哪个？

如果是笔者，笔者选择 10 万里途，这样，就可以节省下换油时间，多休息一会儿。

看，这就是会说话的产品。

4. 小众产品慎做

不要赌运气，小众产品或许利润高，但市场规模小，企业难以做大。

小众产品一般利润都不错，甚至很高。但在这样的市场里，企业即使很努力，也难以取得规模优势。比如变速箱油市场，整体规模不足 15 万吨，销量最大的品牌，其年销售额不到 7000 万元，随着众多润滑油企业推出变速箱油，领导品牌的销量还在继续下滑。

再看一个数据，蘑菇街在2019年3月底的活跃用户是3000万左右，而淘宝的活跃用户是6.36亿，如今，更爆出蘑菇街后继乏力的消息。

可以说“小而美”在传统行业和电商领域都难以走远。原因其实很简单，做企业，利润其实来自两端：一个是下游的销售，即产品的利润；一个是上游的资源，即规模产生效益。

做企业的人都知道年销售额一两千万元的企业在供应商处根本没有话语权，别说基础油、添加剂了，即使是包装耗材，也很难让供应商在价格上做出比较大的让步。但对一个年销过亿元，甚至更多的企业来说，不仅有溢价能力，还能获得账期支持，供应商会给你垫资，货源品质会更有保障。

案例一：

统一曾经因为资源受困，不得不依附于壳牌，而龙蟠则在年销售额2亿元之后就开始和台塑合作，取得了基础油资源的优势。如今，龙蟠扩大到年销售额15亿元的规模，它在资源上至少比大部分中小企业有10个点左右的优势。

如果你想在产品上增加10个点的利润，你觉得可能性有多大？

案例二：

河南的一家企业在年销售额为3000万元时，采购基础油需要先付款才能拿到资源。如今，它的年销售额为1亿元，供应商给了100万元的滚动资金，在一个月内，超过100万元的订单才需要付款，而且可以用承兑汇票。企业相当于获得了100万元以上的免息借款。

不仅如此，大而全的“巨无霸”企业还有品牌优势，用户更认可。以前，很多小企业凭借10万公里不换油的噱头（卖点）来做市场，利润空间很大。但到了2018年，大品牌全部推出了这样的产品。如果你是消费者，是买耳熟能详的品牌的产品，还是买一个没有人知晓的牌子的产品？

虽然在营销领域有“独角兽”之说，但独角兽企业从来都是个案，真正“小而美”的企业或品牌几乎没有。别说你，即便是强大的亚马逊也不得不黯然退出中国市场。要想生存发展，就要选取一个大的市场，这样才有做大的可能。

变速箱油、制动液、润滑脂、玻璃水这样的小产品可以做，但不能只做单一的产品，踏踏实实做好润滑油才是王道。

5. 没有蓝海

润滑油行业已经进入成熟期，市场的空白点往往不是蓝海，而是禁忌或陷阱。

常有企业管理者说："我们的技术好，获得了很多专利，这样的产品还没有人做，一定会大卖。"

笔者只想说："润滑油行业有多少大佬，哪个不是聪明绝顶，凭什么人家都看不到、做不到，偏偏让你捡漏?"

2010 年以前，市场发展空间大，用户对产品品质要求不太高，现在盛况不再，技术领域内大都是修修补补，缓慢提升。

看看现在的科学界，像牛顿、爱因斯坦那样划时代的创新已经很久没有出现了。连手机行业都已经陷入比拼摄像头数量、看谁漂亮、看谁撑得住的局面。润滑油仅仅是换油周期延长，黏度更低，但还没有出现革命性的技术。

现在要做的是细分、深入、专业，而非随意冒险。

一个成熟的企业家不会不切实际，你要做的是怎样把现有技术整合起来进行优化，使其发挥最大作用。

苏联的很多设备拆开来看并不先进，但整合起来却威力无穷。同样，苹果手机的触摸技术、智能系统、摄像头、处理器都是由供应商提供，但苹果公司通过把这些零件和技术进行整合，开发出一款全新的通信工具，从而开启了智能手机时代。

现在，超长周期能实现，超低黏度能搞定，超级纯净能做到，我们是否能够把这些优势整合起来，开发出一款比较全面的润滑油?

第二节　怎样做好产品

1. 产品畅销的 1234 法则

产品能否畅销，和品质、企业、包装、营销这几个方面有关系。

一个产品能否畅销是由多种因素决定的。我们认为，产品内在质量占 10%，企业知名度或背景占 20%，外在包装占 30%，营销策划能力占 40%。

对于一个成熟的行业，尤其是核心技术缺失的行业来说，大家的产品都差不多，润滑油行业和手机行业一样，都是来料加工，真正有技术含量的添加剂配方掌握在四大添加剂公司手中，就像手机的处理器、摄像头一样，技术掌握在供应商手中，我们所能做的基本上是局部修改。尤其是现在，很多国际品牌和国内品牌都在同一个加工厂生产零配件，所以产品质量对销量的影响只占 10%。

类似的产品如果是由小公司率先推广，可能用户信任度不够，但由大企业推出，市场接受度就比较大。比如超长换油里程的机油很早就已经出现，早在 20 年前，就有企业推出终身免换的机油。2009 年，力达士推出换油周期长达 10 万公里的机油，在一些地区取得很好的销量，后来由于营销策略出现问题而终止。但从 2017 年开始，中外品牌几乎都推出了长周期的产品。目前，长城机油以 15 万公里的超长里程暂时领先，但各品牌推出新品时知名度并不大，对销量的影响充其量也就占到 20%，用户关心的是“使用效果”。

润滑油包装意义重大，只有打动用户，产品销量才会得到保障。比如纳米机油在 2000 年就已经面世，但这些年只有嘉实多通过产品名字、配套广宣等手段后来居上，可见包装对市场的影响巨大。如今，变速箱油从一两款产品细化为几十款产品，包装成了主导力量。刚刚兴起的 60L 包装在换油中心、上门换油等模式下也将会起到重要的推动作用。不客气地说，包装是中小润滑油企业崛起的推动力，其权重不低于 30%。

很多人都知道当年统一“横扫千军”的时候，其品质被业内人士所诟病，但在厂商现款帮助经销商卖货的策略下，统一不仅一举扭转了历来“欠款赊账”的恶习，也创造了民族润滑油品牌的销量奇迹。壳牌、嘉实多、美孚这三大品牌的产品质量不相上下，但壳牌把美孚的终端门头策略发扬光大，而嘉实多则把终端投资策略发挥得淋漓尽致，如今已跻身三强行列。龙蟠通过运作飞跃冰河、穿越火焰山、攀越天路等大手笔，如今已经成为民族润滑油品牌中的领导品牌。现在，越来越多的营销理念出现，比如品牌众筹、厂商合股、品牌租赁、代工分装、网络销售、上门换油、换油中心、小众市场，等等。依靠变速箱油，英冠做到年销售额上亿元；凭借润滑脂，津冠进入中国润滑油百强企业前列。市场格局就在于营销理念，其对销量的影响占 40% 。

1∶2∶3∶4 这个比例从严格意义上来说并不严谨，比如福斯润滑油并不擅长营销，但凭借德系车辆的影响力，其销量节节攀升。

笔者做这些介绍只是为企业、商家提供一个简单的参考标准，使其对自己的产品销售趋势做出判断，从而正确决策。

2. 做产品不能赌概率，要聚焦

一些企业开发无数个产品系列，赌的是概率，但这样做只会劳民伤财。

这些企业喜欢搞价格战，操作上不一定是价格低，而是给予客户很大的优惠力度，比如订货 5 万元送面包车，10 万元送金杯车，30 万元送依维柯，或者是用巨大的折扣来刺激客户订货，比较典型的是订货 5 万元给 5 个点的折扣，10 万元给 8 个点的折扣，15 万元给 12 个点的折扣，20 万元给 18 个点的折扣。总之，就是让经销商多订货。

随着经销商自我保护意识的提高，大家都知道羊毛出在羊身上，很少有人会轻易上当。这时候，企业就会采取多产品线策略。

什么意思？多产品线策略，就是多个品牌，多个系列，多种包装。虽然产能上没有问题，但设备少，尤其是调和设备少，一种油灌到多个品牌包装里，各个产品的价格甚至都一样，企业赌的是概率，总有一款产品会被用户看中，只要有一款产品赚钱就够了。

这么想好像没问题，“不就是增加了一点包装耗材吗？反正油都一样”。其实，如果是正规操作，单位成本将大幅上升，因为每个品种都要备货或临时灌装，需要占用时间和资金。每个品种都需要设计对应的广宣物品，比如单页、海报、吊旗、横幅，等等。即使是促销品，也要设计 Logo，徒增烦恼。包装、纸箱、标签等耗材进货量小，从供应商那里拿不到好价格，增加了成本。最要命的是，销售人员不知道如何给客户推荐产品，同一家公司灌装的产品，你能说哪个最好吗？只能让客户自行选择。

企业不知道哪款产品好卖，就把这个难题甩给客户，客户也只能盲目选择，最后会形成这样的局面：有的产品卖得好，有的产品滞销。利润被冲抵，企业实际上赚不了多少钱。

正确的做法是避开大品牌的主打产品，从边缘介入，迅速聚焦，单品制胜，但不能选择冷门产品，比如制动液，而是看用户有哪些需求，努力满足用户的需求，实现共赢，比如工程机械市场的机油档次偏低，包装形象差，船用油市场需求大，但没有一个主导品牌，这些都是中小型企业可以选取的方向。

上海的一家润滑油企业聚焦渔船市场，每年开渔节前都会举办大型活动，实现年销售额过亿元。东北的一家企业聚焦农机市场，选取大型农用机械市场，尤其是收割机市场，持续发力，取得了巨大的市场效益，收获了良好的口碑。一家企业更是大胆开发渣土车专用油，每个省会级城市渣土车都在 2000 辆以上，地级市也有 1000 台左右，该企业用两年的时间在几十个市场铺货，年销售额达到 5000 多万元。

企业只有深入发掘用户需求，集中发力，才能抢占市场先机。

3. 产品线如何设计

产品不在于多，而在于精，只有为用户重点推荐一些产品，企业才能多赚钱。

如果你到餐厅，服务员递给你一本菜品繁多的菜单，你是否会看花眼？反而不知道应该吃什么。同样，做得好的连锁企业，比如麦当劳和肯德基，他们的菜品只有十几款，你能轻易地从中挑选菜品。作为上市公司，海底捞靠一个火锅缔造了 1800 亿元的市值（统计截至 2019 年 9 月末）。

壳牌汽机油、柴机油的品种不到 20 种，却连续 12 年夺得全球销量第一。

统一曾经多达2000个品类（SKU），按其峰值销售额32亿元来估算，单一品类的平均销售额160万元，加上包装设计、标签耗材、库存占用，利润空间极其有限。

润滑油市场有1200亿元的规模，虽然一些中字头企业有着资源、历史、资金、人才等方面的优势，但年销售额超过200亿元的品牌还没有出现，尤其是在流通渠道，壳牌、美孚、嘉实多、统一反而处于领先地位。

中小型润滑油企业过于迁就用户，对用户有求必应，很多年销售额一两千万元的企业有几个牌子、几个系列、几种包装，大量的包装耗材不仅占用资金，还占用库房，利润微薄，企业无法盈利。

论品牌、资金、规模，中小型润滑油企业比不上美孚、雪佛龙、壳牌，这些大品牌尚且无法实现多品牌运作，先后把埃索、加德士、统一放弃，在国内只推一个品牌。一些继续坚持双品牌运作的企业，比如马石油－玉柴、司能－柳工，市场发展不尽如人意。

30年前，三株口服液能做到销售额80亿元的规模，如果将其放到现在的市场上，至少是千亿元的规模。王老吉、红牛、脑白金，这些单一品牌反而成为市场上的霸主。

而多品牌的鼻祖是宝洁日化，从2012年起，其销量就不断下滑。不是品牌老化，而是多品牌运作造成内耗，让用户无从选择。

有人说："大企业是骆驼，不吃不喝也可以熬下去；小企业是兔子，必须随时吃草料，以保证自己能够活下去。本小利微，还盲目出击，要么长不大，要么活不了。"笔者深以为然。

4. 产品线怎么精简

精简产品线很难，但你必须做，留下有发展前景的生产线。

企业老板都知道要精简产品线，可真正能做到的寥寥无几。这是为什么？

如果你看到别人的手长着六根指头，自然会说："为什么不去掉一指？"但如果这个人是你的话，恐怕也不会轻易去掉一指，毕竟去掉哪个你都会感到疼痛难忍。

做企业也是这样。在创业初期，中小型润滑油企业会推出很多产品来试错，最终产品琳琅满目，局外人事不关己地说："为什么搞这么多？怎么不砍掉一些?”知易行难，哪个产品都有客户，也有一定的销量，企业应该如何取舍？

“留大舍小”就是把销量大的产品保留下来，舍弃销量小的产品，这看起来似乎是正确的，其实未必。我们按销量大小统计排列，可以清楚地看到哪些是企业的主流产品，但主流产品基本上都是低等级、低利润的跑量产品，保留这样的产品，只会让企业陷入后继乏力的窘境。

我们还要分析利润空间，有利润的产品才能让企业实现盈利。然后再统计这一两年甚至更长时间内的利润增长速度，利润增长速度快的产品才是保留的重点。

润滑油行业增长趋缓，甚至可以说已经抵达峰顶。这 10 年来，全球润滑油用量一直在 4200 吨左右徘徊，而中国润滑油市场规模也基本稳定在 620 万吨左右。一个企业要想生存发展，必须保持一定的增长速度，尤其是中小企业，没有 20% 的增长率就不算是有发展，而作为“明日之星”的产品，增长率要求更高！

5. 做这几款产品

放弃低等级产品，只做中高等级产品，企业才有竞争力。

很多人说市场结构是三角形，就是低等级产品属于金字塔底座，中等级产品是塔身，塔尖是高等级产品，但润滑油行业却不是这样，而是纺锤结构。

润滑油行业的纺锤结构是这样构成的：低等级产品，比如 SG、CF－4，这样的产品占 10%；中等级产品，比如 SJ、SL、CH－4，占 60%，属于主流；高等级产品，比如 SM、CI－4，占 20%；顶级产品，比如 SP、CK－4，占 10%。

形成这种结构的原因主要是中国的车辆品牌繁杂，有拖拉机也有轿车，即便是价值上百万元的工程机械，目前主流产品的等级才到 CH－4，但在私家车市场，车钱是家庭的主要开支，自然要爱惜，一些几万元的私家车也会用到顶级产品，这就是行业内典型的“181 结构”，两头产品份额小，各占 10%，中档产品是大头，占 80%。

那么，我们应该选择做哪块市场？

对于同款产品来说，中小企业的直接生产成本高于大企业，如果做中低等级的产品，成本高、价格低，中小型润滑油企业几乎无利可图。

但中高等级产品的出厂价、批零价的利润比较大，中小企业即使采取价格策略，也能有生存空间。比如大品牌的 CI－4 产品出厂价基本都在 300 元以上，零售价在 500 元左右，中小企业即使按 260 元出货，也有不错的利润空间。

对于高等级的产品来说，用户更信赖品牌，虽然利润可观，但中小企业难以提高销量。

在产品线设计上，我们要摒弃低等级产品，比如 SG、CF－4 这样的产品；中等级产品，比如 SJ、CH－4，最好不做，即使推向市场，也没有竞争力，更没有利润空间；SP、SN、CI－4、CJ－4、CK－4 才是你要聚焦的产品。

6. 开发新产品的节奏怎么控制

产供销一体化，选择最好的时机开始生产、宣传、招商、推广，不能太早，也不能太晚。

一位企业负责人于 2017 年给笔者发来新产品的图片，他在微信朋友圈也发布了消息，但 2019 年春节后，笔者在该企业的网站上却没有看到这款产品，于是笔者联系该企业负责人，了解到该企业还在酝酿这款产品，该企业负责人说："我要精益求精，争取让这款产品一炮而红。"

该企业负责人精益求精的想法完全正确，这也是笔者一再强调的"细节出精品"，但如果把精力花费在怎么让包装效果更好上，不如尽快组建队伍，根据市场反馈对产品做局部调整，这也是软件行业常用的"小步快跑"模式，通过不断升级，让产品不断优化。

中小企业经常是老板一个人酝酿产品，产品生产出来后，就交给销售人员去兜售，销售人员除了知道等级、价格、政策外，对其他情况一无所知，手上除了产品单页，没有其他销售工具。

更要命的是，很多老板推出新品根本不考虑时间节点，个别老板还喜欢在春节后推出新品，这时候是润滑油春季换油季节，经销商忙于补货，销售员忙于铺货，根本没有时间去推荐新品。

何时是比较好的时机？淡季做市场，旺季做销量。我们要错开旺季，打好提前量。

依据我们的经验，在不开模的情况下，包装选型、等级确定、配方优化需要5～15天，卖点提炼、标签设计、纸箱包装需要3～10天，确定价格、制定政策、设计单页只需1～5天，剩下的就是新闻宣传、招商组织。

因为一些工作可以同时开展，我们在为企业服务时，最快可以在一周的时间里确定、设计全套汽柴油产品，包括卖点、价格、政策、促销等。

产品生产出来后，销售代表寻找经销商需要3～4天，按大部分企业每月述职的制度来说，销售人员在一个月里可以拜访8～10个城市的客户，基本上囊括了一个省的地级城市。如果有10个人左右的销售队伍，基本上就能实现第一拨的经销商开发。

开展这些工作的同时，千万不要忽视宣传，最好同步进行，比如卖点确定后，就可以为渠道商和用户介绍产品。政策拟定后，就可以宣传为渠道帮扶、终端盈利；每当找到一个意向经销商，就可以大张旗鼓地说出来，从而让更多经销商关注。

正常情况下，经销商订货后，需要一周左右的时间到货，然后需要两周左右的时间全面铺货，才能落实几十家终端合作，从而便于市场运作。

我们可以估算出一款产品从酝酿到推向市场差不多需要2～3个月的时间，结合淡旺季，我们可以得出结论：推广新产品，或者是新品牌做市场，最好的时间节点是4月、7月和10月，这三个月都属于淡季，跟经销商谈妥后，经过筹备推广，正好赶上旺季到来，销量提升快，正好增强经销商的信心。

第三节　打造大爆品

1. 产品少了才能聚焦

产品越多，选择越困难，只有占领一个个的小行业，企业才能做大。

很多润滑油企业都面临着这样一个问题：产品线越来越多，按说应该是销量和利润同步增长，毕竟很多产品是根据销售人员和经销商的需求而增加的，为什么做出来的产品却没有大卖？

每次开会，销售人员都会说："××企业的××产品做得不错，包装漂亮，价格高，如果我们也上这样的产品，一定会大卖。"经销商说："我已经调研过了，你们只要生产出 2L 装的××机油，或者是 60L 的包装，我保证每个月卖到 10 万元。"老板经不住诱惑，就上了他们要求的产品，可投产后，经销商订购上万元的货后就没有了下文，老板一问，经销商说产品并不好卖。

企业多了一个产品线，库存也增加了。可产品已经生产出来，不能把包装耗材扔了，老板咬咬牙，坚持了下来，新的产品手册上多了一些产品。就这样，很多企业的产品琳琅满目，各种包装桶，各式容量规格，产品五颜六色，财务报表一出来，老板发现新产品的销量确实增加了，可老产品的销量却大幅下降，利润更是滑坡。

为什么会出现这种情况？

这是因为销售人员最喜欢的是产品价格比别人的低，包装比别人的漂亮，提成比别人的高。对于经销商来说，如果新产品没有卖点，他只能和对手拼价格，价格低了，利润就会减少。怎么办？向厂家伸手要。厂家不敢得罪经销商，给政策，给折扣，新产品很快就价格穿底。最后，新产品没有利润空间，老产品还在继续销售，企业没有利润空间。

企业的人力、物力、财力有限，想针对一款产品做推广，可其他系列的产品经销商不同意，企业只好每款产品都做推广，但资金有限，无法推动市场。

企业老板着急，却没有办法。其实，做企业更多的时候是坚持，而不是追逐热点。要把握趋势，市场上有很多品种的产品，如果企业什么产品都做，就意味着和对手全面竞争，这个时候，别说中小企业，就是国际大品牌也无法做到。

我们需要找准切入点寻求突破，比如从汽机油切入，与快修店合作，或者是从柴机油入手，与长途运输车队合作。当你深耕市场后就会发现，一些不知名的行业润滑油用量很大。一些企业或银行门口会有一对石狮子或者其他装饰品，而专门拖石像的运输公司在厦门就有5家，每家最少有60台车辆，5家运输公司总共有500多台车辆，每月需要消耗300多件润滑油，金额大约是10万元。你还可以与专门运送蔬菜的公司、冷冻食品厂，以及饮料、钢材行业的商家合作，每个小行业的润滑油用量都能养活一个经销商。当你接下几个小行业的订单后，你的销量还会少吗？

当你贪大求全时，实际上没有市场根基，唯有减少产品种类，聚焦市场，才能真正拥有用户，获取利润。

2. 打造爆品需要考虑什么

找准目标客户群体，才能打造大单品。

打造爆品，需要考虑以下方面：

（1）目标群体。很多人喜欢说我们面向高端收入者，可问题是这些高端收入者在哪里？你怎么找？目标一定要具体。比如销售目标不能说针对中产阶层、私企老板，对象太模糊，要说针对私家车、长途运输车、重载卡车、工程机械等，只有市场规模大、容量大，才能诞生大单品。

（2）功能用途。适合大部分客户群体的产品才会有市场。有些产品，比如制动液、变速箱油、润滑脂的市场规模就那么大，没有拓展空间。如果把脑白金当作保健品卖，市场规模有限；如果把脑白金当作礼品销售，逢年过节，人们买来送礼，年销售额就能做到10亿元。

（3）价格合适。产品的定价既要保证企业盈利，也要保证能创造规模效应。迄今为止，润滑油行业还没有爆发真正的价格战，如果一个企业能像格兰仕、老干妈那样做到“低于我的价格，你的产品不过关；高于我的价格，你的产品卖不动”，就会把很多企业逼入绝境，但现在还没有哪个企业有这样的魄力。

（4）找根据地。有了根据地，才能实现“以战养战”的目的，用根据地创造的利润支持下一个市场的推广，像滚雪球一样，企业越做越大。做柴机油大单品就要选择工业省份的城市，比如临沂、大同、郑州、鄂尔多斯、龙岩、榆林；做汽机油大单品就要选择成都、青岛、济南这样的城市。

（5）包装规格。在以前的船用油市场，要么是 18L 的中桶，换一次机油要很多桶，太麻烦；要么是 200L 的铁桶，需要借助工具搬运。统一率先发现了这个市场机会，推出了 60L 装的船用油，一个人就能搬动油桶，油桶也不太占地方，凭借这个项目，统一取得了不错的销量。企业客户则对更大容量的吨箱感兴趣，吨箱不占地方，还可以节省采购费用。

打造大单品，就要找容量大、规模大、有痛点的地方下手。

3. 爆品从哪里下手

爆品需要有竞争力，符合潮流趋势。

1997 年，乔布斯回归苹果公司时，仅一个 Mac 电脑就有 100 多种型号，但这么多的产品却让苹果公司亏损 10 亿美元。乔布斯上任后大刀阔斧地实行改革，只保留了 4 种产品，随后坚持一年推出一款 iPhone 手机，缔造了苹果公司的销售神话。

中国的小米集团凭借一款手机打造极致体验，迅速崛起，缔造了市值 400 亿美元的小米帝国。

中小企业没有雄厚的人力、物力、财力资源，需要另辟蹊径，另谋出路，“大单品”策略是最佳选择。

那么，大单品应该从哪里下手呢?

不能选择主流的大众化产品，这样的产品即使做得再好，也无法和竞品拉开差距，很难实现量变。

一定要选择超前的、最高档次的产品，通过精简产品来实现成本上的优势。

小米当年采用了最新的处理器、最高分辨率的摄像头、最大容量的电池，通过只做小米 1 这一款产品，成功地降低了采购成本，也把系统优化到了极致，历史性地实现了高端配置，售价却只有 1999 元。

如果一个企业只做最高等级的 SN、CK－4 一类的产品，最主流的一两个黏度，这样就能大大节省基础油、添加剂、包装物的采购储运成本，而且产品调和灌装的更纯净，性能也更稳定。

准确地说，就做 SN 合成、全合成两款，黏度为 10W－30 和 15W－40；CJ－4、CK－4，黏度为 15W－40 和 20W－50 就够了。

4. 爆品突破的 3 种方案

打造爆品，我们要循序渐进，这样做才不会影响现有产品的销量。

我们知道爆品是“尖刀”，是集中所有资源打开市场提升销量的正确策略，但很多企业都有着历史包袱，推出爆品会影响现有市场产品的销量。那么，企业如何做才能顺利打造爆品？

企业可以根据自身规模采取不同的方式打造爆品。

（1）有一定规模的企业不要全面更换包装、调整产品线，可以采用“升级”的方法对包装桶标签做局部调整，再对价格体系实施“降维”策略。这样，经销商、修理厂能立即感受到企业产品的销售力，有助于企业迅速提升销量。

（2）规模更大一些的企业，比如年销售额上亿元的企业，可以推出子品牌，或者是新的产品系列，在包装、价格、政策、宣传、营销上都独立运作，长城的“勇干劲”系列、福斯推出的“驭全擎”系列，都避免了和传统渠道、常规产品抢占市场份额。

（3）一个中小品牌，比如销售额一两千万元的品牌，更改包装本来就是家常便饭，其竞争策略一般是“比低”，同等级的产品比谁的价格低。而采用爆品策略，通过“降维”攻击，生产高等级产品，和对手的低等级产品定价相同，配合新包装，能迅速实现销量上的突破。

你无须担心爆品策略被大企业打压，要知道，大企业的产品梯队体量大，不愿放弃既得利益，不容易实现自我“革命”。柯达发明了数码相机，但为了维护机械相机的市场地位和收益，一直雪藏数码相机，后来其他中小企业抢占了数码相机的市场；施乐开发了小型复印机，但无法割舍大型复印机的丰厚利润，从而导致理光成为小型复印机市场的领导者。

润滑油行业也是如此。如果壳牌、嘉实多、美孚变革其价格策略，影响的不仅仅是品牌调性和客户群体，还有各部门的利益。

而中小企业没有思想包袱，可以用爆品策略抢占市场份额。

5. 按照套路来，不一定畅销

很多畅销产品不一定符合畅销要素，但它偏偏卖得好。

很多人发现一些畅销产品并不完全符合畅销法则。

比如龙蟠的 SONIC 9000 在天猫上大卖，仅评价就有 4 万多条，其包装没有什么新奇的地方，名字还是英文 + 数字的形式。为什么销量好呢？

嘉实多、美孚、道达尔等产品起码可以挑出几处明显的毛病，有些是十分低级的错误，比如英文名称、等级不明显，但这些产品就是卖得好。

其实，这并不奇怪。

再说龙蟠，你光看人家的销量大，你看它的价格、配套活动了吗？SN 5W－40 全合成的价格才 139 元，另外赠送劲速宝；“双 11”时特价 129 元，还可以买一送一，这个等级的产品壳牌、嘉实多、美孚的零售价都是 300 元左右，截至 2019 年 10 月，这款爆品累计销售 80 多万桶！

至于壳牌，只要有贝壳标识在，用户自然放心，即使在哪个方面存在不足也一样畅销。就像苹果 XP 手机，刘海屏，大宽边，在京东上照样能创造百万台的销量。虽然这些产品畅销，但并不是说这些大品牌的做法就值得仿效。

你必须记住这个原则：畅销品有标准，按标准去做，未必能畅销，但会增加畅销的概率；不按标准做，虽然也可能畅销，但机会很小！

第四节　这样做标签更好销售

1. 尊重用户的需求

企业常犯的错误是专注于润滑油本身，而非用户需求。

换位思考，我们都明白，但能做到的人寥寥无几。

企业要想做好产品销售，就要做到以外行的眼光看待产品，以内行的手法操作市场。

所谓的外行就是用户。用户可能不懂等级、黏度、润滑油工艺流程、基础油标号、添加剂用途。但是，他是最终为你的产品买单的人，你需要从他的角度考虑，了解他的爱好、想法、需求，引导他选择你的产品。

企业经常站在自己的角度考虑产品，比如我要用最好的基础油，最适合的添加剂，生产最高等级的产品，让用户的车辆得到最好的保护；再比如我要用合适的材料生产最便宜的东西，让用户少花钱。

我告诉你："这样做不对！"

因为很多长途卡车开 3 年就需要换代，所以其需要的不是最高等级的机油，而是最省事、省心或者省钱的机油。长途卡车司机每天奔波上千公里，要开 10 ~ 12 个小时的车，十分辛苦，他们只想多休息一会儿。

工程机械一般不到 5 年就需要更换，其需要的是在使用期内不出问题，你给用户介绍产品价格便宜又实惠有什么用？

你要学会站在用户的角度思考问题，用户购买这款产品的理由是什么？你是否通过介绍产品名字、卖点、单页、海报、手册等方式把购买理由告知用户？假如你是用户，这些购买理由能说服你吗？产品标签、海报单页上密密麻麻的文字，你会感兴趣吗？

站在用户的角度思考问题，你会发现用户的想法如下：

（1）你所说的 API、SAE，我根本不知道是什么意思。

（2）纳米离子陶瓷，那是骗人的东西。

（3）石墨烯是什么东西？

（4）还是大品牌更靠谱。

（5）这么多品种，我也不知道应该选哪个。

（6）买机油送太阳帽，我开车不需要。

（7）你的企业再好，与我有什么关系？

（8）我上次买的机油是什么牌子的？

（9）4 万公里换油不靠谱。

（10）这个牌子我没听说过，还是用老牌子。

（11）这么便宜，质量靠谱吗？

（12）小工这么卖力地推荐，是不是有好处费？

2. 像制作广告一样制作标签

标签文字不用多，只用一个产品名称就能说明所有问题。

包装桶上的标签并不仅仅是为了满足国家标准的要求，不要只标出等级、黏度、规格，而是要用标签介绍产品会给用户带来什么好处。

产品名称是标签最重要的部分，也是核心文案，其他文案或广告语都要围绕产品名称做文章。

不要因为图省事就不给产品起名字，而只是叫“高级汽油机”“重载柴机油”这种通俗却毫无特色的名字。不要把自己的商标放大，甚至把英文或图案商标放大作为产品名称。记住，你是卖产品不是卖商标。

好的名字要体现产品特色，比如黏度、功效、优势、特色，等等。

特色要靠你来挖掘，比如通常机油的颜色是淡黄色，但有的机油专门添加了色素，做成绿色、蓝色、红色，这也是很好的卖点。

标签出现最多的问题是展示的内容太多，中英文商标、图形商标、口号、高等级机油等，还有画蛇添足的各种配图。有的把在美国注册的公司、国内的罐装基地也打在正面标签上，生怕客户不知道产品有多好。

但对用户来说，产品越花哨，他的疑问就越多，你解释的时候言多必失。

标签的设计不要过于复杂，而是要有销售力，凸显产品名称，把进一步的“卖点”解读印上去，和销售人员对外的销售用语要完全一致。

品牌就是靠不断重复打造出来的。

3. 标签务必突出购买理由

标签属于实用设计，广告性是标签设计的第一法则。

产品的标签有双重作用：一是体现产品的等级规格；二是通过广告宣传促进成交。

现在，标签的作用越来越大，用户对一个产品最直观的印象就是包装上的标签。标签设计得好，能突出卖点，用户才会关注，并决定是否购买。

一个挖掘机司机面对油压王、万里途、省燃宝这几款产品，他会选择哪个？挖掘机的工作环境是灰尘多，散热差，对油压要求比较高，相对来说，油压王更受青睐。

标签就是把产品的卖点展示出来。

标签是实用设计，而非艺术表演。所谓的实用设计，就是说设计师不能随意发挥，而应准确、鲜明地表达出主题和意图，即产品的卖点。

衡量一个标签好坏的标准，要看它是否体现了广告性。

让人感到遗憾的是很多企业会被“漂亮”的设计吸引，而忽略甚至牺牲标签的广告性。比如 SK 润滑油用对称手法把产品名称“吉克”和“X7”分开，而把英文的“ZIC”凸显出来，美则美矣，可用户购买时怎么“指名道姓”？哈弗润滑油的标签面积本来就小，还把英文商标拉长，产品名称却小得让人看不清楚，虽然都采用了带引擎的胳膊，似乎保持了品牌的调性，但产品没有亮点。

如果一个设计师坚持以所谓的设计感来说服你，让你牺牲标签的广告性，你要考虑是否有上亿元的推广资金及大量的销售人员？如果没有，那么就换掉他。

设计师不必了解产品，你只需要明确地告诉设计师标签要展示的卖点是什么，让设计师将其凸显出来。如果可能，可以找比较合适的图片给他做参考，甚至自己画个草图，免得设计师无的放矢。

标签最好既美观又实用，当美观与实用不可兼得的时候，就要舍去华而不实，但也不要太难看，没有一点设计感。

产品要保持必要的美观性，别把产品设计成椰树椰汁那样的风格，除非你的产品无可替代。

4. 标签要大

标签既然是广告性质，那么，面积越大宣传效果越好。

2018 年，壳牌、美孚先后对产品包装做了局部升级，都是增大了标签的面积，壳牌增加了 12%，美孚增加了 20%。他们深得广告的精髓。

一些企业为了宣传品牌，大都会在包装桶上加上自己品牌的 Logo，还做得很大，基本占到包装桶面积的三分之一以上，剩下的才是标签的空间，而为了保护标签不被磨损，贴标签的地方需要凹进去一些，导致标签真正占的面积更小。

看看手机行业宣传的屏占比，我们就能理解了。很多时候，我们觉得手机屏幕已经够大，实际上目前全面屏手机最高的屏占比也不过是 91%。下过围棋的人都知道金边银角，就是看似不起眼的周边几行其实占子更多。

标签也是如此，需要提高“桶占比”，就是标签的面积越大越好。

或许你会说，包装桶必要的线条需要保留，这样才美观。没错，线条不仅起到美观的效果，还有加固的作用，但我们可以优化。

一家企业原来包装桶的标签下部是向右上角倾斜的，经过我们分析，完全可以把标签下部拉平，同时上部也可以把角度向桶口的地方倾斜，这样就能充分利用瓶口下部多余的部分，也能把底部浪费的空间利用起来。经过测量，我们发现调整后整个面积增加了 60%，视觉冲击力极强。

针对另一家企业的标签，我们采取桶色和背景色一致的手法，这样显得浑然一体。同时，考虑到包装桶上已经有了 Logo，标签上就没有必要再添加，经过扁平化处理后，人站在 3 米以外，也能看清楚产品的名称。

标签要大到什么程度？有标准吗？

有！就是把包装桶缩小到邮票大小，也就是一般网站上缩略图大小时，也能看清楚产品的名字。这样才能便于宣传和实现网络销售。

审视一下，你的产品效果图够大吗？清晰吗？能缩小吗？

第五节　产品卖点提炼与表现

1. 产品卖点为什么要简洁

在产品传递流动中，信息容易失真，最后面目全非。

据说，美军于1910年的一次部队命令传递是这样的：

营长对值班军官说："明晚8点左右，哈雷彗星将可能在这个地区看到，这种彗星每隔76年才能看见一次。你命令所有士兵着野战服在操场上集合，我将向他们解释这一罕见的现象。如果下雨的话，就在礼堂集合，我为他们放一部有关彗星的影片。"

值班军官对连长说："根据营长的命令，明晚8点哈雷彗星将在操场上空出现。如果下雨的话，就让士兵穿着野战服列队前往礼堂，这一罕见的现象将在那里出现。"

连长对排长说："根据营长的命令，明晚8点，非凡的哈雷彗星将身穿野战服在礼堂中出现。如果操场上下雨，营长将下达另一个命令，这种命令每隔76年才会出现一次。"

排长对班长说："明晚8点，营长将带着哈雷彗星在礼堂中出现，这是每隔76年才有的事。如果下雨的话，营长将命令彗星穿上野战服到操场上去。"

班长对士兵说："在明晚8点下雨的时候，著名的76岁哈雷将军将在营长的陪同下身着野战服，开着彗星牌汽车，经过操场前往礼堂。"

如果你玩过"传话"游戏就会明白，在传话的过程中，信息容易失真，最后变得面目全非。

产品流通环节越多，信息失真越严重。流通渠道上，厂家在最上游，而用户在最末端。

用户是最终为你的产品买单的人，但他是整个产品销售中离你最远的人。你无法面对面地说服他，必须依赖各个中间环节“传话”给他。

你精心策划的卖点、理由在“传话”到最后时可能已经面目全非。

怎样避免这样的情况？

最好的办法就是把你要说的重点都印在包装上，包括标签、纸箱、单页、海报。

这样可以让信息直达用户，保证信息无论经过多少环节，始终保持原来的强度和准确度。

企业常常出现的问题是在介绍产品的时候要说明能省油 5 个点，换油周期长达 8 万公里，能减少磨损……

为什么不把这些话印出来，而是要靠口头传递？难道企业已经强大到可以依靠每个销售人员准确地为自己宣传了？

用户问你“这个机油怎么样”，你只需要回答“历久弥新”，你也可以直接把产品命名为“如新”，这样用户就可以一目了然。

为什么纳米离子陶瓷、石墨烯机油迄今为止没有成功的品牌，就是因为企业没有总结出“有穿透力”的文字，故作神秘的技术靠着销售人员口头传达，用户不明白这个产品的优势，也就不会对它感兴趣。

你要时刻记住用户是离你最远的。如果卖点、说辞不能规范统一，最后只能徒劳无功。

2. 找到产品卖点的 3 个窍门

谁熟悉产品，就找谁深入挖掘产品的卖点，准没错！

找到好的卖点（广告词）是一门技术活，很多企业采用头脑风暴法，或者是相关部门的人员坐在那里冥思苦想，试图找到产品卖点，结果却毫无头绪。那么，怎么找到最能体现产品差异化的卖点（广告词）呢？

（1）倒逼老板。企业的老板往往对产品有着最透彻的认知，他们常常会冒出一些“金句”。因此，第一个小窍门就是让老板在半个小时内想出一句最能体现产品差异化的句子，越通俗越好。

和老板聊天，聊包装、颜色、工艺、政策等，老板提到什么，你立即记录下来。让老板在 10 ~ 15 秒内说出体现产品差异化的词语，给出选择的理由。

（2）找销售冠军聊天。如果老板不善于表达怎么办？那就找销售冠军聊天。找出企业历年的销售冠军，至少三个人，让他们讲述自己是怎么搞定客户的。销售冠军说的话往往是对的，因为他们用业绩证明了自己的说法行之有效。

由于是对话，所以不要拿本子，容易打断思路，最好用录音笔或者手机录下来，便于事后总结成书面的语言。

（3）采访老客户。除了内部挖掘潜力外，我们还可以采访老客户，特别是为你转介绍的老客户，因为他对你的产品高度认可。你要弄清楚他如何看待你的产品，为什么购买你的产品，当他给朋友推介时是怎么介绍你的产品的。

好的产品卖点不是简单地堆砌一堆文字，而是能打动客户，使其立即购买你的产品。

3. 卖点怎么表现出来

在展现产品卖点时要多用数字，多用类比，说大白话。

卖点提炼难，展现出来也很难。

比如纳米机油，很多企业都拿油分子的大小不同来做对比，这只是说明润滑效果，给用户带来的好处却没有展示出来。嘉实多直接来了句“未启动，先保护”，满足了用户的购买需求。

同样，很多企业都推出了油压稳、黏度高的机油，但仅仅表现在包装桶的 SAE 指标上，龙蟠则直接用一个拖航母的车辆画报告诉用户“我的产品动力强劲”。

随着二类、三类基础油价格的倒挂，很多企业宣传自己的产品都采用合成基础油，但合成基础油好在哪里呢？企业只好长篇累牍地介绍，统一则直接用几个漏斗展示，机油从深色变成淡黄色一直到无色，体现出合成基础油的纯净。

这两年，大品牌也开始力推超长周期的机油，除了在名字上做文章，很多品牌用数字体现超长周期，但数字是枯燥的，不容易激发用户的想象力。笔者看到一家企业的宣传语是“换一次油，绕着月亮跑 10 圈”，地球的周长是 4 万多千米，如果改成“绕地球 3 圈”效果会更好一些。

还有很多产品在节油上做文章，长途车辆一个月所使用的柴油费用高达几万元，节省 2 ~ 3 个点的燃油费用就很可观。有的企业宣传“机油免费用”，怎么看都有欺骗的嫌疑，也有的企业直接说节油率，这就需要车主自己进行测算。我们建议广告语用“1 万公里，省 300”，简单明了，海报上面配上加油站和苦笑的加油员，画面很传神。

企业要站在客户的角度思考问题，用文字 + 数字的形式宣传产品，通过类比来展现产品卖点，简单明了。

4. 卖点不是越多越好

卖点太多，用户反而不知道你的产品特色是什么。

你对街边小餐馆的菜单一定有印象，菜单上面密密麻麻地布满了文字，一排排地罗列着价格，正反面都满满的。这样的餐馆看起来什么菜都有，可当你真正吃起来，菜的口味却不太好。

你参加一次聚会活动，认识了很多人，与他们交换了名片，但回来后，你会痛苦地发现你拿着名片，却想不起来这个人的模样；你去参加展会，参观了很多企业的展台，谈了很多品牌，却发现不知道选择哪个好，这就是人们常说的“选择困难症”。人们在记忆的东西过多的情况下，大脑会直接放弃选择。

餐厅老板觉得要为客户提供更多的选择，但这么多的选择反而过多地消耗了客户的精力，最终降低了每一款菜肴对客户的吸引力。

我们看看全球做得好的快餐连锁店，比如麦当劳、肯德基，也就 20 多款产品，包括鸡肉、薯条、饮料、汉堡等，人们很容易做出选择。

再看小米手机，创业初期就一款手机，企业迅速发展起来。如今，小米分成了红米、小米两大子品牌，里面又有几个小品类，增长速度反而降了下来，甚至被称为“杂货铺”。

很多企业为了吸引用户，证明自己的产品好，会列举很多卖点，一个防冻液就能提炼出防沸、防垢、节油、防泡、防蚀等 9 大功能或 9 大好处，好像无所不能，用户会相信吗？防冻液的功能是防冻，这一点不凸显出来，就无法吸引用户购买。

产品的好处再多，针对某一个群体只能凸显一个优点。比如 CK－4 产品，如果面向长途货运司机销售，就要从“超长换油周期”“省油”这两个优点里面选择一个；如果面向工程机械，就要从“动力”“抗磨”这两个优点里面选择一个。功能多，就意味着要和更多的产品竞争，反而顾此失彼。

5. 产品特色怎么展示

数字是最容易理解的东西。

当你分析完产品属性、目标用户、使用场景、竞争对手后，就需要把自己产品的特点尽可能地凸显出来，和用户脑海中固有的东西产生联系。典型的就是纳米机油，当大家都故弄玄虚、不懂装懂地讲解纳米概念时，嘉实多用磁铁、壁虎来介绍它的“磁护”机油，磁铁能吸附在金属上，壁虎能爬光滑的墙壁，小孩子都知道，无须解释深奥原理，自然好听懂、好销售。

企业展示产品特色可以采用以下几种方式：

（1）利用数字将产品特色具体化。以前，为了体现油品质量，很多企业说自己的产品有超长换油周期，甚至提出了终身不换油的概念。我们建议用“长达 4 万公里”展示产品特色，简单明了，更靠谱。

（2）利用用户能感知到的视觉化描述。一些节能产品，或者是省燃油产品，常用百分比来体现，比如能省油 3%，但这个数字用户无法感知，如果换成“百公里省 3 元钱”，用户就能立刻明白，如果用“换 × 机油，省出 1 箱油”就更具体了。

（3）突出给用户带来的利益。人是趋利避害的。润滑油企业可以采用恐吓营销，也可以附加利益营销，告诉用户用劣质机油会损坏设备，用好机油能提高效率。比如“怕磨损，用安美”“用如新，引擎历久如新”。

（4）调动用户的情绪。用场景带入，调动用户的情绪，“启启停停，就用启停宝”“跑西跑东，用九州通”“九州通，通九州”“机油亮红灯，用油压王”，这些都是根据用户经常遇到的烦恼而提出的解决方案。

6. 产品卖点要写出来

产品卖点需要打印在包装上，也需要销售人员说出来，更需要以软文的方式写出来。

利用这三种宣传方式介绍产品卖点要一致。

产品需要销售，单纯靠包装上的文字做大市场是有困难的，我们需要针对不同的用途采用不同的卖点说辞。

产品名字就是卖点，但还需要进一步解读。比如壳牌喜力的每款产品都有不同的解读，红喜力“清洁保护，延长寿命”，蓝喜力“百变路况，全时保护”，这样，用户购买时就可以进一步解读。

我们设计的“万里途”系列，每款产品也有不同的解读，如“长途无忧，省心省力”“动力澎湃，重载无忧”，等等。

一般这个卖点解读最好在10个字以内，能印刷在包装、单页上。

而印在单页、海报上的文字需要对卖点做进一步剖析，或讲事实，或摆数据。一般来说，文字最好控制在20～30个字。

比如嘉实多磁护合成润滑油在单页上的解读是“约75%的发动机磨损发生在汽车启动瞬间”，在海报上的解读是“嘉实多磁护合成润滑油有智能分子配方，其‘独特分子吸附作用’能在汽车启动的那一瞬间吸附在发动机表面，并形成持久保护油膜，即便在发动机停止运作后仍能保持。全方位的卓越保护，显著减少启动瞬间造成的磨损，让你的汽车发动机时刻保持出色状态”。

在做大客户时可以写软文进行技术阐述，一般来说不要超过150个字。

我们就嘉实多磁护机油的卖点进行如下解读：

未启动，先保护。(产品包装上的)

嘉实多磁护机油针对频繁启停车况，推出了带有磁性保护的机油，可在保护车辆的同时，达到节省燃油的目的。(销售人员说的)

如今，随着私家车的增多，交通日益拥堵，即使是正常驾驶，车辆在启动和停止之间的切换每年高达18000次。如此频繁的启停不仅令人心烦，更糟糕的是会对车辆的引擎造成永久性的伤害。(海报文案)

嘉实多磁护机油具有突破性的双分子锁合技术，其智能分子不但牢牢吸附在引擎关键部位，更紧紧锁合在一起，形成难以逾越的强力保护层，显著降低发动机在热车及频繁启停阶段所造成的磨损，降低幅度达到50%。(宣传软文)

你照着这样的格式写就可以了。

7. 卖点不会说怎么办

如果无法用文字描述产品卖点，就可以利用演示工具展示产品卖点。

找卖点难，更难的是提炼文字。就拿统一来说，油压王卖得不错，可迄今为止还没有一个好的卖点宣传语，长城、龙蟠、康普顿这些品牌也是如此。

那么，应该怎么办?

我们常听到这样一句话：耳听为虚，眼见为实。客户听你说得天花乱坠，不如看到你的产品的实际表现，我们可以利用演示工具把产品的优势展示给客户。

以前，卖润滑脂的销售人员会用打火机烧润滑脂，如果烧不着，就说明润滑脂的滴点高，耐高温。

卖纳米机油的销售人员用抗磨机给客户做演示，压的砝码越多，就代表机油润滑性能越好。

后来，卖防冻液的销售人员用水质电解器给客户做演示。通电后，劣质的防冻液会变色，甚至成为絮状物，如果防冻液没有变色，就证明其很纯净。

这些操作手法其实有一定的误导性，以偏概全，没有科学性。

龙蟠推出防渗宝时也难以写出恰当的文案，就采取防渗宝使用前后的对比图，让人知道产品的效用。

美孚为体现合成机油的流动性，把内含钢珠的两个试管分别倒置，钢珠下降快，就说明机油流动性能好，能减少冷启动对发动机的磨损。

壳牌则推出齿轮模型，让大家用手摇动齿轮。壳牌的齿轮油搅动起来轻松省力，能迅速润滑全部齿轮，而用于对比的齿轮油沉重黏滞，只能润滑齿轮尖端部分。

现在，一些企业推出的红外测试仪、噪声检测仪能迅速检测出换油前后的温差、声音，有的企业甚至给客户的车辆加装定位仪，以便测试机油的省油效果。

销售人员在使用演示工具和检测仪时可以增加用户的参与感，让用户亲眼看到产品效果，促成交易。

8. 卖点怎样免费找

企业也可以发动员工集思广益，挖掘产品卖点。

请专业人员提炼产品卖点，费用动辄几万元。如果通过打广告的方式征集产品卖点，不仅速度慢，而且费用也高。难道就没有省钱的方法吗？有。

第一，让技术或生产部门介绍产品优势、配方原理、技术工艺、效果表现，把关键点都记录下来。

第二，发动员工，特别是销售人员，试着找出产品的 10 个卖点，记录每个卖点对用户的好处，设想如何解答用户的疑问。

总体来说，有下列 10 个思考方向：

（1）是否减轻了磨损，减轻了阻塞感。

（2）渗油问题解决了，红灯不亮了。

（3）解答了机油变黑、压力不足的问题。

（4）改善了冬季发动机难以启动、玻璃水被冻住的问题。

（5）降低柴油消耗，减少维修保养费用。

（6）有利于环境保护，降低尾气排放，减少结晶。

（7）运输配送更快捷，加油没有咕咕声。

（8）提高了广告展示效果，产品陈列具有稳定性。

（9）进一步降低噪声，提升品质。

（10）冷启动更快，减少了采购的麻烦。

只要顺着这 10 个方向思考，就不怕找不出产品卖点。企业可以针对入围的卖点给予奖励，对于最终确定下来的卖点，则给予相关人员重奖。

那么，奖励多少金额合适？企业可以设置为入围奖 500 元、候选奖 1000 元、优秀奖 3000 元。这种征集产品卖点的方式比打广告省钱，也不会泄露产品机密。

第三章

包装：当成广告去考虑

我们把包装单独列出来讲解是因为包装对一个品牌来说很重要。古代就有买椟还珠，何况现在？要想产品好卖，瓶型、瓶贴、颜色、纸箱、单页、海报、吊旗等都不可马虎，产品的包装桶不仅是容器，也是广告的载体，更是同质化产品决胜的利器。

第一节　包装桶形的选择

1. 包装桶怎样设计才能坚固耐用

润滑油从出厂到使用要经历很多搬运环节，所以包装要坚固耐用。

润滑油从出厂到使用至少要经历灌装、库存、转运、长途运输、转出、入库、出库、摆放等 8 个环节，如果出现磕碰的情况，包装容易破损，销售困难。我们设计包装桶时要注意以下方面：

（1）包装桶的棱角最好是 45° 的圆弧形，这样，磕碰后能回弹，避免凹陷。

（2）大面积的平面设计会使包装桶失去坚固性，桶身加上线条就可以有效地增加承重力，常规的设计只能陈列 5 ~ 7 层，但合理设计后可以陈列 9 ~ 10 层，包装桶依旧不会变形，这样做可以大量节约库房面积。

（3）把手最好和桶口对称，尤其是桶盖拧紧后，要和把手保持一致，这样装箱后就有两个支撑点，避免纸箱被捅破。在搬运、陈列时，既能保证纸箱的完整性，也能码垛更多。

（4）把手上要做防滑设计，不仅能防止包装桶加油时滑落，也能增加其牢固性。

（5）把手要和桶身进行一体化设计，塑料的牢固性差，把手容易断裂或漏油。

（6）尽量用新材料制作包装桶，虽然单价贵一些，但不会破损，加了回收料的包装桶颜色暗淡，冬天更容易破裂，得不偿失，而新材料做的包装桶弹力塑性好，不容易损坏。

（7）尽量不用可分解材料，虽然国外的产品很多采用这样的包装，但在陈列时很容易出现变色、渗油现象。同时，由于材质软，堆码少，占用库房，还很容易变形，失去卖相。

（8）控制好包装桶的高度、宽度、厚度的比例，过高的桶身在陈列时稳定性不好，降低了承重力，高宽比例最好是4∶3，不要超过5∶3，“矮胖”没关系，“细高”问题多。

2. 包装桶造型设计需要考虑什么

用户首先接触到的是包装桶，包装桶正面大，标签才能更醒目。

想让用户购买你的产品，我们在设计包装桶时就要考虑如何达到“一见钟情”的广告效果。

纵观这些年包装桶的变化，我们会发现润滑油的包装桶已经从矮、窄、厚变成高、宽、薄，个头越来越高，桶身越来越薄。这样，正面就能宽一些，把这样的产品摆放在货架上，就会更抢眼。包装桶体积大，标签也大，在设计时就有更多的发挥空间。

选择桶形还要考虑灌装、陈列、承重、加注方便实用。

顶部最好设计桶盖和把手，这样就能形成2个支撑点，装箱后，在码垛时就能多摆放几层。有的包装桶只有一个瓶口作为支撑点，码垛多了，瓶口会把纸箱顶出洞。

侧面最好也有把手，这样，将包装桶从纸箱中拎出来后，就可以抓住侧面，把产品摆放到货架上。把手上面可以加上防滑的棱形图案，也可以做成麻点状。

把手粗，承重力就好；把手细，拎桶时容易折断。

桶身要有线条，除了美观，还可以提高桶的强度，增加承重力。

在贴标签处，设计时要内凹1mm左右，这样，标签贴上去后，在运输中就不会磨损标签，也可以加强桶身的坚固性。

桶底一定要加防滑条，除了具有防滑的功能，更重要的是防止桶底破裂、渗油。

瓶口要粗、矮。粗是为了加油、倒油方便，矮是为了避免瓶口过长，出现歪斜、折断的情况。

各边角部位都要做成弧形，千万别采用直边，这样，即使有磕碰，也能在塑性作用下自己回弹。

整体上要做到流线型，除了灌装方便外，也要考虑吹塑的正品率，免得包装桶材料不均，出现破损。

如果还没有找到感觉，你就多看看壳牌、嘉实多、美孚的包装，或者是找专业人员为你设计。

这里推荐美孚、耐润、麦顿、橡果的包装桶，它们基本上符合这些规范。

如果你采用这些品牌的桶形，最好做一些局部调整。

我们对包装桶的形状有以下 6 个要求：

（1）高。显得分量十足。

（2）圆。边角圆润，不容易变形。

（3）方。提高支撑力，堆码更多。

（4）棱。加固桶身。

（5）纹。把手加纹路，以便防滑。

（6）粗。加油快，瓶口不破裂。

3. 桶形高、宽、厚的比例

包装桶要显得高大上，高宽比例最好为 5∶3，标签占比要大于 50%。

现在做一个润滑油品牌很简单，找一个包装桶的公模，照着样子设计瓶贴，联系好代工厂就可以操作了。如果你想一年卖一两百万元没有问题，如果你想做到几千万元甚至上亿元的规模，这样做容易侵犯知识产权，引来官司。

这些年，很多大品牌的代理商就是按照这样的思路做自己的品牌，当他们做到年销售额达两三百万元时就感觉很吃力，原因有很多，但包装没有档次、产品没有卖点是主要原因。

我们不是让你花费重金去开模，比如昆仑的包装桶，据说设计费用 80 万元，壳牌的包装桶设计费用更是不菲，BP 设计的新 Logo 花费 460 万英镑，相关用品更换更是花费 1.36 亿英镑，这还是 2000 年时的费用。在起步阶段，我们无须做这么大的投入，我们可以从市场上选择“高大上”的包装，通过局部改造，尽快投放市场。比如正仕润滑油就是参考胜牌的包装桶，去掉右上角的突出部位，将把手做平直，就很漂亮。

那么，“高大上”的包装是什么意思呢？

以前生产的润滑油桶大都矮胖，摆放在货架上很不起眼。2000 年左右，包装桶开始变得又高又细，瓶体变窄后，虽然能增加高度，但过于细长。2010

年左右，包装桶厚度缩减，这样，无须降低高度就可以增加宽度，让包装桶显得大，壳牌、嘉实多、美孚都进行了包装上的改进。

有的企业一味让包装桶变高，比如鑫达润滑油的包装桶，有人说“像木棍一样杵着”，雅士润滑油的包装桶更是直接做成火箭造型，高度夸张得离谱，只要稍微摇晃一下，包装桶就会摔倒。

至于“上档次”怎么实现呢？其实就是瓶贴要做大，就像现在的手机，大家不断提高“屏占比”，润滑油包装桶的瓶贴也要提高“瓶占比”，就是标签占桶身面积的比例。2018 年 7 月，壳牌的标签就做了调整，“屏占比”比上一代产品提高了 10%。美孚更换桶形后，标签面积比上一代提高了 13%。这就意味着用户更容易识别产品。

“高大上”是指包装桶要高，面积要大，标签占比要大。如果用数字说话，就是高宽比例最好是 5∶3，和黄金分割比例相当，这样的造型看上去很舒适。至于屏占比，一般至少要 50% 才算过关。

4. 球形桶不好用

包装桶要考虑生产、灌装、储运、陈列、使用等环节，不要盲目求新出奇。

几年前看到奥吉娜润滑油的包装桶，笔者首先想到的是地雷，随后想到的是手雷。

如果从吸引用户关注的角度来说，这个造型还是挺酷的，厂家说：“在同等容积和承重力标准内，该造型能节省 10% 的材料费用。”这个好理解，球体可利用的容积高，承重力也好，各个炼化企业的储藏罐基本上都是球形，比如扬子石化、仪征化纤等。

如今，我们要卖的是润滑油，在包装桶上就没有必要省钱。比如，销售人员拿出一截西洋参，想以 200 元卖给你，你肯定喊“这是宰人”。如果把西洋参切成片，装在一个大礼盒里，以 200 元卖给你，你还觉得很有面子。寓言故事《买椟还珠》说明古人早就知道包装的重要性。今天，我们更要把包装提升到战略、品牌层面上考虑。

那么，奥吉娜润滑油包装桶有什么问题呢？

主要有以下 10 个问题：

（1）灌装比较麻烦，常规的灌装线的宽度有限，球形桶直径大，灌装线可能无法容纳。

（2）瓶贴没有地方粘贴，只能印上 Logo，失去了宣传机会。

（3）加油不便。

（4）虽然理论上球形稳固性高，但在运输、堆码中，没有额外支撑条，包装桶容易变形，奥吉娜润滑油包装桶只能印上世界地图，用图案来提高坚固性。

（5）虽然节省了材料费用，但在打包时，球形桶之间空隙大，产品外包装的纸箱耗材多，浪费材料，增加了费用。

（6）由于整个瓶体只以瓶口作为支撑，在库房堆码的时候，如果堆放过多，很容易把纸箱顶破。

（7）在平常的搬运中，由于球形桶之间空隙多，很容易晃动摩擦，破坏外观，纸箱被踩出漏洞破损的概率大。

（8）球形桶没有正反面，液位线放上去很难看，如果不放，用户又会不知道桶的容量是多少。

（9）车主给车加润滑油后大都会有剩余，一般会把油桶放在车的后备厢里，以便随时添加，圆形包装桶会四处滚动。

（10）这种造型的包装桶模具费用也很高，塑料厂家也需要小心制作。

如今，奥吉娜这款包装上市也有几年了，市场表现如何也能估计到。

我们做产品包装，千万不要为了求新出奇而故弄玄虚，一定要考虑到生产、灌装、储运、陈列、使用等环节。

5. 不要设计成方桶

将包装桶设计成方形是一种不实用的创新。

任何行业都会进行包装创新，比如彩电、空调、手机行业，但一些润滑油企业存在包装创新误区。

18L 的包装桶从以前的普通圆桶、丝网印刷、贴膜变成现在的热转印、模内贴、整体印刷，拎手从金属变为塑料，桶形从矮粗变为细高，这些都意味着企业在不断引导包装潮流。

有的企业为了创新，走了很多弯路。比如东康、纳克润滑油使用方桶，外形确实醒目，但这样的桶会造成很多麻烦，具体如下：

（1）仓储转运。圆形桶可以摞起来，2 米高的空间可以叠放 20 多个桶，而方桶只能放 5 ~ 6 个，大大增加了物流费用。

（2）瓶贴处理。圆桶没有前后之分，如果贴错了瓶贴，还可以加工；而方桶如果贴错了，要么浪费桶，要么浪费标签。

（3）陈列摆放。圆桶即使遭受挤压也不会变形，方桶则很容易变形，甚至无法水平摆放。

（4）机油加注。工人能抓着圆桶桶底来加油，很方便，而方桶只有一个小把手，桶底还是弧形的，工人手上有油污时，桶很容易滑脱。

（5）二次利用。圆桶可以用来装水、洗衣服、存货，方桶用完就是废品。

（6）单位成本。方桶的制作成本略高。

（7）灌装方式。方桶灌装不如圆桶便利。

总之，润滑油包装桶尽量采用圆桶。

6. 慎用金属罐

不要为了追求新奇而使用另类材料，塑料材质才是王道。

对润滑油品牌来说，包装的重要性毋庸置疑。

一些企业剑走偏锋，在外形、材质上追求另类。

一家企业采用球形包装桶，虽然球形桶容积大，能减少耗材，但放到纸箱里空隙很大，在终端货架上摆放也不协调。更要命的是，加油的时候，让操作人员无可奈何。

个别企业采用金属包装材料，为了避免磕碰造成的外观破损，在包装箱内加入泡沫板，这样做只会增加耗材成本，占用库房。

一家企业为了环保直接采用塑料包装，1L 装还好，4L 装容易破损。

有的企业采用纸质包装，比如突破、龙蟠，不仅成本高，还会渗油，短暂面世后，就被淘汰了。

润滑油包装发展到今天，塑料材质依旧是主流，配套厂家齐全，成本低廉。

中小企业起步阶段还是别搞另类创新。

7. 包装不要画蛇添足

包装做得好可以成为产品卖点，但要适可而止。

柴机油产品主要采用中桶，个别企业会在包装桶上套塑料袋，他们是想隔绝灰尘，但包装桶与塑料袋摩擦容易产生静电，吸附灰尘。有的企业把中桶机油装进纸箱，虽然不会产生静电，但这样做问题更多。主要表现在以下几个方面：

（1）塑料袋成本低，不会影响价格和利润，但纸箱要增加 6 ~ 7 元的成本，正常毛利就几十元，这一操作让净利润变得更少。

（2）4L 产品可以用机械实现自动装箱，即使是人工作业，也可以很方便地拎起摆放，但 18L 产品就需要由专人装箱，大大增加了成本。

（3）正常情况下可以单手拎，现在需要双手搬运，尤其是最底下的纸箱，搬运起来更麻烦。

（4）加油的时候要先去除纸箱才能把产品拎出来，增加了工作量。

可以说，这是典型的画蛇添足。

2019 年，润滑油行业开始流行 60L 的包装桶，用于渔船市场、工程机械市场。

但有的企业放着 60L 的空间不用，偏偏灌装成 50L 的产品，说是好算账，也方便用户对比价格。

容量缩水好理解，但有的企业为了追求个性，做出能容纳 9 个桶的包装箱，9 个桶加起来就是 500 多升的容量！这样的包装不仅打包不方便，物流转运过程中，车队没有叉车就无法搬运。到了经销商的库房，搬运、堆放、发货都不方便，厂家要货的时候，还得拆包。这样就完全违背了纸箱包装的初衷。从经济角度来说，更不划算。

好的包装能锦上添花，凸显产品特色，但我们要记住包装的作用是保护产品，可以追求美观，但不能舍本逐末。比如 60L 桶比 200L 桶好看，也容易搬运，现在却额外加上包装箱，简直是画蛇添足。现在的包装桶都经过了防静电处理，不需要加上包装箱。如果是 4L × 6 的纸箱可以搬运；18L 的桶我们可以拎；60L 的桶可以抱；200L 的桶可以滚动搬运。

我们无须做费力不讨好的事情。

8. 包装设计以实用为主

产品的包装设计应以实用为主。

每个人的审美标准不同。在以胖为美的唐朝，杨玉环是美人，集万般宠爱于一身；在以瘦为尊的西汉，赵飞燕受到皇帝专宠。

在包装设计上，设计师和企业领导的看法不同，你觉得包装大气，在别人眼里可能就是傻大粗。

怎么评判？就看是否实用！

包装桶大气，却像火箭炮一样高，怎么罐装、陈列、加油？包装桶做成圆弧形美观，却像手雷一样，怎么搬运？标签怎么贴？后备厢里怎么放？

正确的做法是把产品拿到终端，让用户评判。

产品以实用为主，并不是说无须美观，比如道达尔的宣传海报，其核心是"其道无疆"，配图以大场面为主，与润滑油没有多大关系。还有 SK 润滑油的标贴，"SK"两个字母占据了一大半的空间，这完全是大而不当。

因包装（产品、单页、海报）漂亮而购买产品的用户极其罕见，但因包装丑陋而放弃购买产品的用户却有很多。

所以，即使为了实用，也不要把包装搞得面目可憎。

第二节　包装创新的几个途径

1. 10 个创新思路

中小品牌推销产品最重要的手段是进行包装创新。

不要说包装创新没有方向，在包装形式上，我们可以做很多尝试。我们可以从以下 10 个方面着手进行包装创新：

（1）材质。目前，润滑油包装大都采用塑料材质，但个别企业采用了 20 多年前的铁罐包装，有的还采用了铝罐或纸包装，也让人耳目一新，虽然这些材质有些弊端，但至少能吸引用户关注。

（2）规格。目前，润滑油的包装规格大部分是 1L、4L、18L、200L，但从 2018 年开始，60L 包装凭借重量合适、节省成本的优势，吸引了很多企业采用。现在个别企业还针对特定用户群体推出了 2L、5L 包装。

（3）捆绑。以前买一送一的活动中，礼品大都是单独配送，不仅容易遗失，也容易被截留。如果直接和包装捆绑在一起，不仅避免了遗漏，也增加了卖点，有的企业直接把省油剂内嵌到包装桶上。

（4）纸盒。西洋参大都采用精美的纸盒包装，而且，把西洋参切片，猛一看以为分量十足，实际没多少。可以说，保健品、礼品基本都是采用这个套路。烟台一家润滑油企业也采取了这种做法。

（5）颜色。大部分情况下，润滑油包装桶的颜色使用规则是：浅色用于防冻液、玻璃水或基础的产品，深色用于高端产品。我们可以反其道而行之，把深色用于大众化产品，这样做更能彰显品牌形象。

（6）重量。我们现在用的塑料包装桶大部分采用 210 ~ 220g 的重量，如果你的包装桶骨架大，就会显得很单薄，完全可以采用 240 ~ 250g 的重量，就会给人以分量十足的感觉。

（7）透明。有个品牌为了区分产品，在纸箱上开了个天窗，我们可以借鉴这种做法。我们知道大部分润滑油产品都储存在不透明的包装桶里，用户看不见油品，虽然有刻度线但很模糊，我们完全可以扩大透明空间，虽然成本会增加，但是一些特殊颜色的润滑油，比如红色、蓝色、绿色，用户看到后会感觉很新奇，激发购买欲望。

（8）触摸。以前卖手机用手机模具，现在直接用真机给用户体验。卖润滑油也可以采用这种方式，嘉实多就做了有益的探索，在磁护系列的包装桶上加了一个可以用手触摸的对比圆形。我们虽然不能模仿，但可以把 Logo 做成立体图，或者是把标签上的引擎做得十分光滑，以体现特色。

（9）味道。齿轮油增加了添加剂，所以一般都比较臭，但采用某种添加剂，则会没有臭味。我们可以学习苹果电脑的做法，在包装里面加上某种清新剂，用户打开包装后，会闻到一种很特别的味道，从而对我们的产品印象深刻。

（10）附加。你知道吗？柴机油桶很多都会被二次利用，被司机当作水桶、垃圾桶、储物桶。现在，一些企业用 1L 的铝罐做包装，机油用完后，还可以当作运动水壶。

在包装上多做文章，比在技术上硬磕容易多了。对中小企业来说，包装创新是提高产品销量最重要的手段之一。

2. 包装颜色和规格能提升档次

包装创新不仅要考虑外形，也要考虑颜色和规格，这样才能提升档次。

当核心技术无法突破时，要想提升产品价值，包装创新是一个成本低廉、见效迅速的途径。在包装创新方面，人们考虑更多的是外形创新，对颜色和规格创新考虑的比较少。

三精制药能从补钙产品中脱颖而出，不是产品出类拔萃，而是采用了蓝瓶包装。蓝色体现科技感，三精制药在透明瓶和褐色瓶的产品包装中独树一帜，十分吸引眼球。

保健酒销路一般都不太好，劲酒却打破了这个怪圈，其成功之道是采取特殊包装，率先采用二两装，迎合了人们根深蒂固的理念：酒喝多了伤身，少量饮酒活血化瘀。配合“劲酒虽好，别贪杯噢”的广告语，让小包装大行其道

10 多年，从而奠定了劲酒的江湖地位。

这两年风起云涌的江小白，目标群体是不懂酒的小青年，他们酒量不行，所以，江小白力推 100ml 装，也就是 2 两包装，采用即兴的文字迎合餐饮环境，6 年做到了 6 亿元（不过，由于定价错误、品质把关不严，销量开始徘徊不前）。

润滑油产品也可以借鉴这种做法，在包装规格上可以创新，比如 1L 装，既方便车主自己添加，也适合网购；5L 装，适合德系车，尤其是大排量的车；60L 装，适合渔船市场、工程机械市场。

在颜色上，壳牌、美孚都推出了土豪金色，我们也可以大胆启用新的色系，比如蓝色、紫色，尤其是蓝色，蕴含科技色彩，而紫色代表富贵。也可以按行业规则设计，即浅色代表低等级产品，深色代表高等级产品。你可以参考白色、黄色、蓝色、黑色，金色等色系。

3. 容量用 kg 还是用 L

用 L 是惯例，但容易出现误差，用 kg 几乎不会有误差，可以减少麻烦。

我们观察了上千家润滑油企业的包装桶，发现几乎所有的润滑油包装桶上都是用 L 标注，壳牌、嘉实多、美孚也是如此。可以说，用 L 来标注容量已经成为行业惯例。

但采用行业惯例就对吗？我们经常看到一些企业的产品由于计量不准确，被管理机构罚款，主要是容量差异问题。比如 4L 的机油容量差异不能超过 2%，也就是 80ml，但由于热胀冷缩，夏天灌装的机油当时可能符合标准，但到了冬天，由于温度降低，容量会减少，甚至会超过标准范畴。

那么，是不是应该多灌装一些机油呢？虽然本意是好的，但从法律角度来说，你的产品依旧是标注不准确，还有可能因此而接到罚单。

知名品牌昆仑润滑油的产品包装上用 kg 来标注，比如 4L 的标注为 3. 5kg，18L 的标注为 16kg，200L 的标注为 170kg。用 kg 来标注，不管温度如何变化，容量如何升降，质量是不会改变的。只要灌装时采取克重模式，就可以避免产品的容积出现偏差。

由于润滑油的比重低于水，4L 换算后为 3. 4kg，如果灌装 3. 5kg，企业无形中会增加成本。怎么办？我们可以在包装正面标注为 4L，但在背面注明净重量为 3.4kg，这样就两全其美了。

4. 装 4 瓶还是 6 瓶

柴机油装 6 瓶，汽机油装 4 瓶，这或许是一个好的方案。

纸箱风格、材质确定好后，还有一个让人苦恼的问题，就是包装箱里面放几瓶机油？

壳牌、嘉实多、美孚现在基本上都是放 4 瓶，可国内的企业大部分还是放 6 瓶，要不要跟上壳牌、嘉实多、美孚呢？

我们知道，经销商和修理厂订货一般都是按件数来报货，4 瓶装和 6 瓶装的金额不一样，4 瓶装虽然规格小，但企业的采购费用不会降低，毕竟只节省了纸板材料费。4 瓶装和 6 瓶装唯一的区别就是送货时 4 瓶装搬运起来比较轻松，而 6 瓶装的货有 24L，加上纸箱，不低于 25kg，还是挺重的。

壳牌、嘉实多、美孚采用 4 瓶装主要是为了搬运便利，他们是大品牌，什么规格都不会影响到销量。中小企业则尽可能让客户一次多订货，增加销量。

当一个客户订货时，如果你的产品是 6 瓶装，客户报订单的时候会说："给我送 5 件货。"如果是 4 瓶装，客户会说："送 7 件货。"数字差别大，给客户的感受完全不同。

我们建议企业采用 6 瓶装，这样做可以节省费用，每次的订单金额也会高一些。如果你非要赶潮流，也可以采取变通的方式，就是将柴机油 6 瓶装、汽机油 4 瓶装。

5. 增加包装附加值的三个途径

《买椟还珠》的寓言故事说明了一个道理：包装能产生价值。

包装作为产品之外的一种附加值，我们要注意把握以下三个方向：

（1）单品设计。以单件的形式销售产品，比如把 1L、4L 的产品不再打包装箱，而是采用独立的外包装来销售。早在 2010 年前后，惠源润滑油曾经采用礼盒套装，就是把 4L 产品和礼品打包，这样不仅显得有档次，也避免了礼品的遗漏。现在，一些企业再次采用这个思路，还增加了 1L 产品，个别企业甚至采用金属、铝材来做小包装，色彩更鲜艳，这也算是一个创新吧。

（2）人性内涵。20 年前，金属包装是主流，但容易磕碰变形、生锈渗油，随着包装材料的进步，现在塑料包装成为主流，一些企业从应用的角度出发，船用油、工程机械用油开始采用 60L 装，有的企业包装还获得了德国的红点设计大奖。在包装外形上，18L 的方桶、4L 的球形桶、1L 的袋装，都有一些厂家在采用。

（3）绿色节能。如今，绿色环保可以体现在多个方面。比如可循环包装，就是给客户提供产品后，回收包装，再次使用，尤其是 200L 的铁桶，可以多次使用，每个桶客户可以节约 150 元左右的包装费用。企业还可以给客户提供吨箱、液袋，降低采购成本。有的企业还使用移动换油设备，换油、回收、维护一并完成。

这些方式都值得我们尝试。

6. 包装桶多长时间更换

一个企业的包装频繁更换会让客户无所适从。

企业创业初期，经销商和市场都不稳定，客户经常挑毛病，说包装不大气、没亮点，让企业改包装、换颜色。可换一次包装，光模具就要 5000 元，一个颜色的包装桶如果批量制作就要 3000 个起步，这就是 1.5 万元，而做一个系列的产品至少需要 4 种颜色，算下来就要花费 6 万元，这还不算标签单页。经销商站着说话不腰疼，不知道企业包装稍微改动一下就需要很多费用。

壳牌润滑油进入中国 30 年来，我们总觉得它在不断换包装，其实，壳牌包装桶只更换了 3 次，但它的标签更换了很多次。比如超凡喜力最新的标签是“中超联赛合作伙伴法拉利推荐润滑油”，而极净超凡喜力的标签则是“壳牌天然气制油技术”，体现其最新技术。

不仅是壳牌，美孚、嘉实多的包装标签也经常更新，比如美孚的“我就是想静静”系列完全符合现在的网络文化。壳牌还根据中国市场的情况推出了“流光金”颜色的包装桶。但这几个国际品牌的包装桶都是 7 ~ 10 年才更换外形，平常则是通过更换标签来实现小范围的升级微调。

为什么他们要这样做呢？笔者记得有个美容店的广告是这么说的：千万不要和从我们店里走出来的女人调情，也许她是你的祖母。所谓品牌，就是用户对你的记忆认可。如果你频繁更换包装，就要重新给老客户介绍你的产品。更换标签如同换了一件衣服，品牌并没有变，这样才能保持品牌与形象的一致性。

中小企业如果选择某个包装桶形，除非存在结构上的重大缺陷，否则 5 年内不要更换，只对标签进行调整就足够了。

第三节　桶贴设计与卖点展现

1. 标签就是产品的“脸面”

如果把产品当作广告来看，桶身是广告载体，标签则是广告内容。

标签可以起到介绍产品、宣传品牌的作用。我们不可能直接面对每一个用户，这就要靠产品自身来实现“动销”，“好产品自己会说话”就是这个意思。

既然要传递产品特征，标签上无关的要素越少越好。但很多企业不知道怎么设计标签，会随意加上油滴、汽车等图案，甚至把商标做到最大。用户如果不了解你的产品质量，你的商标做再大也没用。

有的企业的产品明明在国内销售，为了凸显品牌价值，非要在上面标注日文、韩文或者是英文，比如 GRAR OIL、ZIC，本来大家就不怎么认识这个品牌，该品牌还采用大写字母，让人更加难以辨认。

手机行业讲究屏占比，标签也一样，越大越好。比如 2018 年的美孚标签就比以前大了 20%，而壳牌虽然桶形没有变，但通过去边等手段，标签比以前大了 12%。

我们在选择桶形时要考虑标签的尺寸，到了设计阶段再调整就难了。

有的企业生怕用户记不住自己的品牌名称，除了在包装桶上印 Logo，标签左上角也有 Logo，在标签正中间也把自己的 Logo 打上去，而产品却没有名称，只有等级、黏度，或者是写着“高等级汽机油”“涡轮增压柴机油”。

不仅国内企业是这样，壳牌也有过这种失误。壳牌的桶标上最大的就是 HELIX，也就是喜力，可没有多少人认识。那么，人们怎么称呼壳牌的产品呢？就按桶的颜色来叫，红桶的壳牌就叫红壳，蓝桶的壳牌就叫蓝壳。直到 2017 年前后，壳牌才开始添加“壳牌喜力”的字眼。现在，更是为凸显“喜力”这两个字，把英文缩小淡化了。

中小企业没有壳牌这样的实力，就一定要把名字凸显出来，别指望用户给你的产品起名字。

有的企业苦于没有找到好名字，就用 500、600 或者是 7、8、9 这样的数字将其做到标签上。可这些数字是什么意思？仅仅是个区别符号，而不是卖点。

更多的企业则是往标签里面添加很多文字，比如火花塞、引擎、汽车、奖杯，把小小的标签做得像个万花筒，人离得稍微远一点，就看不清楚标签上的内容。壳牌也这样干过。中小企业如果想把产品卖好，就不要重蹈覆辙。

美孚新包装彻底颠覆了以前的设计风格，既把中文名称凸显出来，又把黏度、特色的文字提升了位置，去掉了没有多少意义的汽车背景图，新的标签清爽醒目。

理解了这些规则，企业在设计标签时要先设计 4L 标签，然后平移到 18L 桶上，1L 的包装则要把核心要素体现出来，使同一系列的产品保持风格一致。

企业不要只在口头上打造品牌，品牌的树立就在于细节上的坚持。如今，标签风格从以前的拟物化逐渐变为扁平化，通过线条、色块把核心内容展示出来。

我们对标签有以下 9 个要求：

（1）标。商标 Logo 要小。

（2）简。桶上有一个 Logo 就够了。

（3）名。标签上要有产品名字。

（4）中。用中文，少用或不用英文。

（5）数。尽量不用数字序列。

（6）色。桶、标颜色要一致，平和过渡。

（7）大。名字、等级、黏度的字体要大。

（8）高。标签面积占比要高。

（9）同。1L、4L、18L 标签要一致。

2. 突出产品名称

版式和画面再漂亮，也不能喧宾夺主。

在产品设计要素里，最重要的是产品名称，我们要做的就是突出名字。

名字的位置最好偏上，下部是 API 等级。如果名字是 2 个字，宽度要占到标签的3/5，如果是3～4个字，要占到标签的2/3，这样才醒目，让用户一眼就能看到。

一家企业为了让用户关注自己的品牌，名称占据了标签的一大半，虽然很俗，但是如果没有更好的设计方案倒也能接受，毕竟我们的目的是让用户下次购买时能说出产品的名字。

名字的颜色和背景色要区分开。一般是冷暖色对照，比如黄底用红字、黑底用黄字，这样识别度就很高。名字的颜色还可以和底色相同，但名字的四周要加上白边或镂空。

千万不要用艺术字体，很多人认不出来，也不要用繁体字，估计很多人认繁体字是靠猜。当然，也别使用拼音和手写体。

我们别给用户增添烦恼，让他们猜测你卖的是什么产品。

卖产品不是卖艺术，无须漂亮，只要醒目。

3. 要考虑电商应用

在单页、媒体上宣传，产品往往会缩小到一寸大小。

在为企业服务的过程中，或者是进行市场调研时，笔者经常为一些企业叹息：

产品设计得很有美感，但名称太小，颜色过于复杂，背景图案多且大，当印在公司手册或产品单页上时，根本看不出来是什么产品，只能看出颜色不同。

有的企业还在天猫、京东开了网店，在产品列表中展示的都是产品的缩略图，图案比较小。如果在做产品设计时没有考虑到这些因素，会严重影响产品的美观和销量。

这不是危言耸听，不止一个企业犯这样的低级错误，你到淘宝上搜索康普顿、龙蟠、长城、嘉实多，就会发现他们的缩略图比较模糊，只能看出是什么产品，但不知道具体型号。相比之下，壳牌的缩略图十分清晰，能看出产品的具体型号。

这就要求我们在设计产品时，一定要考虑多渠道的展示。具体做法就是：设计完成后，把它缩小到邮票大小，或者是把手册打印出样稿，看能不能清晰地识别产品。如果能看出来，就过关；如果难以识别，推倒重来。

4. 模内贴有必要用吗

模内贴、热转印适合稳定的大批量产品使用。

为了体现产品高端大气上档次，很多企业采用模内贴甚至金属罐，好处是和桶身融为一体，不容易翘边，颜色不容易掉。

但这样做存在很大的不足。

中小企业要多考虑支出和成本，丝网印刷、热转印、模内贴都是提前在包装桶厂做好，然后灌装。个别企业采购设备来加工。无论怎么操作，都需要先批量做出包装来，一些产品不生产，包装就要浪费。

壳牌、嘉实多、美孚现在还采用传统的胶贴方式，不是他们落后，而是采用胶贴方式就可以在产品灌装好后再贴标，这样，一些同样桶形、颜色的包装桶就不会浪费。

不要小瞧这个举措，对年销售额一两千万元的企业来说可能不算什么，但对年销售额几十亿元的企业来说可以大大减少包装耗材的积压，也能降低包装桶的采购成本。

更大的好处是：如果标签微调，只需要更换标签，无须大动干戈。

至于我们担心的翘边问题，只要采用好的胶，并在合适温度下粘贴，完全可以避免翘边。

胶贴的标签颜色更鲜亮光滑，不会出现模内贴所特有的颗粒感，甚至连文字都模糊的现象。

5. 400、800 电话没必要用

大企业用 400、800 电话代表服务精神，小企业用反而是没有实力的表现。

在润滑油行业里，山东油品是低劣的代名词，广州增城是高仿品的代名词。一些企业为了避免用户对某个地方存有偏见，就会选择在异地成立公司，为了不露馅，就用 400、800 电话来遮掩。

这样做是典型的欲盖弥彰。

以前 800 电话代表实力，它是接听方付费，而 400 电话则是拨打者付费，唯一的好处是座机、手机都可以拨打，所以大部分中小企业就用 400 电话来省

下通信费用。

然而，经销商和企业打交道，一般还会到公司进行实地考察。这些年来，400 电话已经成为皮包公司的代名词，用 400、800 电话更容易让用户质疑企业的实力。

现在查询企业信息很方便，在官方网站和手机 APP 上，关联企业、法人及相关企业的信息都能查得清清楚楚。山东某家做非标油的企业为了凸显品牌高端，在上海注册公司，打着诚信的旗号，却遮遮掩掩，更让人担心。

很多企业的信息发布在微信上，用户很难看到更多动态，打 400 电话也难以及时联系到企业负责人。有的企业怕麻烦，留的是总机电话，找具体部门很不方便，久而久之，用户就会流失了。

我们建议企业给用户留营销总监的手机号，绑定微信，这样就能提高沟通效率。

6. 任何地方都不要用生僻字

不同的客户群体层次也不同。如果客户认不出你的品牌，你的产品会好卖吗？

现在很多客户不仅缺乏油品知识，文化素质也不太高。就拿壳牌机油的读音来说，有的客户把“壳”读成“qiào”。一些国际品牌由于没有起中文名称，一直销售不好，有的甚至退出中国市场。

企业给产品起名要注意以下方面：

（1）少用英文。BP 润滑油在中国停止销售，康菲旗下的 Conoc 机油退出中国市场，SK 润滑油卖得不理想，埃尼、雪佛龙、马石油起名都有这个毛病。

（2）不用生僻字。舃、飒、卄这几个字用户可能见过，却不一定知道怎么读，也不容易记住。这样的产品，你觉得用户会购买吗？

（3）不用繁体字。有的品牌来自新加坡及中国台湾、香港地区，或者是产自广东，在包装上采用繁体字，对于大部分人来说，看繁体字是连蒙带猜。看看国光、美耐吉、新辉等品牌，你就会明白这样一个道理：和车主过不去就是和自己过不去。

别说产品名字，就是卖点、广告语、产品说明也不要用生僻字。只有让用户看明白产品名称和说明文字，用户才会购买产品。

7. 标签设计要延伸到纸箱

纸箱不仅是包装容器，也是广告载体和产品标识。

在常规理念里，给产品配上纸箱是为了起到保护作用，方便运输，无须关注。其实，纸箱不仅是一个装填工具，还能起到以下作用：

（1）避免混淆。在工厂里，产品是分门别类码放的，这样做不容易混淆，但经销商的库房一般比较杂乱，如果纸箱没有显著特征，很容易导致发错货，黏度错误还是小事，汽机油、柴机油类别发错就麻烦了。

很早以前，壳牌、嘉实多、美孚的包装采用的是原色包装，仅仅文字不同，后来换成彩箱，发错货的情况很少发生。

（2）广告宣传。在很多柴机油终端，修理工常常把纸箱拆开垫在地上，然后躺上去维修，这个时候，纸箱实际上起到了宣传的作用。

山东的一家企业不仅在纸箱外部做了专门的防水设计，在纸箱内部也印上了 Logo 和产品卖点。

（3）保护产品。如果你经常看新闻，就会发现一些经销商的库房被淹、产品积压，如果纸箱防潮性能好，就不会出现这样的情况。

这几年，很多企业采用彩箱，甚至还覆膜，但只有 3 层的瓦楞纸，彩箱很容易变形，覆膜容易产生静电，箱子更显得脏。当工人手上有汗渍或油污去搬运纸箱时，纸箱容易滑落，产品的生产日期也不好喷码打印。

是不是每款产品都必须设计一款纸箱，以便于辨识呢？没有这个必要。我们可以设计通用型纸箱，在纸箱的正面或侧面留出和产品一样大的空白，里面装什么产品，就贴相应的贴纸。当该产品的销量达到几万件时，就可以单独做纸箱。

纸箱的设计风格最好和产品对应，也就是让标签风格内外一致，这样就可以杜绝发错货的情况。

第四章

价格：切开市场的“尖刀”

所有的竞争归根结底是价格的竞争。低级的竞争是直接比拼价格，高级的竞争是通过降维打击、价差推动、卖点塑造等手段实现极致的性价比，让用户从心动到行动。

第一节　价格优势从哪里来

1. 流通环节的价差设计

只有让渠道的各环节都能获得利益，才能推动产品的销售。

我们在设计价格表时，一般会有：出厂价、代理价、建议批发价、零售价。经销商操作时，一般是按照终端订货数量来确定价格，比如出厂价 100 元的产品，如果用户每个月拿 10 件，批发价就是 120 元，拿 20 件则批发价为 115 元，批次多、用量大，拿货价格就低。

这样的销售方式已经不适合现在的市场了。典型的就是规模相同的修理厂，一个是老客户，享受 115 元的价格，而另一家是新客户，给其什么价格？给 120 元？如果他知道行情，会怎么看你？销售人员要根据批量还是用量来确定价格，怎么把握这个尺度呢？

笔者建议用客户类型来确定价格。润滑油终端有 3 种类型：服务型润滑油终端、自用型润滑油终端、贸易型润滑油终端。它们在市场推广中的作用和地位完全不同，要给予不同的价格政策。

服务型润滑油终端是指汽修厂、快修店，它们能给车主直接换油，在工作人员的推荐下，新品牌能快速进入市场，它们是中小企业最重要的终端。

自用型润滑油终端是指物流车队、企事业单位，它们买机油是自用，只要产品性能卓越，能让它们降低使用成本，它们就敢于使用，这是新品牌的主打市场。

贸易型润滑油终端是指批发商、汽配店，它们和经销商一样，采购机油是为了售卖，它们一般选择比较知名、畅销的品牌，这样跑量快，看似市场空间大，但它们看不上中小品牌。现在去汽配城，你能看到几乎家家店铺都摆放壳牌、嘉实多、美孚。但在 2000 年前，没有几家店铺摆放壳牌产品。2005 年以前，店铺里没有嘉实多的产品。

服务型、自用型客户初期拿货少，但企业产品销量会逐步提升。贸易型客户则会用批量大来压价，即使给了低价，他们也不会去开发新客户，而是凭借低价和多品牌经营抢占前两种类型客户的资源，他们就是我们常说的“窜货专业户”，他们不仅会从当地经销商处要低价，也会从外地调货，冲击当地市场价格。

我们既然要依赖服务型、自用型客户，就要让他们多赚钱。要给服务型客户最丰厚的利润，也就是最实惠的价格。而自用型客户有时候也会到市场采购，或者是到修理厂维修，给他们的价格要低一些，要给服务型、自用型客户留一些利润空间。

为什么我们还要考虑贸易型客户？随着品牌的提升，只靠经销商无法实现区域内的全面覆盖，还需要贸易型客户帮我们打开市场，但给他们的利润空间不能太大，否则他们会跟经销商抢客户。

这样就需要把批发价分成三类，从低到高依次是服务型批发价、贸易型批发价、自用型批发价。这样的价格体系不需要考虑客户的批量，只要是同类型的客户，不管采购规模有多大，全部一视同仁。这样做就能保持各环节价格、价差的稳定。

那么，这三种终端类型之间的差距是多大合适呢？我们建议在出厂价的基础上分别加价 20%、30%、40%，零售价则加 80% ~ 100%。比如出厂价为 100 元的产品，服务型的批发价是 120 元、贸易型的批发价是 130 元、自用型的批发价是 140 元、零售价是 190 元，这只是大概的比例，具体还要根据产品的等级、卖点、政策等来确定。

这样的价格体系就是我们提倡的“五级定价”体系，比较容易操作，但很多经销商习惯性地按批量大小进行调整，结果让自己和终端都没有钱赚。

2. 这样才能碾压对手

用产品线的组合来碾压对手，放弃大众化产品，力推高等级产品。

润滑油销售人员一般是看到客户用哪款机油，就赶快推荐同类产品，其说辞无外乎价格实惠、产品性能好、进口品牌。不过，既然是同等级的产品，你的产品性能难道比客户现在用的好？同时，客户会觉得你在说他买的产品不怎么样。

如果买新手机，你会买和现在配置一样的吗？如果买房子，你也会换面积大、位置好的吧？人们都希望买更好的产品，可我们总是给用户推荐同档次的产品。

当产品等级相同时，产品竞争就在同一条起跑线上，中小品牌要么降价，要么忽悠用户，但这些都不是长久之计。

我们知道“田忌赛马”的故事，如果按常规出牌，上中下这三匹马都会输，齐王采用固有的套路，田忌则更换出马顺序，赢了两场，剩下最后一场也就无须比赛了。

在市场上，我们遇到的对手基本上都是大品牌，他们的等级、价格、政策基本都是透明的。这时候，如果你按照他们的套路做产品，那么每个等级的产品都会被对手碾压。

怎么办？

放弃注定是“炮灰”的产品，推出比主流市场更高等级的产品，这就是“降维策略”。对于用户来说，你的产品比他现在用的好，理由充分；对于终端来说，产品利润高，质量好；对于企业来说，这样的产品利润空间能够接受。

这样规划产品线，利润会不会降低？

常规情况下，企业产品的销售情况如表 4 – 1 所示。

表 4 – 1　产品的销售情况

产品等级	毛利/元	销量/件	利润/元
高等级	40	1	40
中等级	15	3	45
低等级	5	6	30

采取降维策略后，产品的销售情况如表 4 – 2 所示。

表 4 – 2　降维后产品的销售情况

产品等级	毛利/元	销量/件	利润/元
高等级	20	4	80
中等级	10	7	70
低等级	5	1	5

从表 4 – 1 中我们可以看到，在传统模式下企业产品的利润是 115 元；从表 4 – 2 中我们可以看到，降维策略实施后，产品利润降低，但提高了对用户的吸引力，增加了销量，高等级产品也有了长足的发展，能树立起“优质优价”的品牌形象，产品总的利润提升到 155 元，为企业今后的发展奠定了坚实的基础。

这个套路并不新鲜。嘉实多在 2000 年前后就采用了类似的手法，当时主流产品是 SF 等级，代理价是 45 元，而壳牌、美孚的高等级产品是 SG 级别，代理价为 56 ~ 58 元，批发价为 63 ~ 66 元，嘉实多护力的批发价直接放到 49 元的价位（当时 SF、SG 等级产品的制造成本分别为 29 元、32 元），终端的利润瞬间从 5 元多提升到 14 元以上，在市场上引起轰动，短短两年时间，嘉实多就抢占了汽机油领域的大片市场。

这几年，龙蟠的 SN 5W – 30 产品凭借 99 元的超级实惠价格引爆天猫市场，获得车主的好评。2019 年“双 11”，龙蟠更是推出了 89 元的特价，还赠送 1 个不锈钢保温杯。

你如果不改变，就会被别人超越。

小米科技创始人及 CEO 雷军说：“我们只赚取 5% 的利润。”这句话放在润滑油行业同样适用。

3. 柴机油为何卖不出高价

购买力决定价格和市场。市场很大，但购买力不强，就不可能做大。

很多人知道汽机油的利润空间大，柴机油则是薄利多销，壳牌、嘉实多、美孚、长城、昆仑、统一的定价体系都是这样。

汽机油车辆除了出租车，大都是私家车，用户出于爱好，或者是为了代步而买车，就像有人喜欢集邮，为了一张小小的邮票能够一掷千金，也有的人为了淘到好的古玩而废寝忘食。对于自己的“爱车”，车主舍得掏钱保养、维护，相关的润滑油产品就能卖出高价。

商业运营车辆是用来赚钱的工具，车主买车的目的是多赚钱，他们也会保养车，但保养是为了更好地赚钱，只要车辆不出问题就行。现在，很多车主为了避免维修麻烦，大都是开几年就淘汰，然后更换新车，长途货运卡车一般更新年限是 3 ~ 4 年，工程机械是 5 ~ 6 年。“再开下去，维修不划算”，误工误时，燃油消耗也大，不如换新车。

而汽机油车辆可以使用多年，所以，汽机油虽然使用环境不如柴机油苛刻，但用户能承受更高的价格，汽机油的利润空间会大一些。

利润空间大，企业才愿意投入人力、物力、财力研发，给用户提供更好的产品。

4. 主流产品的价格不能随便定

主流产品就是市场需求量最大的产品。

比如洗发水，1L 装的价格大都在 58 ~ 65 元，200ml 的则在 18 ~ 21 元，这就是价格带。企业只有抓住价格带，才能更好地切入市场。

润滑油同样也有价格带。比如 CF－4 机油，18L 的出厂报价多在 240 ~ 280 元，搞活动时，价格会调整到 240 元，零售价则在 320 ~ 360 元。

至于汽机油，SL、SN 级别的产品也有各自的价格带。

价格带也分中外品牌。比如壳牌、嘉实多、美孚同等级、同黏度的产品，价格相差很小；长城、昆仑、统一的整体价格带则略低一些。

很少有企业的产品能打破这个价格带，因为价格带是这个群体的价格认知。就像我们日常买打火机，打火机 1 元钱一个已经成为共识。如果超过用户的心理价格，产品就很难动销。

在这个价格带里，你的产品销量有保障，大家主要比拼的是营销手段，想打破这个价格带，你就要有足够的“料”。

如今，很多企业为什么推广石墨烯、纳米、有机钼类的产品？这也是为了摆脱固有的价格带，多赚些利润，企业才能更好地发展。

如果你的“料”不够，也不能让用户看得见、摸得着，只是一味地“王婆卖瓜，自卖自夸”，很难实现突破。

要么遵守约定俗成的价格带，要么在卖点、包装上另辟蹊径，否则企业很难发展。

5. 别用伪洋品牌提升价格

时代不同了，企业如果靠伪洋品牌提升产品价格，就很难有所发展。

为了提升产品附加值，很多企业把自己包装为国外品牌，拉高产品价格。

企业主要在以下几个方面把自己包装成伪洋品牌：

（1）李鬼品牌。直接注册为英文商标，或者是采取和壳牌、美孚、嘉实多接近的名字，比如×壳、×孚、××多等，混淆视听。

（2）公司名称。在香港注册美孚集团、嘉实多国际、壳牌贸易等公司名称，再授权内地一家企业灌装产品。

（3）模仿商标。商标设计得和大品牌极其相似，甚至采取组合策略，把“壳喜”“牌力”拼到一起，猛一看就是“壳牌喜力”，更有康帅傅、澳利澳这样的名称。

为了节省费用，企业大都直接套用大品牌的包装，个别企业还会进行局部修改，比如增加防滑条、改变瓶盖花纹，等等。在价格策略上，企业的产品基本采取介于壳牌、嘉实多、美孚和长城、昆仑、统一之间的定价方式，经销商的批零价格参照大品牌来制定，企业也能多赚一点钱。

企业的这种做法会在现实生活中碰壁。只认品牌的车主不会为了几十元钱拿自己的爱车冒险，他会直接买壳牌、嘉实多、美孚的产品，而图价格便宜的车主则觉得长城、昆仑、统一更实惠。这样的产品在推广初期能蒙蔽一部分经销商和用户，当用户发现自己上当，就再也不会购买这些产品，此类产品就无法打开销路。

更难搞定的是终端修理厂，它们服务于周边的老主顾，不会拿这样的产品砸自己的招牌。

6. 产品售价 220 元还是 280 元

没有政策推动的产品是不会长久的。

以 CH－4 机油为例，一般企业的出厂价是 260～280 元，制造成本为 190～200 元，算下来有 70～90 元的利润，看上去利润丰厚，但这里面包含销售佣金、广宣支持费、物流成本、运营费用、渠道返利、终端支持费，等等。净利润只有十几元，盈利 5～8 个点。

但现在连这几个点都快保不住了。2018 年，润滑油行业价格战的苗头初步显现，虽然大企业不断发调价通知，但出厂价不断下滑，你不降价，别人会降价，产品销量就会受到影响。进入 2019 年，不仅出厂价，连零售价也出现了松动，一些新品牌没有历史包袱，直接把顶级的 SN 产品价格打压到 100 元以下。

一些大品牌和电商合作，推出特价或定制产品，比如昆仑和京东合作的“京保养”，SN Plus 5W－30 机油才卖 98 元，这可是零售价！这样的价格体系让中小厂商无利可图。

道达尔还阶段性地推出特价产品，把 CH－4 机油价格打压到 220 元，18L 的产品，仅仅是物流费用就要 7 元，算上其他费用，企业不仅无利可图，甚至还会亏损。

那么，我们是跟风还是坚守？

一个企业要想生存，必须有利润。大品牌有着雄厚的实力，如果这款产品不赚钱，就通过其他产品赚钱，而中小润滑油企业大部分销量来自柴机油，如果这个领域不能赚钱，企业发展就会困难重重。

产品 220 元不能卖，我们要想方设法卖到 280 元，为了实现这一目标，企业可以采用以下方式：

（1）改进包装。1L 的 SN 产品很难卖到 50 元以上，但零公里通过用铝罐包装，把产品卖到了 60 元以上。

（2）增加亮点。企业可以从节油、长周期、黏度持久、油压稳定等方面提升产品内涵。

（3）模糊等级。强调功能、效果，不再强调等级，就像苹果手机一样，不比参数，只谈体验。

（4）利益推动。学习 OV 手机的营销理念，设计好流通环节的价差，让每个环节都能赚到钱。

（5）提升形象。企业可以通过门头、内饰、挂板提升终端店面的形象，让客户信赖你的产品。

（6）通过证书、荣誉来做产品背书，或者是通过赞助、主办活动等方式树立企业形象。

（7）舍弃低端产品，推高等级、高品质的产品，用户体验好，利润也丰厚。

企业有了利润，才能进行技术研发，不断优化产品。

7. 不同规格的同一款产品的定价规律

对于同一款产品来说，大包装的要比小包装的平均单价低，价差要控制在8% ~15% 。

现在，很多润滑油企业跟风推出1L、60L包装，然而效果并不理想，抛开包装上的便利性不说，企业制定的价格体系也存在问题。

通常，人们认为零售价高，批发价低。同理，小包装的单价高，大包装的单价低。对企业来说，的确是包装越大费用越少。

4L的机油包装耗材一般是4.5元，加上瓶贴、瓶盖，费用为5元，每个纸箱1元，外包装费用总计6元，每升机油分摊1.5元的包装费用；18L桶装机油单价一般是16元，算上桶盖、桶贴，费用不到19元，每升机油分摊1元的包装费用；60L机油的包装桶单价为55元，每升机油分摊的包装费用不到1元；1L包装的机油采购费用为1.6元，一箱装12瓶，每升机油分摊的纸箱费用为0.4元，费用总计2元。由此可以看出，包装规格越大，每升机油分摊的包装耗材费用越低。

大包装机油在生产线上灌装的时候更加便利快捷，节省人工成本。18L包装可以嵌套叠放，节省库房空间，无形中也节省了企业的运营费用。所以，大包装机油获利空间更大，具备让利的基础。

那么，同系列的产品怎么定价才能引导用户购买呢？

如果1L装机油定价为40元，那么，4L装机油应该定价160元，但为了让用户觉得更划算，我们建议单位价格比1L装低10%左右，上下浮动不超过3%，考虑到行业内很少出现尾数是“4”的价格，可以定价为135 ~145元。同理，18L包装要按4L产品的定价来推演，理论价格是630元，优惠10%后是567元，企业定价为520 ~580元。

也就是说，定价一定要参考规格最接近的产品，其单位成本控制在总成本的7% ~13%，按10%来计算即可。

企业要根据实际情况调整定价。比如壳牌机油通过电商渠道销售，蓝喜力HX7 5W -40机油实体店的定价是48元，4L装产品推演的价格应该是192元，再按优惠10%计算，价格在173元比较合理。但实际上，4L装机油壳牌定价为249元，这是为什么呢？这其实是壳牌的销售导向策略。在线下，4L装机油销量大，1L 装销量小，采用价格倒挂的措施会让车主自发购买 1L 装机油。从实际销量上我们也可以看到，壳牌 1L 装机油在京东上的评论是 47 万多，而 4L 装机油的评论才 800 余条，差距很大。

但在柴机油领域，卡车司机很少使用4L 装机油，这是为什么？劲霸 R4 的 4L 装机油定价是 128 元，18L 装机油的推演价格是：128 元 ÷ 4 升 = 32 元/升，18 升 × 32 元/升 = 576 元。按优惠 10% 计算，可以得出 18L 装机油的定价应该在 518 元，而京东上的价格是 500 元。如果你是用户，你会选择哪个型号的机油？当然是 18L 装的机油。壳牌更是打破常规，壳牌 R5 的 4L 装机油定价 220 元，18L 装机油定价 680 元，优惠力度很大。

企业制定产品价格要符合用户的认知习惯，同时，企业也可以适当调整价格，引导用户选择产品型号。

8. 通过 5 个途径让用户觉得产品超值

产品超值，用户才会心动，然后行动。

用户觉得你的产品“值”才会购买，如果产品“超值”，就会抢购。小米 1 上市时，为什么会卖断货？这是因为同样的配置，甚至更高的配置，价格却不到苹果、三星的一半。

通过以下 5 个途径可以实现产品“超值”：

（1）高性价比。用户购买产品时，会重点关注产品的性价比，一些国内品牌比国际品牌销量好，其原因就是国内品牌的性价比更高。

这两年很多新兴企业为什么主打全合成润滑油？因为全合成润滑油成本低，不过百元左右，销售价格动辄上千元，有着巨大的利润空间。新兴企业做全合成润滑油，可以拿壳牌、嘉实多、美孚的产品作为参照物。

如果没有参照物或主导品牌怎么办？比如变速箱油、刹车油，没关系，可以利用人们的心理认同感来定价。更换变速箱油不仅耗时，还经常更换不干净，保养费用高昂，动辄上万元。这时候，企业就可以定高价。

（2）特殊价格。产品除了具有常规的功能外，还有其他品牌所不具备的功能，即使定价高，用户也能接受。

早在 2010 年前后，就有一些企业推出换油周期高达 10 万公里的机油，那时候，普通机油的换油周期不过是 1.5 万公里，价格一般是 350 元左右。换油周期高达 10 万公里的机油当时定价 1500 元，看上去价格比较高，但使用 6 桶半普通机油才能达到同等效果，我们对 6 桶半普通机油的价格进行推算，350 元 ×6.5 = 2275 元。通过比较，使用换油周期高达 10 万公里的机油更划算。

（3）赠品诱惑。当产品不是十分出彩时（这是产品的常态），我们可以用赠品来提升产品的价值，吸引用户的眼球。

我们曾经建议合作的 × × 品牌举办“买机油送钻石”的促销活动，没错，买 2 桶 18L 的机油，送 1 个 0.2 克拉的钻石，不要惊讶，送的绝对不是假钻石，不过是人工钻石而已。

企业常常推出“买机油送工具”的活动。有的企业推出“买变速箱油送交换机”的活动，一台交换机的零售价 5000 元左右，用户买 10 箱变速箱油送 1 台自动变速箱油交换机，诱惑力很大。也有的企业推出“买机油送精准换油查询机”的活动。现在，还有一些企业推出“买制动液送清洗油”，或者是“买制动液送换油机”的活动。

（4）增值服务。说到靠服务打天下的品牌，我们自然会想到海尔，其凭借卓越的服务深得用户信赖。

以前，润滑油厂商之间基本是钱货两讫，厂家很少为经销商、终端提供服务。如今，市场竞争激烈，不仅厂家提供旅游、培训类服务，就连经销商也请修理厂老板旅游、参观、学习。

现在，厂家会举办各种培训会议，甚至组建市场突击队、攻坚小组来帮助经销商做市场，经销商也会请厂家协助销售，通过做路演帮助终端快速卖货。未来，企业会利用自身的 APP 为经销商或修理厂提供服务，为他们制定营销流程，深挖服务价值。

（5）改变包装。我们都听说过“买椟还珠”的寓言故事，可见包装对产品的重要性。

你知道西洋参为什么要切片放到礼盒里吗？如果将一根西洋参放入包装盒，看上去分量很少，很难卖出 100 ~ 200 元的价格。同理，我们可以给润滑油产品增加一个外包装，比如 1L、4L 装机油都可以用纸盒包装，以提高档次。

我们可以更换产品包装的材质，比如很多 SN 产品采用金属包装，就是为了和其他产品区分开，还有的产品采用铝罐包装，这种包装虽然有不足之处，但确实能吸引眼球。

当然，还有很多提升价值的途径，比如调整包装颜色，壳牌的土豪金、嘉实多的橙金包装已经上市。如果产品采用纸包装，不仅环保，而且轻便。我们还可以采用新的包装容量，比如 60L、20L 的规格。

挖掘产品利益，为用户提供更多的价值，这样才能让用户心动、行动。

第二节　做促销要避免价格穿底

1. 推广活动需要考虑的 3 个问题

推广活动要有一定的力度，必须考虑周期、力度、形式。

一些企业做的推广活动不是简单，而是简陋。比如，简单发出一个价格打折的通知就开始举办活动；简单做一个“买 10 送 1”的方案就自我满足。

拟订一个好的方案一定要考虑以下几个方面：

（1）周期。做活动就要控制费用，活动周期越短，费用越低，但效果不一定好；活动周期长，效果虽然好，但费用也高。要从全局着手，统筹考虑，以确定适当的活动周期。

做活动的目的就是让用户占便宜。我们知道，只要机油品质不错，用户使用两次后基本不会换品牌。这样，我们可以根据用户的换油周期让用户最多享受两次价格优惠。

私家车换油周期比较长，不太适合参与活动，出租车一般换油周期是 15 天左右。所以，我们的活动周期只要定在 15 ~ 30 天，就可以让目标客户享受两次价格优惠。

柴机油机械的换油周期是 45 天左右，推广周期控制在 45 ~ 90 天比较合适。

从节约成本的角度来说，我们推荐采取 1. 5 倍原则，出租车行业促销周期可以确定为 25 天，柴机油机械的促销周期为 2 个月即可。

这只是理论推算，很多大企业做汽机油推广活动时，推广周期都是 2 个月，其目的是影响更多的私家车主，争取新客户。

（2）力度。做活动就要有足够的吸引力，否则不如不做。

那么，如何提高活动的吸引力呢？

我们要根据市场目标来确定具体措施。如果目标客户是卡车司机，他们是按零售价来购买产品，要想打动他们，就得设计促销品。

经过实践，我们发现促销品的日常价格要达到或超过所推介产品价格的10%以上，才有诱惑力或推动力。

卡车司机花费400元购买机油，要想让他们心动，你选择的促销品的价格应该在40元以上，这样才有足够的吸引力。

（3）形式。大部分情况下，经销商都是等待厂家提供支持才做市场推广，他们认为市场是厂家的，利润是自己的，但厂家的利润空间有限，很多时候，厂家给经销商提供支持的力度不大。

怎么办？

可以采用以下3种方案：

①把促销费用集中在一两款产品上。

②减少日常促销活动的次数，每年集中做两次甚至一次大型推广活动。

③厂商联手，各自分摊一部分费用。可以采用对赌模式，比如订货20万元以上，双方均摊活动费用；订货40万元以上，双方按比例分摊活动费用。

做推广活动还要考虑单页设计、价格拟定、促销对象、宣传手段等，但以上3点是必须考虑清楚的。

2. 促销周期怎么定

促销周期长不代表效果就好。

一个美女，你看久了也会觉得乏味；一段文字，你看上一分钟，可能都不认识了。举办活动也是如此，如果活动没有截止日期，人们就会丧失参与的热情。我们知道电商最喜欢“造节”，比如苏宁有“8·18购物节”，有“9·9打折节”，还有“省钱节”；京东有“6·18购物节”“双12狂欢节”；淘宝只有“双11购物节”，但销量远超京东、苏宁。活动过多反而让用户搞不清楚什么时候价格最实惠。

苏宁还搞过“购物月”，即整月都有活动。如果你是用户，你会觉得哪一天购物都可以，不用着急，说不定到最后都忘了参与活动。

所以，促销活动要少，促销周期要短，让用户珍惜机会，以提高购物概率。

新市场最好在有了几十家客户后，再大面积地推广，促销周期最好是该行业平均换油周期的 1.5 倍。

还要注意促销频次，如果是老市场，每年春秋季节各举办一次，外加年末举办客户联谊会。

活动结束就取消优惠政策，不要为某个客户延时，要让客户知道你言必行、行必果。

举办活动要让客户感到意犹未尽，不要奢望面面俱到，让每个客户都满意。

3. 打折不如免费送

把打折的部分变成优惠券或促销品赠送给用户，可以提高购买率。

笔者和家人经常去某个烤鸭店吃饭，不是我们喜欢吃烤鸭，也不是它的味道让人流连忘返，而是这个饭店有个绝招，就是让你有“想头”。

你这次吃多大的烤鸭，这家饭店就会送你多大烤鸭的优惠券。比如你吃半只烤鸭，结账时，收银员就送你半只烤鸭的优惠券，上面标明价值是 28 元，但不含酱料。

菜单上半只烤鸭 36 元，两三个人吃的话，再点上几个菜，只要百十元，又可以吃一顿，相当于打了 7.8 折，多实惠！

更绝的是，赠送的烤鸭券只有 1 个月的有效期，到期你不去吃，就白白损失 28 元。有时候笔者工作忙，家人就单独过去，点个菜，几十元搞定一顿丰盛的菜肴。

虽然旁边的“农家小院”口味更好，但很少打折，结账只给抹个零头，多年来，我们只是偶尔吃一下，换换口味。从店内餐桌数量和翻台次数看，烤鸭店的生意明显要好一些。

我们做活动时如果站在用户的角度思考问题，就会发现打折只是“自己可以少花钱”，只有结账的时候才会体现优惠力度，而赠送的优惠券不花就浪费了，用户会心疼，那可是具体的金额呀。尤其是当你发现优惠券快过期时，就会马上去吃一顿，单纯的打折绝对不会有这样的吸引力。

那么，你的促销活动是打折，还是赠送？

我们给企业服务时，做的促销活动就是赠送保温壶，该壶零售价差不多是 150 元，我们就把标识放大，写上活动的截止日期，该礼品对产品销售起到了很好的拉动作用。有一段时间，雀巢咖啡举办促销活动，用户买雀巢咖啡，就会获赠红色的杯子，产品销量大增。

如果你想打折，不管是针对经销商还是终端，最好把打折的部分折算出来，送同等价值的东西，这样更有吸引力。通过公司的批量采购，你送的东西才实惠，有价值。

久润给经销商送依维柯、奥吉星送金杯、加仑特送五菱，都是这个道理。

你仔细看一下，“双 11 购物节”电商搞活动，他们是说优惠多少钱还是说打几折。可以说，大部分店家都是原价多少钱，现价多少钱，有的还用折线图来体现，甚至还写上哪一天恢复原价。

你想一想，如果给终端做活动，可以送什么？世达工具、抽油机、变速箱换油机、举升机、扒胎机，这些都是不错的选择。至于促销方案，你就需要仔细筹划。记住一点：送的东西，客户不拿就是损失，而且，你还要规定期限。

4. 这样促销不破坏价格体系

对新品牌来说，价格可以起到体现品质的作用，一旦产品价格降低，再想恢复到原价就会变得很困难，用户会拒绝购买你的产品。

懒于思考的企业都会用最简单、最伤害自己的办法做促销，典型的就是买赠，买什么就赠送什么，更有甚者直接打折，这两种操作方式都是降价，不管是针对经销商还是修理厂，只要这样操作，除非整个行业内的同款产品都涨价，否则很难恢复原价。

我们怎样操作，才能不破坏价格体系？

可以采取以下几种促销方式：

（1）买产品 A 送产品 B。

假如产品 A 的价格是 500 元，产品 B 的成本是 50 元（零售价是 100 元），可以采用以下两种方案：

方案一：只需 400 元就可以购买产品 A。

方案二：花费 500 元，买 A 送 B。

以上两种方案都是给用户 100 元的让利。但方案一直接破坏了产品的价格体系，把产品 A 的价格下拉到 400 元，今后，如果想恢复原价，就会变得很困难。

方案二采用买赠的方式给予用户优惠，用户会觉得产品 A 价格坚挺，值得信赖。

最主要的是企业收入不一样。比如同样都销售了 10 件，方案一只收入 4000 元，而方案二却收入 5000 元，不仅如此，还把小众产品 B 顺利地推销出去。

两种促销方案给用户带来的感受不同，一个是“产品 A 的价格又涨了，不买了”，另一个是“产品 A 的确不错，继续用”。

（2）买满多少送多少。

为了让用户一次购买两件产品或让终端囤货，我们经常采取批量优惠的措施。比如产品 A 的价格是 500 元，可以采用以下两种促销方案：

方案一：7.5 折优惠。

方案二：第二件半价。

第一件产品的价格是 500 元，第二件产品的价格是 250 元，两件产品合计 750 元，看起来和方案一没有什么区别，但方案一是直接调价，买 1 件和买 2 件都是同一个折扣，传递的信息是“我要的是销量，你赶快来买”，而方案二传递的信息是“如果你觉得好，你就多买几件，这样更实惠”。

企业的收入也不同。10 个客户购买的话，按照方案一促销，收入 3750 元，而按照方案二促销却可以收入 7500 元，是方案一的两倍。

我们应该尽可能摆脱单一的打折方式，而采取搭售、复购的模式。

5. 冷门产品和热门产品，促销哪个

热门产品还需要促销吗？卖不动的产品才需要促销！

企业一般会有销量很大的畅销品，但利润低，也有销量小而利润高的附属品或小众产品。到了旺季，我们都想提升销量，可你见到的促销方案基本是哪个产品销量大就促销哪个。

为什么这样做呢？企业觉得，这个产品好卖，有了促销政策，客户就会囤货，不愁卖不出去。

可真的是这样吗？

产品 A 是畅销产品，成本价 400 元，售价 500 元，产品 B 成本价 50 元，售价 100 元。促销方案有以下两种：

方案一：买1件A送1件B。

方案二：买10件B送1件A。

先说方案一，企业的投入是成本为50元的产品B，产品A的毛利100元减去产品B的成本50元是获得的毛利，即50元。对客户来说，我不要难以销售的产品B，一样能把产品A卖给用户。那么，我为什么要参加企业的促销活动呢？

再说方案二，对企业来说，10件产品B的成本是500元，减去1件产品A的成本400元，还有100元的毛利。但对用户来说，只花了1000元买产品B，却得到了价值500元的产品A，而产品A是畅销产品，随时可以变现。价值1000元的B产品随便一卖，就能赚钱。“我几乎没有额外掏钱，就多赚了许多，得多买一点。”

我们要记住，畅销产品无须政策支持也会好卖。而附属品或冷门产品才需要用畅销品来带动，这样才能给用户带来意外惊喜，至少用户不用担心赠品A会积压。

6. 促销品要实用

选促销品不要总想着打广告做宣传，要考虑实用性。

一般情况下，企业制定产品价格时会预留2个点的促销费用。为了节约费用，企业大都是批量采购促销品，甚至需要专门安排库房管理，但到了年底盘点，就会发现很多促销品几乎没有什么用处，还占地方。

那么，哪些促销品是鸡肋呢？

鸡肋促销品有以下几种：

（1）纸杯。每个企业都有纸杯，可是除了招待客户，很少有人会用到纸杯，而且，在喝水的时候，谁会看杯子上印刷的是什么？可以说，纸杯既不实用，又起不到宣传效果。

（2）手套。现在自己动手修车的人越来越少，即使是卡车司机，驾驶室里也有空调，很少用到手套，只有维修工才可能用得上，采购多了，也是浪费。

（3）太阳帽。你会戴太阳帽吗？我们走在大街上，几乎看不到戴太阳帽的人，企业赠送的太阳帽都印着企业的Logo，人们更不乐意戴。

（4）钥匙扣。不管是有机玻璃、金属，还是真皮材质的钥匙扣，现在基本上都没有什么用。小区门可以用 APP 打开，房门可以用密码锁或指纹锁打开，现在带着大把钥匙的人少之又少，钥匙扣也就没有用武之地。

（5）手机架。现在汽车大部分都有杂物舱，除了网约车和出租车司机，大部分车主用不上手机架。

（6）雨伞。不能说雨伞没用，但用途不大。尤其是一些企业为了所谓的广告效应，采用两折伞，既占地方，又很笨重。如果实在要把雨伞当作促销品，推荐给用户送三折伞。

（7）连体工装。工装是不错的促销品或礼品，但连体工装穿起来麻烦，上厕所也不方便。从实际应用来看，连体工装上部破损率高，如果上衣破损，整套衣服就得扔掉，所以，最好采用分体工装。

没有实用性的促销品还有很多，比如扑克牌、脚垫、车模、压缩毛巾等。

7. 哪些促销品效果好

促销方案好做，选择促销品却很难。

促销是新品牌、新产品引爆市场的利器。那么，哪些促销品的效果好呢？

汽机油一次更换量以 4L 为主，大部分出厂单价在 100 元左右，因此，应该把促销品的成本控制在 10 元以内。

汽机油车主多为私人，买车主要是为了上下班代步，很多促销品对他们没有用处。

属于个人用品的纸杯、钥匙扣、手套、太阳帽、手机架、雨伞、靠枕基本上都没用，大部分车主自己就有。

我们可以考虑汽车辅助用品，比如玻璃水、空气清新剂、润滑脂、制动液、防冻液，不仅对车主有用，还能大大降低促销费用。

另一个可以考虑的是虚拟用品，比如红包、折扣券、话费等，这些都比较实用，但价格透明，尽量少用。

柴机油一次更换量多在 20L 以上，出厂价基本上在 300 元左右，给促销品留的费用空间比较大，至少能拿出 30 元的预算。

现在智能手机取代了名片、通信录、银行卡、手电筒等，所以，一些常规的促销品完全失效，比如手电筒、名片夹、腰包等。

汽车辅助用品是不错的选择，比如车用尿素、防冻液、制动液、润滑脂、清洗油等。

汽车应急工具也可以，比如套装工具、应急灯、修车板、充气泵、千斤顶、灭火器，都是小物件起大作用。

虚拟物品和汽机油一样，但能提供更大的优惠金额。

总之，礼品要选择有用、常用、好用的物品。

8. 保温壶是开拓柴机油市场的利器

企业要根据客户的需求来选择促销品，不能自以为是，选择一些不实用的促销品。

柴机油市场有以下几个特色：

（1）单价高。一桶柴机油的零售价基本上都在 400 元左右，甚至更高。

（2）用量大。汽机油终端每月用上十来件就不错了，但柴机油终端基本月用量都是几十件，甚至高达 200 多件。

（3）重效果。卡车司机要跑长途，工作环境恶劣，很多人都懂一些机械油品知识，他们对油压、动力、节油等方面很在意，好就用，不好就放弃。

（4）图便宜。车辆是司机的挣钱工具，他们追求效益，油要好，还要省钱。

可以说，柴机油市场是中小润滑油企业迅速发展的利基市场，虽然利润微薄，但只要操作得当，尤其是在卖点上能真正打动用户，就有操作空间。如果再采用“大单品”策略，更能节省制造费用、包材费用，还能提升质量稳定性，取得相对成本优势。

那么，用什么来撬动市场打动用户呢？

卡车司机大都奔波在外，即使是工程机械司机，工作环境也很恶劣，夏天汗流浃背，冬天寒风刺骨，吃饭、喝水都困难。如果能让他们喝上一口热水，他们就满足了。

保温壶，尤其是不锈钢保温壶，方便携带，保温时间长，喝水方便，1. 5L 的保温壶平常零售价都在 100 元以上，批量采购一般是 40 元以内，印上品牌 Logo 或广告语，就是一个长期有效的广告。

从 2000 年进入润滑油行业，笔者就用保温壶做礼品，到现在依旧屡试不爽。不要觉得这种方法老套，买雀巢咖啡送红色咖啡杯，这种促销方式用了几十年，依旧效果非凡。

只要是好的促销方式，为什么不继续用呢？为什么不借鉴其他企业好的促销方式呢？

9. 重奖不如人人有奖

豪华海外游不如发红包送 10 元更有销售力。

以前，很多企业搞过抽奖活动，就是通过刮卡或微信扫描，幸运者会得到几千元的重奖，或者是豪华海外游。

现在这种方式已经过时。

拼多多的出现开创了一个新的促销方式，就是“转发并@ 好友，就有机会免费获得 × ×产品”，火爆一时。

一些润滑油企业看到这种营销方式挺好，能起到“病毒营销”的效果，也如法炮制，结果发现效果不好。

为什么会这样呢？

每位想拿奖品的人都会动用自己的关系义务帮其为企业做宣传，但很多企业不舍得投入，把抽奖当作一种游戏，设置的奖品很少，让大家免费帮他们宣传。既然如此，大家何必浪费时间和精力呢？

与其撞大运，不如老老实实做成“转发就有奖”的活动，这样每个人都能有所收获。人人有奖才是营销之道。

那么，送什么东西合适呢？我们看到一些企业送用户 T 恤衫、腰包，快递费比礼品都贵，但活动效果好。记得我们曾经做过一个免费送书的活动，短短半个月时间，就送出去 300 多本书，快递费花了 3000 多元。

想让活动效果好，就要人人有份，赠品不要选择实物，最好是虚拟物品，比如话费、红包。统一柴机油每个桶上面都有一个二维码，扫描二维码就会获赠话费。

但这样做也有一个弊端，就是车主不一定买你的机油。润滑油企业可以推行扫码送折扣券活动，只有购买产品才能抵扣。在操作中，抵扣券的金额最好设置大一些，比如 10 元、20 元。这样，抵扣券快到期时，车主感觉“这钱不花就浪费了”，就会购买产品。

第五章

渠道：制定游戏规则

随着经济发展，营销方式层出不穷，连锁加盟、上门换油、电商品牌、分公司直营、参加展会等，哪个适合你呢？我们怎么找经销商，和经销商谈什么，如何给经销商做方案，怎么跑市场，本章都做了介绍。

第一节　渠道政策这样定

1. 阶梯式返利是“炸弹”

完成销售任务越多，返利越多，这样会扰乱整个价格体系。

为激励经销商不断提升业绩，一些企业会采取阶梯式返利或订货奖励。典型的政策如下：

（1）年销 60 万元，返利 3%。

（2）年销 80 万元，返利 4%。

（3）年销 100 万元，返利 5%。

（4）年销 150 万元，返利 8%。

销售任务完成越多，经销商实际到货价格就越低。这样的返利方式对提高经销商的积极性作用非常明显，产生的弊端是经销商会为了多得返利而盲目进货，或者是压低价格销售，从而扰乱整个价格体系。

有人说：“企业规模小的时候，采取阶梯式返利能有效刺激经销商的积极性，当企业规模扩大后，就可以收缩直至取消阶梯式返利。”

如果你在企业待过，就知道这种方式执行起来很难。你让经销商放弃既得利益，经销商不会答应。很多企业已经做到几亿元的规模，还是无法调整返利模式，甚至无法调整起步标准。经销商会说：“上一年做到 100 万元，返利是 5 个点，凭什么今年要做到 150 万元才行?”

做市场如同开车，不能说先上路，情况不对再掉头。这样做只会耽误时间，浪费钱财。

2. 固定式返利让市场稳定

固定式返利需要灵活调整。

我们知道阶梯式返利有很多弊端，成熟品牌大都采用固定比例式的返利，也就是不管你完成多少销量，厂家都给予固定比例的奖励。一般来说，大部分是2～3个点。

那么，我们怎么制定返利政策呢？

返利标准虽然一致，但对应的销售任务会成为厂商之间谈判的重点。

经销商希望任务难度越小越好，这样，任务好完成，奖励能拿到。厂家则希望能提高难度，对经销商起到鞭策作用。

销售任务定多少才能让经销商接受呢？我们建议：一般的地级城市，经销商的销售任务定60万元～80万元比较合适；省会级城市，经销商的销售任务定为80万元～100万元较好。经济发达省份的城市可以适当提高一些，比如江苏、浙江、山东等城市。

这个目标必须是经销商只要努力就能够达到。如果经销商完成销售任务，就能享受返利，返利标准一致，各区域间就不会有产品价差，减少未来窜货的可能性。

那么，如何对经销商进行激励呢？

对超额完成目标任务的经销商，我们建议采用相对值进行奖励。如果采用绝对值，由于各城市经销商的任务基数不同，很难体现出业务增长幅度。比如对超额完成任务20%的经销商，超额部分另行给予1个点的奖励；超出任务20%～40%的部分，另行给予3个点的奖励。

有突出贡献或者是销售额确实很高的经销商，都是值得特别鼓励的，但如果在返利上做调整，会影响整个销售体系。这时候，企业要增加特别奖励政策，就是对做出突出贡献的经销商给予额外奖励，这样就不会破坏游戏规则。

3. 阶梯式返利怎样设定

阶梯式返利是激励经销商相互竞争，创造更高的销售业绩的有效手段。

中小润滑油企业大都采用阶梯式返利，经销商完成任务越多，返利越高，从而促使经销商向更高的目标努力。那么，我们如何设定阶梯式返利呢？

企业在制定返利政策时，一定要考虑资金的收益，至少要让经销商觉得囤货比筹集资金划算。同时，还要考虑各个级别之间的跨度，不要超过经销商平均月销量的3倍，也就是说，经销商为了冲刺更高返利，囤货的数量以3～4

倍的月平均销量为佳，否则，经销商会觉得货难卖。

比如我们帮一家企业制定的返利标准是 60 万元返 3 个点，80 万元返 5 个点，100 万元返 8 个点。我们举例测算一下，就知道对经销商的影响有多大。

假如经销商已经做到了 65 万元，他能拿到返利 1.95 万元（65×3%）。

如果经销商筹集资金，再拿 15 万元的货，则可以拿到返利 4 万元（80×5%），比不囤货多出 2.05 万元，这就是 15 万元带来的收益。

正常情况下，年销售额 65 万元意味着 15 万元的货需要 3 个月才能卖完。按理财收益 5 个点计算，3 个月，15 万元的收益不到 2000 元。对经销商来说，筹集资金囤货是一个正确的选择。

如果你是老品牌，返利的起步标准可以做对应调整，可以通过速算法制定阶梯式返利政策。

每一个阶梯之间，金额控制在上一个标准的 1/4～1/3。

返点比上一个阶梯高 2～3 个点。

所以，前面的返利标准也可以调整为 60 万元返 3 个点，90 万元返 6 个点，120 万元返 9 个点，这样更有挑战性。

4. 终端投资撬动市场

宣传就是把细微之处放大，让更多的人了解产品。

终端投资不仅帮助经销商开发终端，也让厂家能真正掌控终端。

那么，我们的销售策略如何制定才合适呢？

正常情况下，如果组建连锁换油中心，不仅要组织单独的销售队伍，还要把物流配送下沉到县乡，会增加厂家的负担，还有可能影响到经销商的价格体系。

终端投资的标准可以制定为：汽机油年用量 6 万左右、柴机油年用量 10 万以上，这样的终端，按出厂价提供 10% 的支持就能购置举升机、抽油机各 1 台，也可以选择风炮、扒胎机对终端很有吸引力，比门头更有诱惑力。如果优惠力度不够，或者是遭遇对手，经销商也可以拿出部分利润空间做补充，以提高竞争力。

笔者建议企业在招商时就把这个策略化作简单的标准。比如签约 60 万元，赠送 2 ~ 3 家终端投资，不超过 2 万元，投入是签约任务的 3 个点；签约 80 万元，赠送 4 ~ 5 家终端投资，不超过 3 万元，投入是签约任务的 4 个点；签约 100 万元，赠送 6 ~ 7 家终端投资，不超过 5 万元，投入是签约任务的 5 个点。

以签约 60 万元的经销商来看，3 个汽机油终端的签约销售额是 18 万元，柴机油则是 30 万元，这就意味着厂家为经销商打下了 1/3 ~ 1/2 的任务，大大减轻了经销商的压力。

我们在为一家企业服务时，就把这个政策提炼成一句宣传语：厂家卖货，你来赚钱。

备选口号有：你的任务，厂家完成一半；我投资，你受益。

5. 开订货会要看时机

有了客户的认可，订货会才能顺利举办。

现在一些企业把订货会当成一项促销政策，甚至是经销商的一个福利，只要经销商有需求，就安排人员操作，结果效果不佳。在终端、车主对油品不了解的情况下，贸然举办订货会，谁敢盲目大批量订购呢？万一油品质量不过关，自己的口碑就砸了。

如果企业想通过召开订货会让新的经销商完成销售任务，几乎不可能实现，一定要让经销商有利可图，卖着放心，车主使用后也没有后顾之忧。如果要做到这些，就需要时间。一般情况下，一个新手没有一两个月是很难开发出几十家客户的。开会需要氛围，如果没有 30 人以上参加会议，会让主客都感到尴尬。

即使是有终端的经销商也不可能随时召开会议，一定要找一些有口碑、有销量的终端先行使用产品，然后经销商邀请各个终端参加会议。在会议上，通过他们讲述产品体验结果，让更多的终端信任经销商。如果是汽机油，反馈周期较长，筹办时间一般要一个月以上；如果是柴机油，车主换油是否有动力、压力如何、油耗怎样，这些很快就能得到反馈，筹办周期有半个月就够了。

来订货会的终端基本都是当地客户，无须安排住宿，一般下午 2 ~ 4 时开始，6 时左右举行晚宴。在讲解内容上，一般安排油品知识、维修保养、店面引流、设备使用等内容，尽量简洁明了，不要长篇大论。

6. 要防止窜货

窜货没有良性、恶性之分，我们要未雨绸缪，防患于未然。

窜货会破坏价格体系，但企业想要完全杜绝窜货是不可能的，我们只能尽可能预防，加强管理。

为了防止窜货，企业要做到以下 12 点：

（1）价格体系要合理

科学的价格体系可以大幅度减少窜货的可能性，主要是合理地设计渠道之间的价差，价差越大，窜货的可能性越大。

一般越接近终端，价差就越大。比如出厂价 100 元，经销商需要保持 20 个点的利润，而汽修厂则需要 50 个点的利润，其价格依次是 100 元、120 元、180 元，这样大家才有积极性。

（2）批量策略要慎重

很多企业为了促进订货和快速回款，都会制定差异化的价格政策，一次性订货越多，给的折扣越大，这样经济发达区域或销量大的区域的经销商获得的价格折扣更多。比如订货 20 万元返 5 个点，订货 30 万元返 8 个点，订货 50 万元返 12 个点，这样就会造成强者恒强，规模越大的客户窜货的机会越大。

（3）促销策略要规范

在淡季，厂家为了保持销量稳定，车间能正常开工，经常会举办阶段性的促销活动，比如直接价格让利、礼品赠送、批量折扣等，良好的政策能引导经销商积极反馈。

但在实际应用中，淡季整个行业都面临经济不景气，经销商为了消化库存，会把厂家的政策投放到市场上，从而造成市场价格波动。

（4）市场支持要适度

厂家为了支持经销商开拓市场，经常会出台一些阶段性的支持政策，比如发放终端开拓奖、人员支持奖，报销会务费用、宣传费用等，有的经销商会截留这些费用，把这些支持政策折算成进货价格，调低产品销售价格。

市场支持最好用实物兑现。这样，经销商感受到的是产品价值，厂家给予其资金支持，经销商就会有比较清晰的数字概念。

（5）渠道策略要严谨

渠道策略是厂家对经销商的支持细则，一般包括分销价格（建议批发价、市场零售价），返利方式（年返、月返），窜货认定机制，窜货处罚制度，终端投资说明等，制定这些政策要做到有依据。

渠道策略要严谨，做到防患于未然，而不是事后惩治，要让经销商看到厂家的态度，避免事后问责。

（6）销售目标要现实

厂商合作一般都会确定一个销售目标，完成销售目标，经销商就能获得奖励。厂家当然希望目标定得越高越好，而经销商有时候为了争取知名品牌的代理权，也会拔高目标。当销售目标难以实现时，为拿到返利，经销商就会向区域外发货。

任务要适中，要让经销商经过努力就能达到销售目标，新品牌给地区经销商定的第一年的销售目标最好不超过 80 万元，省会城市经销商的销售目标最好定在 120 万元以内。至于知名品牌，由于汽车销售趋缓，销量递增目标不要超过 10%，也可以考虑维持原状。

（7）返利形式要靠谱

很多企业为了激励经销商完成销售目标，会制定阶梯式返利政策，完成得越多，返利越高。比如完成 100 万元，返利 3 个点；完成 150 万元，返利 5 个点；完成 200 万元，返利 8 个点。一些经销商为了获得更高的返利，就会铤而走险。

企业最好采用目标返利方式，不同区域的经销商只要完成销售目标，就可以获得一样标准的返利。这样，不管大城市还是小城市，经销商拿到的最终实际价格都是一致的。

（8）厂商要互信忠诚

经商要和气生财，虽然厂商之间会有博弈，但经销商不要拿窜货来伤害厂家的利益，厂家也不要因为某个区域的经销商窜货，就恶意报复，如果厂家不能及时控制事态，或者是处理得不公平，就会引发更大的矛盾。

厂家不能因为经销商实力大就不敢处理，也不要因为窜货数量小，就睁一只眼闭一只眼。厂家对不同区域的经销商要一视同仁，对破坏市场秩序的经销商要予以惩戒，以维护市场的稳定。

（9）技术手段很重要

企业可以通过批号、防伪码、条形码、暗标、颜色、专供等手段进行窜货核查。随着网络技术的进步，扫描二维码、激光防伪等技术开始应用，企业可以做到对于每一件产品的流向都能追踪。

现在通过扫描二维码可以做到获取客户信息、地理位置，能更好地为今后的个性化服务奠定基础。

（10）处罚教育要并重

厂家通常会制定很多严厉的处罚措施以防止经销商窜货，但在实际生活中，碍于经销商的情面、销量等因素，很难完全实施惩戒措施。

仅仅处罚是不够的，厂家平常要引导和教育经销商遵守承诺，厂家可以建立市场秩序维护奖，对窜货事件及时进行通报处理，做好员工培训，及时获取市场反馈，避免内外勾结。

（11）提高产品流动性

厂家要减少经销商的库存压力，及时帮助经销商处理即期产品，厂家要警惕拥有大量库存品的经销商。同时，要关注经销商突然大量订货的原因，对有窜货先例的经销商要适当控制货物的配送数量。

厂家要帮助经销商实现销量的正常增长，挖掘老市场潜力，开发新市场，不断通过市场增量和推广新产品来获得利润。

（12）要建立厂商联盟

窜货治理不仅仅是厂家的事，也是经销商之间的事。窜货一般都是近距离发货，路途遥远就得不偿失，要建立厂商联盟，让各省份的经销商经常互相交流，在大家都是熟人的情况下，也就不好意思再窜货。

厂家可以给经销商一些支持，比如经常举办座谈会，互通有无，相互学习，大家在共同提高的基础上关系日益密切，同行之间也就减少了相互损害利益的情况。

第二节　区域拜访流程

1. 找准塔基市场：三北

做市场就要找容量最大的市场。

几乎所有的行业都是典型的金字塔形，塔尖市场利润高，但份额小；塔身中看不中用，规模小，利润一般；塔基市场虽然利润低，但份额大。

大品牌高屋建瓴，一般都是从经济发达省份往下布局，凭借品牌积淀，用户便于接受。一些知名度低的国际品牌，比如马石油、SK、埃尼等，如果模仿大品牌的运作模式，就会困难重重。

越是经济发达的地区，人们的品牌意识就越强，消费能力也强。试想，你开一辆二三十万元的车，一年也就换一次机油，难道会为了省下几十元钱，选择一个自己不熟悉的品牌的机油？很少有人会冒这个险。

知名度不高的品牌要在塔基市场寻找适合自己的客户，放弃竞争激烈的发达城市比如北上广深以及沿海省会城市，在全国 300 余个地级市拓展自己的业务。

从数据来看，民营润滑油企业（比如龙蟠、统一、康普顿）的市场主要集中在三北：东北、西北、华北。康普顿在山东、辽宁、河南都有不错的销量；龙蟠在河北、山西、黑龙江做得不错。这些地区的消费水平适合中小企业发展。

当中小企业积蓄了力量，才能更好地抢夺塔身、塔尖市场。

2. 怎样拿到经销商信息

经销商的信息在网络上几乎查询不到，还需要企业自己想办法查询。

目前，大部分经销商都在以品牌的名义做市场，而自己公司的名称一般不去凸显。面对陌生的市场，我们该如何查询经销商的信息呢？

企业可以通过以下几个途径查询经销商的信息：

（1）公共渠道。企业可以通过百度、微信、微博等途径搜索经销商的信息，也可以翻看当地的专业杂志，里面有很多的潜在客户信息。

（2）历史留存。企业历年来都会参加一些展会，进行招商引资，积累一些客户资源，你可以逐一联系客户，看是否能得到有价值的信息。

（3）手机软件。现在有很多查询企业信息的软件，比如企查查、启信宝、天眼查等，可以按地区、经营范围来查询，付费的话，还能查询到企业法人的联系方式、关联公司。

（4）客户推荐。你可以请老客户给你推荐朋友或熟人，合作成功的机会很大。

（5）市场走访。去一个城市，你最好先到批发市场走一圈，虽然现在很多代理商已经脱离了批发市场，但留在市场里的大都是流通型批发商，他们信息灵通，可以向他们请教。

（6）互动信息。通过企业的微信、微博、抖音等媒体，和有兴趣的潜在客户沟通，还可以通过企业热线留下客户信息。

（7）走访终端。经销商要把货配送到终端，我们可以拜访宾馆周边的快修店、修理厂，获取他们的供应商的信息，终端数量多的品牌，经销商能力一般不会差。

（8）参加会展活动。经销商经常会参加汽配会、油品展、宝马展等会展活动，以便寻找机会，把握趋势，企业参展可以获得客户信息，也可以通过派发单页招商。

企业了解经销商信息后，尽可能添加对方的微信，以便更好地联络沟通、推送分享。

3. 打感情牌不如提供利益

企业不要总想着通过打感情牌来吸引客户，商业社会讲究的是利益。

我们知道，很多大品牌的经销商虽然利润率不高，但业务比较容易开展，利润总量可观，经销商可以学到很多先进的营销理念，还能用大品牌做“敲门砖”，推荐高利润的小品牌。

大品牌的销售代表都有一定的权限，到了年底，是继续与经销商合作还是更换经销商，销售代表起着举足轻重的作用。即便是平常，厂家的政策是否给你，也要看销售代表的能力，很多经销商就靠一年一两次的特价活动来获取利润，部分销售代表业务能力一般，但“卡、拿、要”的功夫一流。

企业销售人员只有提高自己的业务能力，才能取得好的业绩。一些行业大佬，比如中华的姚旗、突破的李嘉，堪称做人做事的典范，在操盘突破和中华后，都是 3 年才做到 1 亿元的。

他们两位，一位是统一的总经理，一位是副总兼营销总监。当年，统一的经销商有 2000 多位，年销售额 30 多亿元，每个经销商拿 10 万元的货，就是 2 亿元。可有着如此资源的两位大佬也是努力耕耘多年，才跨入亿元门槛。为什么这么多的统一经销商没有选择和他们合作？在经销商业内有这样一个不成文的规矩：交情归交情，你来到我这儿，我热情款待，但我要根据自己的客户群体、销售能力决定是否与你合作。

可还是有很多经销商觉得只要感动客户，就能获取收益，一些销售人员为了感动客户，就把时间花在几个所谓的“意向客户”身上，请客户吃饭、泡脚、打牌、唱歌，甚至安排客户搞特别节目，却忘了招商不是一锤子买卖，是持久的合作。经销商不会因为你的小恩小惠就冒着风险和你合作。

找经销商谈客户，需要的不是让他们“感动”，而是让他们“心动”！

4. 用好客户名片

好记性不如烂笔头，要把客户的信息记录在名片上。

我们已经知道和经销商谈合作前需要了解他们的背景资料，我们不能直接询问经销商的相关信息，经销商也不会直截了当地告诉我们。

比如你不能直接问经销商：“你的年销售额是多少？”你可能需要转一大圈才能问出个大概。

你可以这样问：“有几台送货车啊？面包车还是小货车？”“怎么送货？有专门的送货员，还是销售人员兼送货员？”“每天是否开早会或晚会？”“库房面积多大，租金怎么样？”

经过这么多的铺垫，你才能知道经销商的资金实力、终端网络、销售队伍、年销售额等信息。

这些信息光靠脑袋是记不住的，因为很多信息需要相互印证，才能辨别真假。有的销售人员害怕自己记不住，就拿一个大本子或是便笺记录，但你一拿出来，经销商就会警觉，不会再说真心话。

我们要尽可能不露声色，利用身边的道具，尤其是经销商的名片，你可以把重点内容记录在名片背面，比如面积、车辆、人数、价格，等等。

现在很多人的名片封塑，甚至用金属名片，如果用签字笔记录，字迹很容易被擦掉，你最好带一支签字笔。不要用按的那种，因为那种笔揣在口袋里，很容易被无意中按开，搞得口袋里都是签字笔油，可以用扭的签字笔，方便携带，也不会污损衣物。

在往名片上记录时，你要给经销商打个招呼，以示尊重。

5. 经销商关心哪些事

经销商做生意最关心的是能否赚钱，有没有保障，品牌未来的发展前景如何。

知己知彼，百战不殆。我们要了解经销商的哪些需求没有得到满足，他们担心的是什么。

经销商选择新品牌，就关心以下三件事：

（1）利润

经销商代理你的产品，最关心的是利润，比如价格、折扣、账期支持。

新品牌一般知名度低、销量小，但价格不透明，利润空间比较高，挣的是利润。

老品牌知名度高，但销量大，虽然价格透明导致利润偏低，但可以为经销商带来客源、商机，挣的是人气。

利润低，名气也小，但厂家给账期支持，比如两个月，经销商就可以利用回笼的资金做其他项目，挣的是现金流。

你需要给经销商讲述一个和他经历相似的人物的励志故事，这个故事要以你或公司的实际案例来讲述，具体到地点、人物、时间、方法、策略、投入、营收，让经销商觉得可信度高。你最好准备一套图文并茂的运作总结，让经销商觉得“别人能，我也能”。

（2）安全

安全不仅仅是指产品质量过硬，还指公司实力能让经销商放心。

经销商最喜欢产品质量没问题，与竞争对手相比还有优势，卖点清晰。经销商最怕的是没卖出多少产品就有用户投诉，有损自己的口碑。如果客户有损失，也会和经销商产生矛盾。

厂家的规模、实力及口碑是经销商最关注的问题，他们最怕厂家没干几天就倒闭，自己库房里的货卖得好，有人继续要却没有货源，卖得不好也没有地方处理。

企业的管理队伍要稳定，尤其是销售总监，换一个领导，销售政策就可能调整，没有连续性，企业答应给经销商的支持就无法兑现。

厂家能提供什么服务和支持？产品质量问题如何解决？有多少人配合经销商做市场？企业要把这些事情说清楚，不打消经销商的这些顾虑，就很难达成合作。

（3）前景

经销商做生意自然想赚钱，在赚钱的过程中，最好还有附加值。

为什么做大品牌不赚钱，还有很多人抢着做？因为经销商可以利用大品牌的知名度顺利地撬动终端市场，构建自己的销售网络，还能学习大品牌的市场运作方法和管理经验，提升自己的综合素质。

做大品牌还能提高用户对经销商的信任度，经销商可以获得更多赚钱的机会。

经销商做具有成长性的品牌，能和企业共同发展。在企业发展壮大的过程中，经销商也可以进行资本的原始积累。

只要企业能圆满地解决以上 3 个方面的问题，跟经销商洽谈就不再是难事。

6. 要拜访优秀经销商

企业通过拜访区域内的优秀经销商，可以对市场了解得更透彻。

我们从市场一线得到的信息都是局部的，要想知道精确的综合信息，还需要拜访区域内的优秀经销商。

任何行业都有一些龙头企业，在一个区域里，总有一些品牌的经销商很优秀，不一定是壳牌、嘉实多、美孚、长城、昆仑、统一，可能是小品牌。在成都的车用油领域，汇源就做得不错；在青岛市即墨区，康普顿独占鳌头。

这些居于领导地位的经销商对市场的整体规模、品牌份额、发展潜力、客户分布十分清楚，向他们打听，很容易获得最准确的信息。

打听信息不是让你列出表格一个个地问经销商，这样做只能让人敬而远之，你要在和经销商聊天交流时把问题嵌入话题中。

比如打听市场规模，你可以这样说：“你创造这么高的销量，要占整体市场的不少份额吧?”按对方说出来的比例，你就可以推算出市场的整体规模，如果和自己了解的一样或者是差别不大，你就知道他讲的是实话。

通过他说的汽柴油比例，你能判断出市场的大体格局。

从某个品牌的动态谈起，你可以了解其他品牌经销商的销量规模。

你可以询问经销商送货车辆类型，面包车基本是送短途，厢式车或金杯基本是送远郊，从这些你可以判断出经销商的主要客户群体类型。

如果你告诉经销商你正被终端欠款问题困扰，他会给你分享开拓心得、结算方式、薪酬激励，等等。

了解经销商的基本情况，以后在市场中做方案时就可以做到有的放矢。

7. 客户沟通五步法

很多销售人员不知道怎么和客户沟通，在拜访客户时会出现冷场的情况，让人感到十分尴尬。其实，这个问题好解决，想做到与客户顺利沟通，你可以采用以下 5 个步骤：

（1）抬高客户

抬高客户就是给客户戴“高帽子”，恭维客户，但要注意分寸。

你可以采用以下两种话术：

①我跑了几天的终端，很多人推荐你，所以我联系你。

②我看到很多终端在和你合作，所以拜访你。

这两句话不仅说明你工作认真负责，也暗示对方：如果你不和我合作，我未来可能抢你的客户！

（2）抛出噱头

只要是谈挣钱的事，经销商自然会感兴趣。一位经销商曾经说：“如果你有方法和计划，即便是半夜给我打电话，我也会亲自过来找你。”

你可以采用以下三种话术：

①我看了一下你代理的牌子，我们的牌子正好弥补你没有国产品牌的缺憾。

②不知道你这里几个人？

③你能否透露一下做这门生意需要投入多少资金？

找到客户的心动点或者是痛点，比如经销商经营的品牌单一，引入你的品牌可以做到互补；问人均销量，暗示经销商“亩产量”低，还有努力的空间；资金问题更是大部分经销商的痛点，投入不菲，但收获却达不到期望值，甚至还不如银行理财回报高。

（3）给“伤口上撒盐”

经销商的痛点就是我们的希望；只有心动，经销商才会行动。只找到“伤口”还不行，一定要把它放大，让经销商痛苦无奈，你才有机会寻求合作。

经销商大都为“铺货”而烦恼，厂商之间是现款结算，可终端的货款却收不回来，资金压力大，造成生意徘徊不前。

能干的员工要么跳槽，要么另立门户，成为经销商的对手，这也是困扰经销商的又一个问题。

设想一下，如果你的伤口溃烂，医生一定会把伤口处的腐肉处理完毕再给你包扎，只有这样，伤口才好得快。给伤口上撒盐这一步做的就是把痛点放大，让经销商觉得你才是真正懂他的人，能够为他出谋划策。

（4）抹一层“蜂蜜”

伤口撕开了就得上药，否则流血过多，病人会有生命危险。当你不断恐吓经销商，却没有变革手段时，经销商会觉得自己已经无可救药，没有必要再折腾，让你“竹篮打水一场空”。这个时候，就要抛出你的办法：“卖油”难，“送油”易。经销商为什么难以打开市场销路？因为经销商一直在“卖油”，光靠所谓的利润高、透明度低来吸引终端，但终端最担心的“货难卖”的问题没有得到解决，而你需要做的是通过多种手段让经销商明白要倒着做市场。

（5）绑好“绷带”

到了这一步，经销商已经过了阵痛阶段，至少知道你的“药”有一定疗效。但效果有多大呢？这时候你就要详细讲解后续的“疗养”步骤，也就是市场开发措施和方案。

打动用户，聚焦市场，支持政策、广宣手段……

不管什么产品，只要有人买，就一定有人卖。以前，人们购买手机要货比三家，一定要在实体店看了才放心。但小米打破了这个规律，通过列举配置、功能对比、言论领袖，让人们趋之若鹜，成为手机品牌的前三名。

以上五步法不仅适用于润滑油行业，也适用于其他行业。

第三节　怎样打动经销商

1. 市场调研要顺藤摸瓜

我们是做市场，不是调研，要以实用为主。

做一个区域，就要先了解该区域的概况，才能根据自己品牌的优势，对企业未来的发展有一个合理的预测，在和经销商谈判时要做到有理有据。

在为一家公司提供服务时，我们准备启动当地市场，就安排销售人员去做市场调研，看从哪里启动相对快捷、容易。同时，笔者告诉他们："我们要的不是数字，而是具体的客户群体。"结果销售人员反馈说："××工厂不让我们进去，××公司让我们提供介绍信，××出租车公司的人驱赶我们，××修理厂的人员十分忙碌，不搭理我们……"总之一句话，就是没有拿来有效数据。

笔者只好告诉他们："我们要的不是宏观数据，而是微观数据，只要找到司机、小工甚至门卫就能了解个大概。比如我们想了解整个润滑油市场的规模，到汽配城或品牌代理商处就能拿到基本数据，只要跑两家公司，就能相互印证；到物流市场，请门卫喝瓶饮料，递上香烟，就能了解车辆进出的数据，拿到周边修理厂的资料；找到一个物流公司的司机，就能打听出该行业的公司数量、车辆数目……"

我们要有窥一斑而知全豹的能力。比如你了解到快修店有 1000 家左右，就能判断出有 3000 万元以上的销售额；你知道出租车有 1 万辆，就能得出年用油 2000 万元左右；你得知渣土车有 1000 台，就能推算出有 2000 万元的市场规模。

销售人员还要保持敏锐的市场嗅觉，顺藤摸瓜，通过一两个业内人士的介绍找到具体的终端分布。比如通过和集装箱司机聊天，了解到整体规模，打听到维修厂的分布情况，知晓主流品牌及价位。这样，你就能对市场有一个准确的预测，和经销商谈判的时候就能用事实说话。

2. 经销商的选择标准是什么

标准一定是可量化的，不能靠感觉猜测。

有的企业遴选经销商的标准是“有理想、有抱负、有口碑、有思路”，道理是对的。可怎么评测呢？一个人有没有理想，凭什么来判断？听他说还是看他做，对销售人员来说，这个标准不切实际。

当我们抱怨销售人员招商效率低下，带不来客户时，想想自己制定的标准，是不是完全靠领悟、靠感觉。

标准一定要可以量化，不能量化的指标毫无意义。

所谓的“四有”标准，其实还是要看经销商是否有实力，能否操作到位，弄清楚这些问题，事情就好办了。

选择经销商，我们可以从以下几个方面着手：

（1）能力如何。我们可以打听经销商有几辆送货车，是面包车还是依维柯，每天送几次货。如果他说用 2 台面包车送货，一年的销售额是七八百万元，我们就可以判断出他基本上是说谎；如果他说一年能做到四五百万元，还是比较靠谱的。

（2）是否有钱。这种话不能直接问，我们可以打听经销商的库房存量，有几个销售人员，旺季的时候是否会囤货。如果他说有 2 个业务员，年销近千万元，库房里堆积如山，有几百件货，我们就可以判断出他说的话前后矛盾。年销千万元，每月就是近百万元，差不多要 3000 件以上的货物，按一般经销商的周转率来看，库存至少要 1500 件左右。

（3）客情关系。除了销售额过千万元的经销商，大部分老板都要亲力亲为，他会抓住几个大客户，很少会待在办公室。和他交流时，看他的电话、微信聊天多不多，如果寥寥无几，要么是销量一般，要么是销量很大，他已经无须插手具体事务。

（4）公司管理。看公司的办公环境，办公环境凌乱不堪的企业，业绩不会太好。内勤有几个人，还是家属兼任？送货单是手工制作还是电脑打印？有没有客户管理软件？是不是靠手工记账？员工有没有自己的办公桌？有没有会议室？代理的产品手册是崭新的还是布满灰尘？根据这些情况，我们就能知晓经销商是否靠谱。

上述这些方法有用，但选择经销商更重要的是看他有没有钱！做一个新品牌，一般情况下，经销商需要准备 50 万元左右。

还有一个标准，就是经销商要准备首批订货款 3 ~ 4 倍的资金，才能做到“手中有粮，心中不慌”。为什么这么说？首批订货、终端铺货、二次订货、机动资金，基本上所需金额差不多。

一般情况下，首批订货 10 ~ 15 万元最佳，这样，经销商 50 万元的资金基本上够周转。

有人问笔者选择经销商有什么标准？其实就一条：实力雄厚就好。

3. 找什么样的经销商

经销商要和你的产品互补，千万不要是竞争或替代关系。

最好找成熟的经销商，虽然也可以找新入行的经销商，但其要经历漫长的“入门”过程，失败率很高。

而找成熟的经销商，就要考虑他是否适合你，不能单纯看他的销量、实力。

有个成语叫自相矛盾，如果你的品牌宣传为国外品牌，那么，当你找壳牌、嘉实多、美孚的经销商时，就会尴尬：给终端推荐时，都是国外品牌，经销商是说壳牌好还是说你的品牌好？同样，如果你说自己是国内品牌，找长城、昆仑、统一的经销商，也会出现类似局面。

找自己对手品牌的经销商是挖墙脚，想替代对手，这样会让经销商很为难，他也不会主动推荐你的品牌，因为大品牌是他事业发展的基石，他怎么会自毁前途，影响现金流呢？

我们要找互补的品牌。

如果你是国内品牌，就找壳牌、嘉实多、美孚的经销商，这样，经销商在和终端交流时，就可以用性价比、送货速度等来介绍你的产品；如果你是国外品牌，就可以找长城、昆仑、统一的经销商，用利润好、包装新等说辞来谈判。

还有的品牌有天然缺陷，比如玉柴，基本上是走大流通渠道，而且几乎全是柴机油，你的品牌可以弥补玉柴经销商的不足；东风、一汽等经销商，他们的客户局限于特定的群体，很难外延，你可以从市场规模、销售模式上下功夫。

找经销商，要让他增加利润点，而不是把现有的客户、产品替换掉。

4. 任务定多少合适

没有压力就没有动力，压力大了经销商会感到崩溃，因此，给经销商定任务要合适。

给经销商定多少任务合适呢？从厂家和销售人员的角度来看，当然是越多越好，但经销商完不成任务，你定得高，反而会误导企业，使企业的生产计划无法按时完成，浪费广宣投入的资金；从经销商的角度来说，任务越小，压力越小，没有任务指标最好。可没有任务指标，经销商哪里来的动力？

一般情况下，经销商对新品牌要加毛利 20 个点以上，扣除销售人员工资佣金、库房管理费、车辆运输费等，就剩 10 个点不到。而做一个新品牌，动辄 20 万元，如果一年的利润不到 10 万元，经销商就会失去兴趣，减少投入，甚至更换品牌。

定任务的目的是厂商都有一个目标，厂家好测算投入，商家有努力的方向。我们的经验是销售任务最低定为 60 万元，这样，经销商会有 12 万元左右的毛利，经销商就有完成销售任务的动力。

你不要觉得 60 万元的销售任务很容易完成，我们来看一组数字：统一的经销商曾经高达 2200 家，销售额是 34 亿元，每家平均是 150 万元左右；康普顿一年的销售额是 9 亿元，有 650 家经销商，每家平均不到 140 万元；龙蟠一年的销售额是 12 亿元（不含可兰素的 3 亿元），经销商 800 多家，每家平均 150 万元。这些企业都有很多年销千万元的经销商，比如康普顿有近 20 家，龙蟠有 10 多家，统一有 50 多家，也就是说，他们的经销商里面，年销百万元的经销商占大多数。所以，60 万元的销售任务完成得并不轻松，需要厂商共同努力。

5. 60 万元的销售任务怎么谈

制定任务目标不是简单地将数字分解，而是要落实到每个经销商身上。

笔者见过的销售人员基本都是这样跟经销商谈任务的："你所在的城市经济发达，GDP××，车辆××，只要我们做下1%的客户，一年就是一两百万元，考虑到我们是新品牌，就定为60万元吧。"

销售人员这样说，经销商会接受吗？不可能。

这就像我们常说的：只要每个人给我一元，就是14亿元！问题是你如何让14亿人给你钱呢？他们凭什么给你钱？同样，即使目标用户是1%的车主，经销商怎么完成销售任务呢？这完全是纸上谈兵。

如果换成笔者跟经销商谈任务，笔者会怎么做呢？

笔者会从他的个人能力出发，问他："如果你一个人在修理厂工作的话，一周能否把货卖出去？终端老板看到货卖出去后，是否会接受你的产品？等你对产品熟悉后，两三天内能否帮助一个终端形成动销？顺利的话，第一个月搞定5~6家，第二个月熟悉产品套路后搞定10多家不成问题。这样，坚持上3个月，30~40家客户基本没问题。汽机油终端每个月卖几件，就是1500元左右，40家就是6万元；柴机油终端销量更大，40家基本上能达到15万元以上。"

这个不算方法的方法其实就是笔者以前做终端的方法，每个人都会，但能坚持下来的人寥寥无几，因为大家都在找捷径，找事半功倍的方法。可惜没有！用这个土办法，一年下来，销售额是多少？怎么也要在60万元以上吧。做市场不是一蹴而就的，需要沉淀下去，帮助终端动销。至于销售额，则是水到渠成。

销售人员和经销商谈任务的时候不要简单地分解数字，而是要告诉经销商产品销售额从哪里来。

6. 产品试用，免费还是有偿

经销商索取试用产品，收费才能得到他的尊重，也能检测他的诚意。

在招商旅途中，我们经常遇到意向客户索取产品试用。一般情况下，公司会免费赠送，但货发过去后，几个月过去，经销商还是没有动静。

经销商为什么想要产品试用装呢？他就是想知道产品质量如何，但是，小批量的测试几乎没有什么效果，因为产品试用装是用来测试的，有心机的厂家会安排专门调试，或者是用大品牌的机油分装，经销商根本不会知晓。

我们知道 API 标准的认定是送检，不是抽检，一些企业为了获取 API 证书，会从市场上采购大品牌的机油，将其灌装到自己的产品包装里，然后送检。

即使企业提供自己的产品让经销商试用，如果免费，经销商会觉得轻易就能获取，在测试时，就不一定会认真跟踪。如果收费，一些对你的企业持怀疑态度的经销商就会放弃使用你的产品，真正想代理你的产品的经销商不会在意这几百元。

那么，我们是不是就安心收下这几百元钱呢？笔者的建议是：费用是一定要收取的，如果后期有合作，经销商可以在首批货款里冲抵相应金额。这样才显得企业有人情味，经销商也能理解。

7. 经销商试销，你会同意吗

经销商试销，就不会全力以赴，很容易导致合作失败。

有的经销商为了测试市场反应，会向厂家提出试销，也就是先定几十件货，金额一般是几千元到一万元，然后找几个终端销售。如果是你，你会同意试销吗？

我们先站在经销商的角度考虑这个问题，订购的货到了后，经销商肯定会跟终端说："我准备做个牌子，但不知道质量怎么样，你帮忙卖一下，看司机有什么反馈。"

修理厂又会怎么考虑呢？你都不放心的牌子，我也只能找个陈旧的车辆来试用，免得万一出了问题要担责，可车况不好，测试的效果肯定不好。

过段时间，经销商询问效果时，修理厂要么说一般，要么根本没有使用产品。经销商试销失败，就不会再订购你的产品。

这就和打仗一样，你试探性地攻击，不会投入多少人员、装备，只能火力侦察，搞不好自己还会被摁在地上挨揍。

所以，如果有人提出试销，最好不要同意。

你可以请他来公司参观生产工艺、技术研发、后勤服务、企业实力等，也可以请他到典型市场参观，看别人是怎么做的，终端反馈如何，甚至请他自己过去，眼见为实。

如果对方坚持要试销，你就告诉他："不要找老客户来测试，直接找新客户、新市场，正常销售即可，也可以找车队来检验油品质量。”这样，即使产品有什么问题，也仅仅局限于个别客户，不会影响大局。

8. 怎样让经销商无法拒绝

拜访客户需要做足功课，才能言之有物。

笔者在给一家企业做培训时，问销售人员：“你们是怎么拜访经销商的？”有很多种说法，但不外乎以下两种模式：

（1）把资料和名片递给老板，说：“老板，看看我们的产品，有意向的话我们详细谈谈。”

（2）进门后，给老板递烟，套近乎，打感情牌，然后顺带提出自己找代理商的目的。

首先，我们要明白，对于销售人员来说，时间就是金钱，对经销商也是如此，无端地占用他人时间、浪费自己的时间，都不可取。

其次，如果经销商对你的产品不了解，你给他资料，他会看吗？别说做生意，就是买个冰箱、洗衣机，薄薄的说明书也需要仔细看一会才能搞明白。谈一门生意，选择品牌代理商，用手册、单页根本吸引不了客户。

最后，你一进门，客户就知道你是做什么的，你说话绕圈子，客户要么敷衍你，要么撵你走。所谓的开场白不外乎天气不错、生意如何等，你和客户都不熟悉，这样谈话不合时宜。

那么，我们怎么拜访客户呢？

拜访客户，一定要给客户带来惊喜，谈客户所不了解的产品，或者是客户迫切需要知道的东西。不要说经销商，就是很多润滑油厂家的老板，他们对市场的把握也远远不够。你可以做足市场调研的功课，了解当地市场的主要客户群体或者是特色市场，做出一套方案，跟他说：“××经理，我是××品牌润滑油的销售人员，我这几天跑了一下市场，针对这里的渔船市场做了一套方案，按我的计划实施，只需投入 2 个人，10 天左右就能做到 10 万元左右的销售额。”你这样说话，相信没有客户会拒绝。

你也可以提前做足客户的功课，了解到他现在操作 4 个品牌，除了××品牌一年销售 500 万元以外，其他品牌的销售额不足 100 万元，而大品牌的利润很低。你就可以跟他说：“××老板，我在市场调查了好几天，你做的

××品牌销量不错，可惜的是利润偏低，我专门为你做了一套推广方案，结合你的客户群体，做我们的品牌一年卖 200 万元的货没问题，利润不会低于 50 万元。”

只要你做了功课，自然知道什么市场适合客户，什么样的客户才有可能与你合作，而不是纯粹靠运气发展客户。

9. 邀约台词

熟能生巧，先按台词背，熟练后，自己再灵活安排。

为了更好地提升招商成功率，销售代表最好有一套销售台词，以下是我们设计的一份台词，包括 9 句话，每句都有其特定作用：

×总，你好，我是×品牌的××（开门见山，进行铺垫，告知对方公司或品牌名称，以及自己的姓名）。

我做了几天市场调研，很多修理厂老板推荐我联系你（我不是盲目拜访你，我提前做了功课！我还拜访了你的终端客户，我对你很了解）。

为此，我整理了一套市场推广方案（我不是给你发资料，也不是来和你聊天，我做了市场推广方案，这是别的品牌不可能做的事情）。

四五天就能启动，几乎不需要额外投入资金（用数字让客户感兴趣，尤其是后面说不需要额外投入，更是吊足了客户的胃口）。

是否合作没关系，一是请你帮忙参考，二是我想听取你的建议（为获得最大的邀约效果，一定要让客户放心，你不会死缠烂打，只是让他来帮忙参考，提出建议）。

我大概需要占用你 30 分钟的时间来进行介绍（给客户一个洽谈时间，让客户心里有数，知道你不是随便说说，而是有充分的准备，洽谈时间 30 分钟一般人们都能够接受）。

你明天上午还是下午有时间（让客户二选一，自己争取主动权）？

你的公司周边是否有明显的标志，比如银行、茶社（这样问，不仅便于找到客户，也让客户便于答复，当他答复后，也就意味着你邀约成功）？

是否方便先加你的微信，你也好对我们有个前期了解（加了微信，才能更好地定位，也便于提前发一些资料素材。一般情况下，发成功市场的新闻报道，尽量不发单独的照片，因为这样说不明白）。

以上内容，你可以根据自己公司的实际情况做一定的修改。等到熟悉后，你就可以将其转变为自己的语言。

第四节　这样招商更快捷

1. 这样展示产品卖点

千万不要在进行产品卖点展示的时候掉链子。

有人说在销售中要采用 FAB 法则，也就是介绍属性、作用、好处，可以采用这样的销售语言：因为 × × 属性，所以具有 × × 作用，这意味着你可以获得 × × 好处。但这样说还不能完全展示产品卖点。企业可以通过以下几个方面展示产品卖点：

（1）说明产品特点。介绍产品的特质、特性等，比如采用的原材料、特殊配方、先进技术工艺等，只有具备这些特质，我们的产品才能形成差异化的优势。

（2）说明产品优势。企业要介绍自己的产品优势是什么，比如使用寿命长、容易启动、节省燃油、噪声小、损耗少等，产品优势的本质就是产品卖点，我们要给客户介绍产品卖点，吸引客户购买产品。

（3）说明客户利益。销售具有独特优势的产品可以给客户带来利益。客户关心自己能够获得什么好处，比如省钱、赚钱。因此，我们在介绍产品卖点时最好引用数字来体现用户能够获得的利润，不要用比值，用绝对值更有效。

（4）列举成功案例。你可以介绍其他客户的成功案例，让意向客户打消顾虑，相信你的产品具有竞争优势。案例中的主角最好是客户熟悉的企业，你还可以提供客户评价、检验报告、报刊文章、实例照片等，证明自己的产品畅销。

我们只要在 FAB 法则后添加“ × 企业使用后，实现了 × × 效果”这样一句话，让客户满怀憧憬。

2. 跟客户谈方案

方案不要假大空，一定要有干货，体现出你对市场的了解程度。

跟经销商谈合作，我们不要和盘托出，而是要尽可能描述企业未来的发展前景，比如销量规模、预期利润，尽量把收益放大到年，把费用缩小到月，甚至按周计算。

比如××城市有渣土车1000台，预期能有1500～2000万元的规模，这时候，你就要说一些内行话：

这些车辆差不多2个月换一次机油（告诉客户基本情况）。

目前，主流品牌是壳牌劲霸D、嘉实多粘力宝和统一油压王，出货价280～320元，零售价为320～400元（介绍价格行情，方便拟订价格方案）。

修理厂主要集中在×镇，那里有采石场（区域集中，市场容易启动）。

我们可以选择××产品，此款产品是CI－4级别，对用户来说，效果比CH－4级别的产品好得多，两者价格相同，××产品具有很大的竞争优势（说出主推产品，说明你有方案，有筹划）。

我们计划从宣传开始，主打“好车用好油”，让司机知道CI－4比CH－4机油好用（凸显卖点，喊出口号）。

具体执行的话，先从车主引流开始，再用利益打动小工，等市场检验后，举办终端促销活动，把货铺下去（连环方案）。

按计划执行的话，预计半个月就能顺利启动，首轮推广预计月销售额能做到10万元以上。

投入方面，就是单页、海报、横幅，这些我们厂家提供支持，你只需要请几个临时促销员，几乎没有什么投入……

这些内容有理有据，有思路，有方法，有收益，有成本。我们只需要花费20分钟，就可以跟经销商讲明白。

3. 给客户留什么资料

跟经销商谈合作，不能和盘托出，要给经销商留下想象空间。

讲了市场目标、主打产品、拟定价格、宣传要点、流程安排、市场预估等内容后，你就不要再待下去。老话说得好，言多必失。在经销商没有理解你的方案之前，他会有无数疑问，你给他讲解的过程中，就有可能出现失误，你要做的是“光荣撤退”。

那么，是不是立刻转身走人呢？不是。你要给经销商留下书面资料，便于他研究思考。

你讲的方案最好有实例，比如其他区域的宣传单页、横幅、海报，你都可以留一份，这样更有说服力，经销商还可以打电话求证。

比如留三张海报，一张是品牌形象的海报，体现企业实力；一张是对应产品的海报，彰显卖点；还有一张是产品推荐表（和其他品牌对比），方便查看。

你还要给经销商留下以下几项信息类内容：

（1）宣传产品特色的新闻，比如包装设计、颜色规划、卖点来源、受众群体。

（2）市场动态，成功市场的新闻报道最好是图文并茂，让经销商打消疑虑。

（3）企业规划，让经销商看到企业的未来，增强对企业的信心。

（4）相关的媒体报道、企业获得的证书，这些东西多多益善。

离开现场后，你可以通过微信把这些信息发给经销商，再约定下次商谈的时间。

4. 大品牌代理商要求多

找大品牌代理商很容易被人忽视。

大品牌代理商一般公司实力雄厚，人员众多，销量可观，民营企业的经销商年销售额大都在 150 万元以下，可大品牌经销商年销售额在上千万元甚至上亿元。一些企业的老板就想找一个大品牌代理商，随便带带货就是几百万元的收入。

但从实际情况来看，似乎没有几个大品牌代理商能把小品牌做好。原因很简单：对于大品牌代理商来说，大品牌是他们生存的根基，每年都有任务指标，由于利润低，大品牌代理商看中了中小品牌的利润空间，但完成大品牌的销售任务才是他们的头等大事。

对大品牌代理商的销售人员来说，大品牌知名度高，产品好卖，每个销售人员都有销售任务，自然要先完成任务，保证自己的收入，至于小品牌的销售任务，完成与否关系不大。

如果你真的看好大品牌的代理商，对方也愿意，就可以建议对方安排专职销售人员销售你的产品，只有这样，对方才能一心一意做你的品牌代理商。

新品牌真正形成销量，一般需要相当长的周期。这段时间，单纯的佣金微乎其微，专职销售人员前 3 ~ 6 个月的待遇要和原来一样，免得他们产生心理落差。

5. 小品牌代理商更有潜力

小品牌代理商只是规模小，在资金充裕的情况下，只要用对方法，还是能发展的。

中小润滑油品牌很多时候不得不在对应的客户群体里寻找代理商，这些客户一般都代理着一两个小品牌，甚至几个小品牌，销售额为 200 万元 ~ 500 万元，很多企业认为这是“鸡肋客户”，做大的可能性很小，就先凑合着。

中小润滑油品牌这样的想法自然会影响到对经销商的支持，没有厂家的扶持，经销商想做大很困难。我们是否扶持，要根据经销商的具体情况来定。

如果代理商做几个品牌，总的销售额也有几百万元。通过分析代理商的做法，我们可以得出一个结论：代理商同时做几个品牌，是想从中找到一个能做大做强的品牌来合作，只是苦于没有合适的方法。如果企业有思路，产品有竞争力，完全可以大力扶持代理商，通过销量、利润优惠政策让代理商主动放弃其他品牌。

如果代理商只做一两个品牌，销量也一般，说明这个代理商要么没钱，很多企业看不上他，要么是他的能力不够，在市场上打不开局面。这样的代理商，即使有品牌跟他合作，也很难做大，最好不支持，不合作更好。

企业要让代理商理解做市场要聚焦，不仅客户群体要聚焦，推广的产品也要精简，把全部资源投入进去，不能细火慢炖，一定要在短期内引爆市场。

6. 跟经销商谈的方案从哪里来

方案不是凭空变出来的，企业一定要对市场进行了解，这样才能做出好的方案。

大部分企业的销售人员跟经销商谈的时候不再是简单地介绍产品、价格、政策，而是要为经销商提供一个可行的、低成本的推广方案。可方案从哪里来呢？

方案不是凭空捏造出来的，企业的销售人员要根据市场情况来灵活拟订方案。拟订方案前，销售人员一般要思考这些问题：目标市场是什么？为什么要选择这个市场？这个市场的主流品牌有哪些？什么等级黏度？主要卖点是什么？价位处于什么水平？对终端有什么支持？对车主有什么活动？……

推广流程怎么定？是否有老客户？客户群体有多少？如果都是新客户，初步洽谈需要多久？终端最关心什么？车主购买竞品的原因是什么？什么礼品能打动他们？需要安排多少礼品？产品的亮点在哪里？如何定价？怎样让维修工卖产品？

销售人员把这些问题考虑清楚，一套好的方案也就出炉了。

一套好的方案包括以下内容：

目标市场、主打产品、批零价格、活动礼品、促销周期、广宣物料；

人员安排、宣传地点、车辆安排、费用投入、预期收入、厂家支持。

把这些都列出来，也就两三百字，一张纸够用了，这就是最简单明了的方案，让经销商一眼就能看明白，也便于其他人配合执行。

7. 给客户展示这些内容

你是公司的一员，你的微信朋友圈就是你的宣传阵地，要体现你的企业和品牌，而不是你的私人生活。所以，除了不能发敏感信息外，也不要随意转发无关内容，最好只发企业相关内容，或者是终端店面、市场活动的相关内容。

我们给一家企业提供服务时，每天都会把需要发布的微信内容推送给大家，然后大家统一转载分享，这些内容包括产品名称、卖点、推广、招商、会务等。

大致内容是：

与央视网企业频道建立战略合作伙伴关系；（体现对品牌的重视）
荣获“厦门市诚信示范企业”称号；（彰显企业的诚信作风）
我们的产品自己会说话；（指出产品优势在哪里）
6 重豪礼等着你；（活动预告）
××让我有了新的赚钱机会；（机会来了，你还不抓住）
××教你如何日赚千元；（够有诱惑力吧）
××启动终端亮化工程；（帮助经销商做市场）
5 层净化确保品质如一；（卓越的产品是这样打造的）
我们和你一起做市场。（厂商风雨同舟）

在发布每条内容时，我们都要写上 20 ~ 30 个字的点评，里面还可以捎带上个别错别字，以体现是你手打的。同时，末尾最好用问句，比如“你知道吗”“怎么会这样”“不瞧瞧别人怎么做的，这么牛”，从而勾起他人的兴趣。

8. 怎样用好展会招商

提前邀约客户，然后在展会第二天正式举办会议，现场招商，这样可以事半功倍。

北京的一家企业了解到可以借助展会招商后，就自己举办会议，结果并不理想。这家企业是怎么做的？

展会举办以前，这家企业派出销售人员，在展会举办地周边区域散发招商单页，宣传的不是自己的产品、政策，而是“你参会，我买单”，就是给参会人员安排食宿，派发礼品，这个可以理解，毕竟企业在自己的工厂驻地开会，也会尽地主之谊。但报销车费，这家企业掏的就有点冤枉，参会人员完全可以自理。

更大的问题是，会议时间安排在展会开幕的前一天。这些来观展的人即使听了你的讲解，也希望在第二天的展会上看看有没有更喜欢的品牌。很多人到了展会现场，就被送车、打折的优惠政策吸引，一盘算，感觉你的产品价格高、支持少，就不会购买你的产品。你花费大量时间、精力和资金，为他人做嫁衣。

该企业举办的会议很热闹，每次都有 200 多人，有时超过 300 人，展会期间，住宿费、餐饮费都偏高，该企业举办这次会议就要花费 50 万元 ~ 60 万元，却只有几家签约。企业无力支撑，就放弃了会招模式。

借助展会招商，千万不要用“免费”的形式来吸引客户，还是要靠有特色的产品、能落地的方案来打动客户。

开会时间尽可能安排在展会的第二天，这样，这些人在会场内看了五花八门的产品、带有各种噱头的促销政策后，你就可以在会议上为他们讲解什么是好产品，什么是真正的支持政策，并为他们介绍自己的特色产品，这样做能起到事半功倍的效果。

9. 招商要招到什么时候

在没有 500 家经销商，或者是销售额没有达到 5 亿元，产量没有达到 5 万吨时，招商是企业的一项重要工作。

通过经销商来实现销量的快速提升，我们很容易明白，但招商要招到什么时候？壳牌、嘉实多、美孚似乎早就停止了招商。

中国地级城市共有 293 个。新疆维吾尔自治区、西藏自治区、青海等地，由于人口稀少，很多企业采取大区域模式，除了这些区域，还有 250 余个地级城市。由于汽机油、柴机油的销售模式有所区别，一般品牌要在一个区域设置两个代理商，以实现全面覆盖，也就是说，只有达到 500 家经销商的规模，全国营销网络建设才算建成。

截至 2019 年末，中国具有调和、灌装能力的润滑油企业不少于 8000 家，这里面也包括一些作坊式调和厂，而年综合销量过亿元的企业，不算壳牌、嘉实多、美孚、长城、昆仑、统一这些巨头，大概在 60 家，而产能超过 5 万吨的不足 10 家，一个企业至少进入前 20 名才算地位稳固。从行业趋势来看，未来几年，年产能超过 5 万吨才算是进入相对稳固时期。

1 吨润滑油平均产值是 1.2 万元，5 万吨就是 6 亿元的销售额。目前，民营企业中，统一、康普顿、龙蟠、玉柴、源根、路路达等企业已经进入相对安全的领域。

我们看到，即便是已经进入安全领域的企业还在不断招募经销商，他们招商是为了不断升级，而对中小润滑油企业来说，招募经销商是为了渠道网络布局。壳牌、嘉实多、美孚迄今为止还在不断招募新的经销商，把一些跟不上形势、资金周转困难的经销商淘汰，换成更有活力、有创新思维的经销商。

只有达到 500 家经销商，或者是实现 5 万吨销量，销售额达到 5 亿元时，企业的招商工作才可以说是告一段落。

第五节　润滑油电商胜算几何

1. 润滑油能实现互联网+吗

新品牌运用互联网+思维，无异于缘木求鱼。

别说新品牌，即便是壳牌、嘉实多、美孚这些大品牌谈客户，也要介绍产品，讲解功效。润滑油和手机、电脑不一样，电子产品有标准参数，对润滑油而言，单纯的参数指标几乎没有用处。现在，业内所用的仪器连产品等级都难以检测出来，何况其他?

如果说产品难以描述还好解决，最大的难题就是最后一公里的服务：车主通过网络购买机油，谁来给他换呢？如果是车主自己更换，修理厂一定会加工时费，这样算下来并不便宜。现在，一些大品牌通过 APP 自动匹配终端来为车主服务，车主要提前预约服务，厂家给终端返还服务费，流程极其复杂。

中华润滑油打造了 4 年多的云店就是因为流程太复杂，销售不是很理想，京东上的中华旗舰店评论超过 20 条的就一款产品，很多还是零评论；完全通过互联网卖油的小马快跑、韩泰没过两年就看不到了。

对厂家来说，通过互联网销售也是一把双刃剑，传统模式是按批量发货，互联网销售是按瓶发货，虽然零售价高了，但还要单独包装、快递发运，甚至还要给终端返还服务费，落进厂家口袋的钱并没有多少。

最要命的是互联网上的价格会直接影响传统渠道的零售价，就拿龙蟠机油来说，传统渠道零售价 300 元左右的 SN 产品在淘宝上就卖 109 元，“双 11 购物节”甚至卖到 89 元还赠送礼品，这样悬殊的价差让终端无利可图。从 2017 年起，龙蟠虽然继续在淘宝上开店，但重心不在于此。

如果只是想赚个零花钱，互联网+还是可以尝试的，但要想发展壮大，新品牌创业的前几年还是不要考虑互联网+吧。

2. 为何电商赚钱更难

电商获客成本、物流费用、价格竞争都是看不见的利润黑洞。

润滑油行业的电商看似减少了渠道环节，直接面向司机，如果你觉得他们获取的利润高，也投身这个行业做电商，恐怕就会血本无归。

润滑油行业的电商面临的困难主要包含以下几个方面：

（1）获客成本。传统模式下，企业和经销商做市场推广，需要广宣物料、人员支持，费用不菲；电商一样要做推广，否则车主看不到你的产品，推广形式包括直通车、产品排名、关键词优化等，这些推广活动的费用并不低。比如小米手机，原来走线上渠道，净利润也不过是 5 个点，而 OV 虽然门店多，广告活动赞助少，利润却高。

（2）价格竞争。在传统渠道，车主很难比较产品价格，最多对比几个品牌的产品，现在通过网络购买产品，车主可以在众多的品牌中挑选自己心仪的产品，甚至还能查到产品的历史价格。电商渠道的润滑油价格比传统渠道低很多，比如 SN 10－40 产品，传统渠道价格都在 200 元以上，但电商售价一般是 130 元左右，阶段性活动价格低到 80 元甚至更低。

（3）运作费用。为避免对传统渠道的销售造成影响，很多企业增加电商专款，比如道达尔、福斯、美孚；推出联合品牌，比如统一、昆仑。这样操作和增加新品类没有区别，无形中增加了包装耗材、广宣物料的费用。同时，还要增设运营、美工设计、网络优化等岗位，一些想靠电商运作的品牌，比如小马快跑、韩泰等号称互联网品牌的润滑油，现在已经消失不见了。

（4）包装物料。电商购物大都是单品采购，产品需要单独包装，1L 的用气泡袋即可，1 个 1 元左右，车辆一次要用 4 瓶；4L 的要用气柱袋，1 个 1 元，外面还要加纸箱，单价 3 元左右。物流费用，4 公斤左右，江浙沪 10 元以内，而江浙沪以外的地区费用为 15 ~ 20 元。本来就利润微薄，扣除这些费用后，到手的利润更是微乎其微。

（5）客户群体。如果车主在网上采购汽机油，可以让电商发货到家里或者是指定的快修店。如果柴机油通过网络销售，由于车主流动性大，货物发到家里搬运不便，而卡车修理厂一般比较偏僻，也不方便收货。柴机油 18L 装重量是 16kg，加上防震泡沫、纸箱，17kg 的物流费用，即便是江浙沪地区也要

20 元以上，本来利润空间就小，加上额外的这些费用，电商更是无法承受，所以，柴机油在电商领域很少见。

（6）服务不畅。私家车换油，需要把车辆升起来才能把废油放干净，另外，还需要更换空滤和机滤。安装的时候，还要做好密封工作，弄得手上全是油，普通的车主要么不会做，要么嫌脏。通过网络购买润滑油后，车主还需要找地方保养。目前，天猫、京东和部分企业都采取推荐维修店的方式，终端为车主提供服务后，厂家或平台返还服务费用，电商获取的利润再次摊薄。

综上所述，润滑油行业的电商看上去不错，在实际操作中却困难重重，电商获取的利润也比较少。

3. 润滑油 + 互联网可以这样做

选择最高等级的产品，通过极致性价比，打造口碑。

润滑油 + 互联网不是绝对不行，方法正确也能获得不错的利润。

我们看一下小米手机的做法，小米 1 上市时，采用当时最高的配置，通过整合资源，把价格拉低到 1999 元，而同样配置的三星、苹果则高达 4000 ~ 5500 元，从而通过互联网引爆市场。

嘉实多采用类似的手法把当时属于最高级别的 SJ 合成油的零售价定在 300 元左右，批发价不到 200 元，而壳牌、美孚的售价则接近 600 元，一倍的价差让很多车主转而购买嘉实多的机油。

想通过互联网引爆市场，就要采用最高等级的产品，这些高端产品是对手用来获取暴利的，你就可以把这个“水分”挤出来，让车主得到好处，你获得的利润也很丰厚。

我们知道，即使是最高级别的酯类合成油，每公斤单价也就 20 多元，4L 包装的成本不到 90 元，壳牌、嘉实多、美孚的出厂价一般是 400 ~ 500 元，如此悬殊的差价足够我们做文章。而常规的 SN 10W – 30，单位成本 15 元，4L 包装不超过 60 元，相比于大品牌 180 元的出厂价，你有足够的空间来做市场。

用最高等级的产品做市场，不仅可利用的空间大，还能给车主带来更好的体验。产品有着良好的口碑，自然能通过互联网引爆市场，但互联网 + 的天生短板决定了电商不容易做大产品规模，还是要靠传统渠道，也就是经销商来做大产品规模。

第六章

会招：成本低、效率高

第一节　如何准备会招

会招是我们历经多年总结、实施、提炼的招商模式，是目前为止招商效率最高的模式，它调动了销售、市场、研发、生产、客服等部门，通过会招把松散的部门整合为高效的团队。在没有达到三个 5（即 5 亿元的销售额，500 家的经销商，5 万吨的产量）之前，企业的核心工作就是招商。

1. 开招商会要花多少钱

开招商会不仅效率高，还能省钱。

你知道开招商会效果不错，但会担心费用高昂，得不偿失。其实，开招商会费用很低。

开招商会主要有以下几个方面的费用：

（1）常规支出

广宣用品：单页、海报、手册、胶贴、吊旗、横幅等。即使不开招商会，企业也要制作这些广宣用品。

促销用品：工装、水杯、手套、挎包等。这些用品属于企业必备品。

人员支出：底薪、差旅费、佣金、招待费等。再小的企业，这些费用也要支出。

市场扶持：促销、协销、路演、投资等。这些属于销售政策范畴。

（2）礼仪招待

餐饮费用：含自助餐、桌餐、酒水，人均 200 ~ 300 元，算是会议支出，也属于日常支出。即使经销商单独来，你也必须支付，而且拿不到团队价。

住宿费用：住宿 2 天，除非旅游城市，一般人均 700 元以内。

（3）会议招商

这部分真正属于会议支出。

场地支出：占用一天，能容纳 30 ~ 40 人的会议室，一般是 2000 ~ 4000

元，人均 100 元左右。

助兴礼品：充电宝、手拎包、茶叶、手环等，人均 150 元左右。

订货礼品：手机、电脑、车辆等。用户订货才送，属于销售政策范畴。

把餐饮费、住宿费、礼品费、场地费等加在一起，人均 1200 元左右。

至于经销商的交通费用，企业没有必要承担，如果招商会的内容精彩，甚至都可以收取他们的费用，就像锤子手机的创始人罗永浩，开个发布会，还卖门票。

2. 3 个会招好时机

开招商会，好的时机能让招商效果事半功倍。

开招商会，可以选择以下三个时机：

（1）工厂扩建。这两年，国家对环保要求越来越高，很多企业在扩建或建新厂，工厂竣工时，如果邀请意向经销商来开会，他们看到企业发展势头强劲，会留下很好的印象，也想跟着有前途的企业共同发展。

设备升级、实验室升级等也是不错的时机。比如源根润滑油实验室被认定为国家级实验室，这个时候就可以开招商会。

（2）新品发布。新品发布包括推出新品牌、更换包装、包装升级等，最值得开招商会的是更换包装，比如统一在 2019 年提出“5E”概念，旗下的车油、摩油都做了全面升级。

推出新品牌值得开招商会，比如深圳源根、统一蓝大夫的上市；包装升级也可以借用，比如龙蟠推出新加坡产的机油，突破推出国产装，加美升级为铁罐包装。

（3）大型展会。全国汽配会一年举办 4 次，和润滑油相关的全国性展会一年不低于 15 场，这些展会能吸引很多汽配、轮胎、机油、电瓶等方面的经销商，我们可以借势来实现招商。

就目前来说，汽配会来的人比较适合招募，尤其是春季展会，如果能顺利举办 2 场的话，就能奠定全年基础，而秋季的展会，很多经销商要考虑完成销售任务，反而难以达成合作。

除了这 3 个时机外，也可以借助一些媒体组织的会议，比如经销商培训会可以通过赞助的形式来推广。

3. 会招模式的四大优势

会议招商摆脱了单兵作战的不足，加强了和客户的联系。

我们一直建议企业采取会招的模式来拓展渠道，原因如下：

（1）省心。传统的做法是意向客户来访，企业要包吃、包住、报销差旅费，上至公司领导，下至服务部门，都要陪同意向客户参观公司，这样做不仅浪费金钱，还要搭上时间。

举办招商会是把客户在几天内集中起来开会，各部门全力配合，费用虽高，但平均费用却大幅降低，企业领导就可以腾出更多的时间关注其他项目。

（2）省钱。销售人员大都是一年四季出差，每月差旅费 5000 ~ 10000 元，一年的费用超过 6 万元，如果是 10 多个销售人员出差，仅差旅费一项就接近百万元。

招商会一年举办 3 场，每场会议，销售人员只需要 15 ~ 20 天的拜访邀约时间，这样，一年的出差时间就可以控制在 2 ~ 3 个月内，其他时间可以根据经销商或公司的安排合理调控。

（3）高效。常规模式下，经销商来公司参观后不可能立刻签单，接触、洽谈、考察、谈判、订货这一套流程走下来需要很长时间，短则一两个月，长则半年甚至更长时间。

会招则可以实现 5 ~ 9 成的客户签单，不仅如此，还可以提前收取“定金”。

（4）稳定。传统模式下，销售人员掌握着客户资源，他们开发某个区域市场后，不舍得放弃既得利益，不服从组织安排，企业很难调整区域政策，一些人积累了足够的资源后就自立门户。

会招则是公司整体运作，多个部门和客户接触，把“一对一”转变为“多对一”，从而便于调整区域政策，使企业充满活力。

4. 会招模式需要多少销售人员

会招不会浪费人力资源，6 人够用，10 人最佳。

会议招商需要设立招商部、市场部、销售部，让人感觉需要很多人员，其实会招不需要太多人员。如果你不信，我来给你算一算。

召开会议需要氛围，一般情况下，30 人以上的会议才有气氛。

经销商考察一个新品牌，一般会派 2 个人参会，现在的经销商大部分还是夫妻共同打理生意，这样在现场有什么事情可以随时商量。30 多人的会议一般需要邀请 20 家左右的潜在客户。

一个地区原则上不邀请 2 家客户，如果有 20 家客户，就需要我们开拓 20 个城市；每个城市从调研到洽谈，一般需要 3 ~ 5 天，为了趁热打铁，邀约时间最好不超过 20 天。这样推算下来，20 天内，一个销售人员可以跑 4 ~ 7 个城市，也就是邀请 5 个意向经销商。

现在我们可以得出结论：总共需要邀请 20 家以上的潜在客户，每个人能邀请 5 家左右，需要几位销售人员呢？4 位！

为保证会议效果，多邀请一些客户更保险。正常情况下，可以安排 6 个人负责招商。

那么，市场部呢？

市场部不需要专门招募人员，由销售总监负责即可，这样安排可以让销售总监熟悉所有客户，把企业的运营策略更好地落地。

销售总监和客户商定方案后，销售部负责落地。一般情况下，一个城市 3 天时间就能顺利启动。

一场招商会一般能成交 7 成客户，假如有 20 个客户，基本上有 12 ~ 15 个签约，每 3 天服务 1 个客户，在一个招商周期内，也就是 20 天内，能服务 6 ~ 7 个客户。据此，我们可以推算出销售部安排 2 个人基本就够了。

5. 举办会招的城市怎么选

会招选址关系到客户是否来到招商会现场。

很多企业认为要把会招场地安排在企业所在地，这样不仅可以让客户参观企业，而且自己对当地熟悉，还能节省费用。想法没错，但是我们还要看受邀客户所处的区域才能做出最终决定。

如果企业所在地比较偏僻，比如不通高铁、飞机的话，不方便客户参会，最好不要在这里召开招商会。江苏省淮安市盱眙县的一家润滑油企业非要在公司所在地召开招商会，很多客户犹豫不决，后来，企业不仅提供往来费用，还安排南京－盱眙的班车负责接送客户，举办一场招商会花费几百万元。

一般情况下，会议地址最好选通高铁、飞机的城市，方便客户安排路线。比如我们服务的一家企业，其厂址在河北省邢台市下辖的一个县城，虽然邢台市有高铁站，但我们建议这家企业把招商会安排在邯郸市召开，因为邯郸市交通便捷，有机场、高铁，虽然到工厂远了一点，但方便用户安排行程。

会招最好选择辐射能力强的城市，而青岛、深圳、大连这些城市交通便利性不足。

除了上面说的看地理位置外，还要看参会客户所在地。我们推荐采取区域招商，也就是集中所有的销售人员聚焦几个省份，通过拓展市场来招商，这时候，最好选择中心城市。如果开发东三省，可以选择长春或沈阳；如果开发华北，可以选择济南或郑州；如果开发西北，则可以选择西安或兰州。

你要记住一条原则：让大部分客户方便抵达会招地点。

6. 怎么吸引经销商参会

授人以鱼不如授人以渔，给经销商送专业书籍更有意义。

经销商来参会，企业自然要尽地主之谊，送什么东西好呢？

直到现在，很多企业还在送土特产，不能说不好，但土特产不方便携带，比如天津特产大麻花占地方，无锡的瓷器很容易破碎，有的企业送字画，经销商不一定有地方挂，这些礼品对经销商来说价值不大。

经销商腾出时间来参加企业召开的会议是为了寻找商机，学习营销方法，对他们而言，最重要的事情是学习，但企业在一两天内集中讲解，经销商很难立即消化吸收。

企业要教经销商市场操作方法，包括增加销量、提升利润、稳定队伍。

企业最好给经销商送图书，尤其是有应用场景的图书，比如《润滑油销售：这样说，这样做更有效》，这本书汇集了200多个客户异议，每一条都对应4～5种应对方式，让销售变得更简单。

经销商的员工少，没有机会做系统的培训，我们专门开发了《润滑学堂》多媒体光盘，内含汽机油的工作原理、柴油机的工作原理、汽机油的相关基础知识、合成型发动机油的选用、液压系统的工作原理、液压泵相关知识、液压油的相容性、污染物对液压油的影响、齿轮基础知识－磨损篇、如何正确地选择齿轮油－黏度篇、如何正确地选择齿轮油－基础油篇、润滑脂基础知识、润滑脂的应用、基础油的学习、内燃机油添加剂的学习等 15 个方面的内容，采取互动教学模式，帮助新人快速掌握基础知识，光盘售价 9800 元。

为了让招商会更有吸引力，我们把这些礼品宣传为“来就送，万元大礼包”，单页配上图书、光盘等素材，更加引人注目。

第二节　会招场地安排

1. 会招场地怎么定

会招场地不要安排在公司会议室，最好安排在酒店。

现在一些企业规模大，企业的会议室有几百平方米，比如金典、火炬、信诺等企业。一些企业觉得用自己的会议室更气派，可以彰显企业实力，而且公司还有食堂、客房，吃饭、住宿一站式服务，还能节省一大笔费用。

这样做并不可取。首先，我们知道润滑油企业一般地理位置比较偏僻，客户住在你的工厂内，不方便走动；其次，待在工厂里面，让人产生一种被监视、限制的感觉；最后，企业的客房怎么也没有酒店便利，比如上网、娱乐、洗澡、锻炼、用餐等。吃、住、行都在企业，这和牢笼有什么区别？经销商会觉得企业有强买强卖的意思。

所以，即使企业有这个条件，也不要在自己的工厂里召开招商会，一定要把开会地点安排在酒店。

最好选择正规酒店、度假村、疗养院之类的场所，住宿、会场、餐厅相互之间距离太远很不方便组织活动，就选标准的酒店。

选择交通便利的酒店，比如靠近地铁口或者是便于开车抵达。天津的一家企业曾经在大港的一个酒店开会，该酒店离机场 30 多公里，没有直达班车；几个高铁站，距离最近的就有 40 公里。这就让人头疼，客户自费来参加招商会，还要花钱打车去酒店，这会让客户反感。如果企业安排接送的话，往返一趟就要两三个小时，安排这么多的车辆也不现实。

而我们开会选的酒店都在地铁附近，交通便利，机场大巴也在这里停留，只需 20 分钟就可以直达机场。

让客户方便抵达开会地点，这是我们的原则。

2. 酒店怎么选

会招，就是通过讲解，利用氛围，促动成交。好的会议场所有助于企业顺利签约客户，我们在挑选酒店时，要注意以下方面：

（1）档次。开招商会的目的是达成合作。三星级酒店会场一般都比较差，而且住宿条件一般，企业最好选择四星级酒店，会场比较多，选择余地大，而且住宿、餐饮都比较靠谱，至于五星级酒店，就有些铺张浪费了。

（2）大厅。一般要在大厅安排签到接待，还要分发资料和礼品，占用空间比较大，在接待桌后面，还要有背景墙以便签字留念，大厅要宽敞明亮，便于客户寻找。

（3）会场。一般招商会邀请的嘉宾数量大都在 30～50 人，如果人太多，销售人员无法充分沟通，白白浪费资源。会场面积太大，会显得很空旷，没有氛围。

一般可以按照这样的标准来选择会场：30 人左右，选择 80 平方米以内的会场；50 人，选择 120 平方米以内的会场。

会场的高度最好为 3.5～4.5 米。会场太高，有回音；会场太低，会让人感觉压抑。

（4）餐饮。考虑到客户到场时间不同，如果安排桌餐，客户很难聚齐，所以，酒店一定要有自助餐或者是套餐。当然，有西餐厅也可以。

会议当天中午，为了节省时间，便于客户休息，最好吃自助餐，没有的话，就选大的包厢吃饭。晚宴最好安排在会场，还可以借助投屏、音箱、舞台来颁奖。

（5）屏幕。会议最好使用电子屏，电子屏显示清晰。如果没有，就让酒店提供 100 寸以上 4∶3 窄屏的幕布，如果你的课件内容都是宽屏的，就选择 16∶9的宽屏，尺寸对比如下：100 寸的幕布规格是 2.03 米×1.52 米，120 寸的幕布规格是 2.4 米×1.8 米。

（6）其他。我们还要看配套设置，比如麦克风、便笺、茶水供应等。另外，要问酒店工作人员同期还有什么会议，最好避开婚宴，免得干扰会场秩序。

3. 会场怎样布置

会场要让人有紧凑感，这样才有紧迫感，有氛围。

在条件允许的情况下，尽可能选择小的场地，一是可以有紧凑感，更有氛围；二是避免一些客户临时缺席，造成座位空缺，让其他客户产生轻视的心理。除此之外，我们要关注以下方面：

（1）舞台。一般不要设置演讲台，如果设置演讲台，会让人觉得太正规，搭建一个舞台即可，嘉宾在台上走动或者是在台下互动。台上无须摆放花盆，花盆碍事。

（2）展架。一般至少要摆放 3 个方面内容的展架；第一是介绍销售政策，尤其是当天的优惠政策；第二是产品优势，比如包装特色、主打产品卖点，还可以分别介绍汽机油、柴机油的产品优势；第三是企业实力介绍，或者是创始人介绍。

（3）产品。为了让客户尽快做出决定，一定要让他们看到产品，比如包装材质、设计风格、独特卖点，一般要展示 1L、4L、18L 装的产品。

产品展示桌或展架最好放在后排，便于大家随时观摩。

（4）礼品。会招要形成当场下单打款的局面，还需要有利益诱惑，这就是奖品。除了正常的反馈外，要为现场签单的客户颁发不同的奖项，比如最大订单奖、最快订单奖、最高定金奖，另外还有合作奖，凡是签单客户，都要送上奖品。

奖品最好单独放在桌上展示给大家。

（5）桌形。桌形就是桌子摆放的形状，有课桌式、演讲式、圆桌式三种，会招是全面介绍企业的情况，一般来说采用课桌式的桌形，就是一排排地摆放，前后桌子之间的距离大概一人宽。

如果人少，就用“回”字形，这样显得人比较多。

（6）广宣。在电子屏（幕布）或会场上方可以悬挂横幅。另外，在酒店允许的情况下，可以在电子屏（幕布）两侧粘贴海报，比如品牌形象、产品卖点、促销海报、油品推荐等。

（7）资料。每个人的桌面上都要摆放便笺、签字笔、矿泉水。不要用酒店的铅笔，免得最后签单时，还要四处找笔。不要用茶水招待客户，服务员来回倒茶，会让客户分心。另外，最好摆上公司手册，避免一些人忘记携带。

4. 用好礼品

礼品要让客户看见，他才有签约的冲动。

爱要让对方看见，营销也是如此！

招商会上，要想实现良好的效果，就需要把诱惑亮出来。

有的企业采取砸金蛋的方式，礼品需要提前封到金蛋里，让大家看不到，随机性地砸，有可能出现客户订单很小却砸出一个大奖来。这种方式虽然能调动会场气氛，但对企业来说是得不偿失。

最好的奖励方式还是直接颁奖，根据订单大小安排对应的奖项，常用的礼品有手机、电脑、iPad 等。如果企业把手机、电脑、iPad 都采购回来做展示，也是一笔不小的费用，我们完全没有必要这样做。我们可以把每个礼品先采购一台做样品，凡是中奖的客户，拿着样品摆拍后就可以把它放回去。订货结束后，根据统计结果，在京东或商场采购，第二天就能把奖品送给客户。

有的企业觉得这些奖品比较贵重，酒店人多事杂怕弄丢奖品，经常是到了订货环节才摆放出来。其实没有必要。客户是不会轻易动的，在午休时，会场要留人看管礼品、电脑等。

把这些奖品摆放在哪里效果最好呢？

一是主席台的左右两侧，如果是 U 形会场，就摆放在中间，让客户随时能看到，企业也方便介绍奖品。

二是如果有超级大奖，比如汽车，最好摆放在酒店门口，会场内则可以用车钥匙模型来展示。

我们服务的一家企业，礼品都是通过朋友借来的，用多少结算多少，更经济。

5. 邀请多少经销商合适

企业要量力而行，人尽其用，不能浪费客户资源。

会招的威力是很大的，一般情况下，签单率能达到 70% ~ 80%。所以，很多企业就想当然地觉得邀请的客户越多，签单就越多。

虽然参加会议的客户都有一定的签约意向，但在会议内容讲解完毕后，还是需要你攻单的。而这个攻单时间有限，你要在有限的时间里尽快达成合作。攻单时间长则一小时，短则半小时，如果在现场都没有搞定客户，今后再谈成的可能性很小。

攻单的时候不方便“一对多”，也不能把销售人员邀请来的客户晾在一边。正常情况下，一般销售人员邀请的客户数量尽可能控制在 3 ~ 4 位，多了就无法顾及。

开招商会，需要有 30 位以上的听众才会有氛围。

参加招商会的客户不是来买东西的，而是来决定是否谈成一笔生意，绝大部分是一家客户来 2 个人。这样，我们就可以推算出来，邀请的客户数量一般在 15 ~ 20 家，来宾就能达到 30 人以上。

如果企业想邀请这么多的客户，就需要 5 ~ 6 位销售人员招募经销商，这也是我们提出的“五六个人，三年过亿”的基础。

会招不能为了数量而放弃质量。签约率越高，越能带动与会嘉宾签单。不能为了让参会的人多，就对客户不加选择，否则就会降低成功率，得不偿失。

第三节　会招讲什么

1. 招商会的内容怎么安排

以理服人是招商会签约成功的关键。

经销商参加会议，自然是有寻找新品牌合作的意向，我们要像数学推理一样，为客户逐一介绍产品优势，说明企业值得合作。

我们要给经销商普及行业知识，让他知道市场变化趋势，比如渠道的重要性、终端的意义，不要被电商、连锁经销商吓倒。

我们还要给经销商介绍如何挑选产品，好的产品不仅品质好、有特色，还好卖。我们要告诉经销商具备哪些特点的产品才好卖。这样，即使参会客户没有与我们合作，我们也为他输送了产品的判断标准，客户不会再轻易被低价品牌诱惑。

推动产品畅销的是政策支持，不是折扣、返利，而是系统化方案，包括用户引流、小工激励、终端扶持等。让经销商了解好的政策不是数字，而是市场方法。

方案解读是会议的重点，包括目标遴选、主推产品、价格拟定、活动步骤、人员协调、广宣活动等，我们要逐个介绍，让经销商领会方案的内涵。

当经销商对趋势、产品、政策、方案有了全面了解后，订货就是水到渠成的事情。至于具体讲解的内容，你把握这个思路即可，不一定非要按固定的流程走，比如可以先让老客户分享自己的操盘经验，也可以现场先做产品比对等。

初期讲解产品、政策、方案可能难以达到理想的效果，我们不仅需要积累素材，也需要分享技巧，慢慢锻炼，多多上台，就会更加熟练。

2. 不需要请技术大咖

你买手机，需要了解安卓系统怎么开发、摄像头是怎么做出来的吗？

很多企业召开会议，都要请技术人员讲解产品的生产工艺，或者是找添加剂公司讲一堆参数。为什么这么做呢？因为可以显示自己的实力，也能把时间撑满。

如果你是老板，你希望掌握赚钱的方法还是了解产品的生产工艺？当然赚钱更重要，至于产品的生产工艺，用户无须了解。正如买小米手机，我不需要知道它的系统是怎么开发的，摄像头是怎么组装的，我只要了解怎么用手机拍出好照片。

招商会是用来招商的，不是培训技术工人、讲解产品的优势，也不是谈技术，就像手机厂家不会谈骁龙芯片是怎么生产的，而是会讲解它的速度、功耗、信号，能给用户带来什么好处。我们要谈的是产品的功能会给用户带来什么、怎么宣传、如何推荐，是把技术呈现出来，而不是讲解技术原理。

如果非要请技术人员或上游供应商，你可以请他们站台，代表你的原材料有保障；如果让他们讲话，最多讲一下润滑油的发展趋势，比如环保、长周期等。如果你想搞砸招商会，就请他们讲添加剂、说指标。

如果你想用供应商来证明产品的品质，恐怕会大失所望。比如在日常生活中，很多五百强企业给我提供服务，包括中国移动、国家电力、中国银行、华为通信，难道我就很厉害吗？

3. 招商会的流程

我们要讲清楚产品优势、政策支持、推广方案，不能走过场。

下面先给大家看一下壳牌工程机械专用油推广会的流程：

13：00－13：20，媒体签到；

13：25－13：30，嘉宾介绍；

13：30－13：50，公司领导发言；

13：55－14：00，新品启动仪式；

14：00－14：10，产品介绍；
14：15－14：25，渠道发展介绍；
14：25－14：45，经销商代表演讲；
14：50－15：00，现场签约仪式；
15：00－15：10，产品发布会闭幕；
15：10－16：00，媒体提问。

90分钟的会议，产品介绍仅仅用了10分钟，政策支持也是10分钟。试问，如果是中小企业，能说清楚产品的优势吗？能介绍清楚政策的特点吗？

或许你觉得润滑油没有必要介绍，可是在小米发布会上，工作人员就一款手机介绍了120分钟。

我们介绍产品时需要注意以下两点：

（1）对于简单的产品，我们要放大细节，体现出产品特点，只有这样，客户才会认可你的产品。

（2）对于复杂的产品，我们要重点介绍其实用性，强调操作简单，否则，客户会产生畏难心理。

中小企业的内容安排一定要抠细节，比如包装桶如何选型，标签如何制作，机油如何过滤，把这些容易忽略的细节讲清楚，让经销商耳目一新。

我们给企业做的日程安排和时间分配包括以下几个方面：

（1）企业远景（一般是老总讲解），目的是让客户明白“和我合作，前景无限”，包括企业介绍、战略规划，讲解需要5分钟。

（2）产品解析（市场部讲解），招商会的核心是介绍产品，要介绍产品的设计工艺、卖点、配套设施，需要120分钟。

（3）销售政策详解（销售部讲解），顺利推广的基础是政策，还要解读各种销售工具的应用，需要90分钟。

（4）案例解读（专家或客户现身讲解），解读“方法大于努力”，让客户了解如何制订方案并实施，需要120分钟。

（5）现场订货（招商会的核心目标），可以设置最快订货奖、最大订单奖、最高定金奖，活跃现场气氛，促成客户尽快签单，需要40分钟。

这样安排的话，正好是1天时间。

至于分享内容，就在本书的各个章节里面，你也可以购买本书相关配套课件作为参考。

下面是我们服务的一家企业招商会日程安排：

7：00－8：00，自助早餐；

8：30－10：30，企业参观；

10：40－11：00，日赚千元，就在今天（总经理讲解）；

11：00－11：40，让用户选择更简单（市场部解读）；

12：00－13：00，午餐；

14：00－14：40，帮你卖货的政策（销售部介绍）；

14：40－16：40，5 天引爆市场（专家分享）；

16：40－17：00，厦门市场实操（大区经理回顾）；

17：00－17：10，现场订货政策（客服部宣讲）；

17：10－17：40，现场订货；

18：30－20：00，招待晚宴。

第四节　怎样提高会招的成交率

1. 学会造势

客户购物不一定理性，很多时候是受到周边环境影响而购买产品。会招，就是要营造良好的现场氛围，给客户以明确而强烈的刺激，促使客户尽快签单。

促使客户签单，企业可以从以下方面着手：

（1）营造抢购氛围。开场就要通过团队的安排，让整个会场呈现出火爆的场景。展架前人们相互交流，产品区多位客户在体验产品，油样区有人在对着亮光看产品，销售人员被围着咨询，当这些情形出现在客户面前时，他们的第一感受就是这家企业的产品靠谱，有市场。

（2）打造专业形象。产品内容分享完毕后，工作人员按照事先的分工各司其职，有的负责洽谈沟通，有的给予解释说明，有的及时攻单，有的负责签订合同，有的负责扫码收钱，有的负责颁发奖牌，有的负责唱票，有的负责赠送礼品。人人忙碌，但井然有序，客户看到后，会觉得企业正规、专业。

（3）制造紧张气氛。抢购，有人抢，大家才会购买。在会招上，主持人不能总说机会难得，要制造出稀缺、抢购的氛围，通过唱票的形式，不断介绍：××签单，合同金额 150 万元，首批订货 20 万元；××签单，定金缴纳 2 万元；××获得华为 P30 手机大奖；××夺得××城市的代理权，公司给予 3 个形象店的支持。销售人员暗示、劝说、督促客户尽快签单。对于犹豫者，采用故意冷落的方式，让客户觉得机会在丧失。

（4）强调奖品稀缺。经销商选择品牌有很大的随机性，礼品是诱因之一。大奖要控制，最好设置最大订单奖、最快签约奖、最高定金奖，这几个奖品要有分量，用新颖的方式摆出来诱惑客户，以促成签单。

2. 掌握借势

会招，就是要借助别人的优势。

如果不懂得借用他人的资源，会招的吸引力和影响力就会淡化，我们一定要利用好所有的资源。

我们可以采取以下几种方式借用资源：

（1）借助专家能力

一般情况下，会招最好邀请业内专家来站台，通过他们的分享，让客户更加信任企业。我们要在专家出场前，隆重介绍他的成就、贡献、荣誉等，台下要安排员工带头欢呼、鼓掌，带动气氛。

工作人员要帮专家拎包，给专家佩戴胸花，主持人恭请专家上台演讲，由司仪引导专家就位演讲，演讲完毕后，要安排领导致谢，给专家赠送礼品，还可以安排人员上台请专家签名，合影留念。

（2）借助政府部门资源

企业的发展离不开政府部门的支持，2018 年掀起环保风暴，很多润滑油企业面临整顿，这时候政府部门派人上台发言，能消除客户的疑虑；有的企业负面新闻缠身，比如质量不合格，企业资金周转困难，这时候政府部门派人上台发言，就能打破传言，维护企业形象。

企业和政府部门打交道，要做到以下两点：

①“亲”。企业要主动和政府部门沟通交流，讲真话，说实情，满腔热情地支持地方政府发展经济。

②“清”。就是要洁身自好，走正道，做到遵纪守法办企业，光明正大搞经营。

（3）借助上游

物以类聚，人以群分。如果和马云、任正非、张瑞敏、雷军这些大佬打交道，你自然也不会差。如果你的供应商都是巨头，不仅体现了你的货源有保障，而且产品质量也值得信赖，客户就会认可你的实力。

基础油的技术含量低，会招最好邀请四大添加剂供应商的代表。如果添加剂厂家你不熟悉，也可以找他们的渠道商来站台。在介绍时，要把渠道商称为添加剂厂家，不要说是代理商。

（4）借助客户知名度

如果企业有一些典型客户，比如整车厂配套企业，或者是一家知名的市场合作伙伴，你都可以把他们邀请来站台，比如水泥集团、热电厂、中集、顺丰等，会让客户感觉企业很有实力。2019 年，零公里新厂竣工，会招就邀请了很多合作企业，体现了大家对企业产品的认可。

（5）借助媒体影响

不要认为现在媒体碎片化，或者是自己也有自媒体，就放弃行业媒体。你发的内容，读者多是自己的客户，而你想招商做市场，需要的是广而告之，要走出自己的领域，行业媒体覆盖面更广。

如果是日常新闻，你发给媒体就行，但招商会是一个创造新闻的活动，有很多特色值得报道，比如嘉宾数量、新品上市、销售政策、成交业绩、企业参观，这些都值得大书特书。

企业怎么做，才能把资源优势发挥出来？

我们可以从以下几个方面着手：

（1）邀请函。我们可以直接在邀请函上注明出席嘉宾、发言代表。

（2）课件。把借势对象的背景展示出来，由主持人介绍。

（3）席卡。一定要给特约嘉宾摆放席卡，把他们和普通客户区分开。

（4）穿着。可以给客户统一发放公司服装，嘉宾则戴胸卡。

（5）专访。可以对企业领导、参会嘉宾、重点客户现场专访，让他们有面子。

3. 权威见证

在招商的过程中，要想让经销商对产品和企业的实力信服，“见证”无疑是最好的方式。企业借助某些权威机构、专业媒体、专家、名人来为自己做见证，比单纯地介绍企业、兜售产品更有成效。

具体包括以下几个方面的资源：

（1）权威机构

用权威机构为产品品质和企业实力做见证，让经销商打消顾虑，加强信任度。品质认证可以用 API 标准、欧洲标准，还有整车厂的认证，除此以外，国内消协等组织的认证也可以使用。目前，在企业实力方面可以用“中国润滑油百强企业”“润滑油经销商首选品牌”等荣誉来体现。在授牌费用可以接受的情况下，多做一些认证。

（2）业界专家

邀请业内专家来企业走访，或者是聘请专家担任有关职务，可以增强企业产品的可信度。一些专家可以从产品技术上给经销商提供指导意见，一些专家可以在营销推广方面为经销商出谋划策。由于是第三方展台，比企业自我宣传效果更好。一般情况下，技术专家最好年龄大一些，显得经验十足；营销专家最好年轻一些，这样才有新思路、新方法。为企业捧场的费用基本为几千元，顾问费用则是 5 万 ~ 12 万元。

（3）媒体支持

媒体的宣传报道和企业自己的报道不同，媒体可以从外部或全局的角度给予报道，企业能获得媒体的青睐，也说明企业的行业地位，容易在行业内形成影响力。如果能请媒体上台发言效果会更好，对顺利招商有很大的推动作用。企业只需要提供交通往来费用和 2000 元左右的出场费，比单纯地投放广告更划算。

（4）名人见证

名人，尤其是明星的知名度比较高。从 2015 年开始，行业内掀起一股代言人潮流，龙蟠请柳岩，统一请赛车手，汉地请张丰毅，帝航请于荣光，赛邦请樊少皇，虽然费用不菲，但能起到引爆市场的作用，也能从侧面证明企业的实力。如果名人能来招商现场，或者是经销商大会，效果更好，最好请当红明星，其自带流量，可以帮企业带来客户。

（5）企业对比

我们买东西会货比三家，经销商挑选合作企业也不会轻易做出决定，他会对比各家企业的实力、规模、潜力，与其让经销商自己对比，不如我们给经销商列出对比清单，让经销商一目了然。就像电商有个“对比”功能，让经销商明白你的企业和产品才是最佳选择。

（6）产品实测

招商最终要回归到产品品质是否过硬上，品质好、有特色的产品才更好销售，我们要把产品的优点展示出来。壳牌为了展示产品，开发了很多演示工具，比如引擎磨损对比、黏度展示、红外线检测等。我们能做出来更好，如果做不出来，也可以采用土办法，比如可以用冰箱检测低温流动性，可以用铜片检测防冻液腐蚀情况，还可以直接把四球机搬来，现场展示润滑油的抗磨性能。

（7）客户证言

人都有从众心理，如果能邀请已经合作的经销商到现场讲述自己与企业合作的历程和经营业绩，用具体的数字来说明产品给自己带来的利益，会更有说服力。在讲解时，最好配上客户的真实图片，或者是短视频，比如以前是个小门店，现在是一个小型企业，送货车也从面包车换成了金杯或依维柯。通过这种方式让与会客户产生共鸣，觉得别人能做好，我也不会差。

在招商过程中，要想让更多的经销商信赖你的企业和产品，就可以采用权威见证的宣传方式。权威见证可以给经销商吃下“定心丸”，提高成功率。

4. 创造成交氛围

会场氛围要轻松活泼，不要有压迫感，也不要过于活跃。

招商会是系统地介绍企业、讲解产品、解读政策、阐述方案，让经销商全面了解企业的目标、支持、方法，使他们能够看到企业未来的发展前景，据此想象出自己的发展轨迹。

为创造良好的招商氛围，会场布置要显得饱满，一般按人均 2 平方米来找场地，这样可以把桌形设置成课桌式或者是鱼骨式，招商效果比较好。如果客户比预期的少，就可以安排成 U 形的半圆桌式，中空位置摆放鲜花，或者是做产品陈列。

一些人时间观念不强，常常是会议开场时，人还没到齐。企业最好在日程表上注明“开场前 5 分钟有抽奖活动”，这样就能大大提高入座率。考虑到个别人会睡懒觉，可以让酒店安排叫醒服务。

一些人会午休或私下交流，为了保证下午的会议准时开始，我们可以在上午会议结束时，提醒大家下午的开会时间，同时展示下午抽奖的礼品，让大家及时参会。下午的礼品价值要高，或者是实用性高，比如充电宝、手环等。

如果开会时间是 4 ~ 9 月，下午时间比较长，在 15：30 或 16：00，要安排茶歇，让客户休息片刻。

茶歇要准备饮料，最好是铝罐可乐或雪碧，还可以准备一些袋装的速溶咖啡；准备一些水果和零食，水果不要买苹果、梨，这些水果不剥皮就不方便吃，可以买香蕉、圣女果、荔枝；零食不要用容易粘手的，比如萨其马、桃酥，可以买法式小面包、小袋装饼干。

让客户在轻松愉悦的氛围中听取招商会的全部内容。

5. 如何让经销商争相订货

好的招商会可以让经销商争相订货。

招商会签单越多越好，定金越高越好。要实现这个目标，我们应该怎么做?

唱票!

主持人要报出每个签约客户的定金是多少，首批订单是多少，签约金额是多少。如果能把这些数据即时显示在屏幕上，更能调动大家的积极性，让客户争相订货。

想做到这一点，我们需要准备一个 5 联收据，这个收据就是一个临时合同，在没有正式签订合同时，代表经销商的承诺。

为什么使用 5 联收据?

我们是这样考虑的：留存 1 联，备查；销售人员 1 联，以便签订合同；客户 1 联，作为凭证；财务 1 联，做统计；主持人 1 联，用来唱票。

收据上写什么内容?

收据上写时间、客户名称、成交金额（大小写）、付款方式（刷卡、现金、微信、支付宝），另外，还要写上“定金”二字。

一定要记住：是定金，不是订金。客户或许认为是预付款，但企业要送出礼品，如果写的是“预付款”，客户反悔，企业必须退款，礼品就白送了。如果写的是“定金”，客户反悔，企业无须退款。

另外，还要写上“首批订货金额”与“签约任务”，这样，会后就可以按约定直接填写正式合同，加盖公章。千万不要忘了让客户在收据上签字!

主持人唱票的时候，可以把定金多少、首批订货量、签约任务都念出来，以营造一种竞争的氛围。

为了让其他客户尽早签单，凡是订货的客户，除了获赠礼品外，还可以领取授权牌，站在主席台或前排，由企业营销总监分别颁奖。

6. 如何促成现场签单

企业可以用订货有奖、上台亮相等方式来促成客户现场签单。

一个招商会议怎么判断成功与否呢？

一场足球比赛，不是看你气势足，压着对方打，而是看谁进球多。招商会是否成功，不是看热闹，而是看签单多少，订了多少货。那么，我们怎样让这些参会客户订货呢？

我们讲了很多内容，虽然经销商感兴趣，但在订货环节，能率先站出来的人很少，有的不好意思，有的还在考虑，他们需要用奖品刺激一下才能签单。

我们可以设置以下几种奖励形式：

（1）首单大奖。为打破僵局，我们对首个下订单的客户要给予大奖，比如华为 P30、苹果 11，重赏之下才有勇夫，只要有人率先行动，其他观望者就会马上行动。

（2）订货有奖。对现场订货的客户要赠送奖品，表示对他们的感谢。这个奖品要和签到时赠送的礼品区分开，可以按照客户交的定金金额大小确定几个档次，比如交 1 万元送小米手机，交 2 万元送华为手机，交 3 万元送电脑。

我们还可以根据首批订单金额设置奖励规则，客户首批订单满 5 万元获得一个抽奖机会，重复累计，随机抽奖。比如，客户首批订单是 10 万元，就有 2 次抽奖机会，这样做能活跃气氛，唯一的不足是客户可能对奖品不满意。

（3）最大订单奖。常规情况下，只有在经销商订货结束后，我们才能知道谁下的订单最大，但我们可以让主持人唱票，不仅起到通报的作用，也能让经销商知道自己的排名，起到刺激经销商相互攀比的效果，激发经销商追加订单的冲动。这个礼品的价值要高于首单大奖。

（4）最高定金奖。经销商的信用卡基本上是 5 万元额度的居多，个别人可能是 10 万元以上，所以，我们可以设置最高定金奖，尽可能让经销商多支付一些，付得越多，后续的合作也就越稳定。

（5）最高签约奖。现场除了订货外，也要对首年度的销售任务做一个约定，这样我们就能预估本次会议能给企业带来多大的业绩提升。一般情况下，由于经销商的能力不足，或者是企业的支持力度不够，经销商不一定能圆满完成约定任务，所以，按签约目标的 6 成来估算比较好。

要想跑得快，全靠头来带，招商会现场需要一些人带动气氛，千万别冷场。

为了避免冷场，最好提前和意向客户沟通，看哪位能率先订货，为了保险起见，还要邀请老客户参加招商会。

赠送的礼品可以是手机、平板电脑、台式电脑、手表、手环、充电宝、蓝牙耳机等。

第五节　会招工具的准备

1. 会议资料袋里装什么

如果你想与客户成交，就把奖品展示出来，让客户心动，进而行动。

你买衣服时，店员给你看半天的宣传单页，介绍一堆你不懂的内容，然后让你买单，你会答应吗？

很多企业把产品价格、代理协议、促销政策当作机密，从不外泄，这没错，但在招商会上，大部分企业在客户签到时发放的资料袋里只装有产品资料、会议日程、回馈礼品，没有这些所谓的机密文件。

我们开招商会的目的不是做宣传，更不是请客吃饭，而是要成交，让客户订货，可经销商不知道你的产品规格、价格、政策、合同，他敢订货吗？

价格好说，但合同一般是格式合同，经销商都会认真看，避免里面有陷阱，没有一两个小时是看不完的。至于政策，则分为常规政策和现场政策，现场政策基本上是促销方案，简洁明了，但常规政策包含支持、返利、广宣等，需要仔细研究，个别内容还需要企业人员给予解释。

如果不提前发放这些资料，在第二天的会场上都是讲解交流，没有专门的时间详细解读合同、政策，进入签单环节，经销商在似懂非懂的情况下，怎么敢签字？谁敢 10 万元、20 万元地打款呢？

即使别人知道你的产品价格、政策，在你根基不稳的时候，谁会把你当成对手？当你强大起来后，别人知道你的底牌又能如何？

只有给经销商足够的信息资料，他们才能权衡利弊，做出决定。

2. 招商单页的制作

招商单页要介绍产品内容，让经销商慕名而来。

一个电话价值百万元；站在现在看未来，明天的你是否依然富有；一样的投入，不一样的收获；机会仅有一次……这些忽悠人的话基本没有招商效果。

好的招商单页一定要说实话、接地气，让经销商觉得一定要来，不来会后悔。

招商单页包括以下内容：

（1）时间。招商单页要写明报到时间、开会时间、旅游时间，这样才便于客户安排时间，尤其是订返程票。我们一般推荐周五报到，周六全天交流，周末上午旅游参观，下午客户就能返回。

这些内容用小字标注在单页底部即可，一般放在正面。

（2）地点。招商单页要写明会议地点、接站地点、旅游地点，经销商就可以根据自己的情况，选择最近的站点来参会。在签到处，还要把早餐地点、会议地点、午餐地点、晚宴地点写清楚，以便客户参会就餐。

同样用小字标注在单页底部即可，一般放在背面。

（3）内容。内容包括日程安排、专家姓名、惊喜诱惑、招商政策、宣传口号，这是重头戏，需要专门处理。

一般情况下，口号、专家、惊喜放在单页正面，比如“我们准备好了99%，就等你的1%的努力”“投入10万元，年销100万元，日赚1000元”，要把字号放大，更要凸显专家讲解的内容，促使经销商下定决心签单。

政策、日程放在单页反面，起到呼应正面宣传的作用，也能让经销商知道你的会议内容都是干货，在写日程时，不要把“订货时间”或“现场订货”写出来，可以写成自由交流或茶歇，免得让经销商觉得有压力。

3. 邀请函这样做

发邀请函要让对方签字，这样会议到达率比较高。

既然是招商会，给意向客户发一份邀请函就显得比较正规。怎么发邀请函才能提高参会率呢？

在实操过程中，开始我们通过快递的方式把邀请函送到有意向参会的客户手中，邀请函设计成红色，上面注明时间、地点等内容，后来我们发现派发数量和实到人数不符，差距很大。

我们就安排销售人员出差的时候直接把邀请函派发给有意向参会的经销

商，参会率稍有提升。

很多客户一忙起来就忘了参会这件事。考虑到人们对自己的签字比较在意，我们就在邀请函上面写上："我已知悉本次会议，××人将准时参加"，并在邀请函下方增加了签字栏，让客户确认签字。经过试行，参会率再次提升，白纸黑字，一般人不会反悔。

随着微信、微博的兴起，我们在后续的邀约中，还让销售人员和意向客户合影，把客户的经营状况、市场心得等内容总结出来，写成快讯，在企业官网、销售代表微信朋友圈里更新，也会推送给客户。

很多经销商难得上新闻，看到自己被报道，都有一些激动，愿意参会。通过这种方式，参会率达到了邀约总数的80%以上。

企业还可以用抖音、头条宣传有意向参会的客户，让他为了面子也得来参会。

4. 你的会议室里是否缺一张地图

地图能直观地反映客户规模、市场分布，方便安排重点区域突破。

很多企业采用财务软件，能很快做出企业客户的统计、排名，这就够了吗？

笔者曾经问企业老总能否说出自己客户的大致分布区域及规模、排名，企业老总大都说不清楚。为什么？他们有统计表格，但不直观。怎么办？越原始的，越简单高效，也就是在地图上把客户信息标注出来。

怎么标注？就是根据经销商的分布区域、规模，通过不同的标识，用不同的颜色标注上去，比如年销60万元的经销商用黑●标注，说明还需要提升；年销100万元的经销商用红▲标注，说明已经会做生意了，但还需要努力；年销200万元的经销商用黄■标注，说明其有潜力，还能继续发展壮大；年销300万元的经销商用绿★标注，说明其是公司重点栽培对象，需要更上一层楼；年销500万元的经销商用紫●标注，说明该经销商可以跟总监或老总直接对话。

这样标示出来，谁都能看出来哪些省份还有空白市场，该省的销售规模大小，重点经销商在哪个城市。对于空白市场多的区域，可以随时安排集中会招，实现业务全面覆盖。

地图要持续更新，可以由财务会同销售内勤共同处理。一般情况下，把新客户随时标注上去，到了年底，根据老客户的销量变化情况及时更换新的标识。

购买的地图一定要大，这样才能更清晰。一般情况下，最好用 2 米 ×1.5 米以上的，价格 300 元左右。

地图最好悬挂在会议室，不要怕泄密，不过是分布图而已，又不是经销商的联系方式。公司开销售会议时，员工可以做到对公司的市场情况心中有数，销售人员也会互相攀比业绩。

这样的大地图最好是覆膜的，贴上的标识容易更换，也可以买有磁力的，更方便。

5. 一个地区应该邀请几个经销商

为了达成招商目的，销售人员会走入误区：在一个地区邀请很多意向经销商，个别销售人员甚至把邀请函当成单页来派发。

其实，在招商会期间，客户报到时，你能和客户交流的时间有限，一般最多是半个小时，如果来多家客户，仅接待就忙不过来了。而在订货环节更需要销售人员调动现场气氛，如果两个客户都有意向参会，该如何处理？如果客户都在犹豫是否参会，怎么办？

同一个地区的经销商之间即使不熟悉，也有所耳闻，如果看到竞争对手来参会，销量大的经销商会认为你拉低了他的档次，而销量一般的经销商会觉得你故意让他来出丑。如果是多家经销商参会，他们会觉得企业急功近利，干脆谁也不签约。

那么，我们应该怎么做呢？

我们在邀约时一定要慎重，不要随便发邀请函，为了制约销售人员，最好根据他所负责区域的情况确定邀请函的数量，比如一个地区只允许携带 2 份邀请函。

在销售人员返回公司进行电话落实时，如果已经有一家客户订好票，安排好行程，我们对其他意向客户就进行冷处理，不再打电话、发微信催促，其他意向客户参会，我们就热情招待，不来参会，我们也不吱声。如果这次会议没有落实合作，就邀请他参加下次举办的招商会。尽量避免同一个城市来两家或多家意向客户。

第六节　经销商激励政策

1. 经销商奖励怎么设定

经销商激励政策要有所侧重，企业要根据自己所处的不同阶段，适当调整经销商激励政策。

俗话说“你想实现什么，就考核什么”。企业对经销商的考核也是如此，比如品牌创业初期，我们希望经销商能按约定完成任务，考核的重点就应该是完成任务有重奖；品牌成熟期，我们希望经销商能遵纪守法，就要针对市场维护给予重奖。那么，我们可以设定哪些奖励呢？

我们可以设定以下这些奖励：

（1）任务奖。经销商年度完成任务指标后，就可以得到奖励。我们可以把指标细分为总指标和主打产品的单项指标，一般是年终统一颁奖，奖励 2～3 个点。如果将产品区分为低端微利产品和高端厚利产品，则可以调整为低端微利产品返利 2%，高端厚利产品返利 4%。奖励形式还可以是旅游、培训、厂家支持等。

（2）超额奖。完成指标是厂商的共同愿望，为激励经销商，通常企业对超额完成的部分给予较高的奖励，一般是正常奖励的 1 倍，还可以设置门槛，比如说超额 20% 以内的部分，给予 4% 的奖励；超额 20% ～50% 的部分，给予 6% 的奖励。

（3）专项奖。很多经销商会经营多个品牌，为鼓励经销商更好地经营我们的品牌，对独家代理经销商，我们可以额外给予 1% 的奖励。为推动新品销售，凡是订购该系列产品的经销商，我们可以额外给予奖励。企业推出新模式，比如变速箱油更换项目，或者是换油中心，每增加一个终端，给予经销商 300～500 元的奖励。

（4）批量奖。一些经销商为了减少资金占用，喜欢小批量、多批次订货，个别经销商每次只订几万元的货，这样会给厂家的生产、备货带来很大的压力，还造成生产、物流成本上升。为增加经销商订货量，我们可以设置订单满5万元给予1个点的折扣，10万元以上给予2个点的折扣，根据品牌影响力调整折扣标准。

（5）信用奖。只要做生意，没有不缺钱的。对一些合作时间长、销量可观的经销商，我们可以给予一定的账期支持。一般情况下，信用额度不超过经销商平均月销售额，比如经销商年销120万元，信用额度就要控制在10万元左右，这样，经销商赖账的可能性就比较小，如果经销商用房产做抵押更好。

（6）阶段奖。“金九银十”，对润滑油行业来说，秋季是销售旺季，夏季则比较难熬，为了产销平衡，我们可以专门推出夏季订货奖励，尤其是针对防冻液产品，激励经销商早日订货。企业如果想更好地回笼资金，可以进行实物促销，“买十送一”是最典型的方式。

（7）终端奖。随着品牌影响力的提升，企业和终端的距离越来越近，为了更好地掌控终端，我们可以鼓励经销商开发终端客户，比如车队、厂矿单位、团体等，可以设立专门的奖项，甚至还可以组织竞赛活动，给予奖励。一般情况下，经销商上报一个有效的终端信息，给予50元左右的奖励。

（8）合作奖。这年头，能和一个品牌长久合作的经销商越来越少，老经销商熟悉企业、熟悉产品。在没有特殊情况下，老经销商是企业的财富，为鼓励经销商长期合作，可以设置5年、10年合作奖，给予1万元、2万元的额外奖励。

（9）推广奖。经销商比厂家更贴近市场，有的经销商会创造自己的营销模式，比如给车队安装定位仪、小型路演；有的经销商擅长做宣传，能把一个小品牌做出大市场；还有的经销商在团队管理上有独到之处，企业可以为这些经销商提供额外奖励，并请他们参加招商会，或者是到经销商大会上分享经验。

企业不仅可以给经销商奖励金钱，还可以奖励实物，比如电脑、手机、奖杯、奖牌、牌匾、证书等。

2. 经销商首批订货，企业支持什么

汽车和飞机都是在发动时油耗最高，做市场也是如此。

我们都明白要大力支持经销商首批订货，但一些企业的支持政策出现了偏差，从给经销商 5 个点的折扣到给 20 个点的折扣，从参观企业到海外旅游，总之，就是要满足客户的需求。

经销商历来存在 3 个大难题：销量上不去，利润总下滑，回款很困难。做新品牌，他们顾虑重重，企业用折扣、优惠吸引经销商，但经销商缺的不是钱，而是不知道进货后能否顺利、快速动销，他们需要的是方法、方案。

我们知道飞机起飞的一刻耗油最大，汽车启动的前几分钟也最费油，做市场也一样，新品牌入市阶段，没人听过，也不知道质量如何，终端进货也是试探性质，企业要帮助经销商尽快缩短这个周期，要用“首战必捷”的信念去打破这个屏障。

传统模式下，我们用各种手段把货铺到终端，靠高利润来促动终端销售，以前中外品牌有 2 ~ 3 倍的利润差，这几年价格差距越来越小，对终端的吸引力逐渐降低，很难促动消费。任何行业的利润最终都会回归一个合理水平。

这时候，企业不能只是在渠道环节努力，而是要让用户信任你的品牌，使用你的产品。最简单的策略是：聚焦一个区域、一个行业，采取小众传播的方式，比如单页发放、车贴派送、技术研讨、路演活动等，使用户了解你的产品，只要用户认可你的产品，自然有终端愿意销售。

倒着做市场是中小企业的制胜法宝，针对车主，企业可以借助保温水杯、车载冰箱、工具套装等物品来吸引他们购买产品，也可以赠送车用尿素、玻璃水、防冻液等包装大、成本低、有分量的产品。

经销商首批订货，企业提供的支持不是给经销商折扣，而是给经销商提供方法，吸引车主购买产品，只要有了动销，就成功了一半。

3. 合同签约周期怎么定

合同不能机械地按年签订。

大部分企业是按顺延一年来签订合同，方便制定年度销售任务，可是，这样做也会造成很多麻烦，比如合同截止日期不同，计算返利只能一单一算；公司无法统一做活动，举办经销商大会难以统计经销商的销量，更难以做比对；做促销、调价格都难以制定统一的政策。

我们建议企业这样做：对于 7 月以前签约的经销商，合同截止日期顺延到当年年底；对于 7 月以后签约的经销商，合同截止日期顺延到下一年的年末。

对于签约不足一年的经销商，按照其所在城市的目标销售额，根据签约月份折算后再打 8 折，对于签约超过一年的经销商，则按年度任务折算后再加 2 成，就是该经销商的销售任务。

销售任务打 8 折是考虑到新市场启动困难，有筹备期；加 2 成是指新品牌要有更快的增长率，其成长速度超过 GDP 的几倍才正常。

如果公司定的经济发达城市年度任务是 80 万元，比如常州的经销商，4 月签约到年底，每月平均销售额是 6. 6 万元，9 个月的销量折算下来应该是 60 万元，打 8 折后是 48 万元；如果是 10 月份签约，合同则签到第二年的年底，15 个月的销售额是 100 万元，加 2 成就是 120 万元。

以上只是理论计算，具体还要看城市规模、市场预期、客户潜力。

4. 给经销商送什么车

如果送的东西没有用，或者是无法用，就别送!

给经销商送车确实很有吸引力，但在实际操作中，为什么很多企业的送车政策并没有起到很大作用?

一家企业在经销商大会上宣布：经销商订货 150 万元，送宝马一台；其他不同的订货标准，送不同的轿车。

一家企业的招商政策是：经销商首批订货 30 万元，送依维柯一台。

还有的企业宣布：经销商首批订货 20 万元，送金杯面包车。

可以说企业诚意十足，但这些车辆对经销商没有吸引力。

年销几百万元的中小经销商每天的工作基本上是谈客户、送机油，宝马不实用，他们更需要的是提升业绩，及时送货。

依维柯一次能装 100 多件货，价值 3 万元 ~ 4 万元，但对新经销商来说，根本没有这么多的货要送，尤其是很多偏远地区的客户，因为道路崎岖，并不适合开依维柯送货。

为了避免资金风险，经销商一般是小批量、多批次送货，面包车可以装 20 ~ 30 件货，价值 6000 ~ 8000 元，上午和下午各送一趟，就是 1 万多元的货，完全能满足年销 300 万元 ~ 400 万元的经销商的配送需求。

企业想帮助经销商发展，就送面包车，总价低，也能降低首批订货的金额，经销商更容易接受。

笔者建议企业给经销商送五菱 6376C、长安二代、五菱 6400B、五菱 6400、海狮 X30L，这些车售价都在 3 万元左右，经济实惠。

5. 年终返利给什么

返利最好实惠，比如返还现金。

企业举办经销商大会，一般要领导颁奖，发放返利，一些企业为了省钱，就会把返利折算为油品，或者是设置为旅游奖励。

经销商并不喜欢企业这种取巧的做法。比如返利 5 万元，如果返还油品，厂家的价格里面有 30% 左右的毛利，这些货还不计入销售金额，也不算返利，经销商吃亏。如果返还现金，经销商再打款，就是经销商的业绩。

我们知道旅游市场价格虚高，团队价和个人价相差很大，标价 1 万元的旅游路线，团队价可能只需要 5000 元，经销商如果接受旅游奖励，不划算。

有的企业给经销商送 iPad、轿车等，但现在 iPad 已经普及，体现不出价值感，对年销几百万元的经销商来说，轿车不实用。

我们建议企业返利拿出诚意，最好奖励现金，请经销商上台领奖，不仅领奖人激动，观众也会兴奋。如果是奖励汽车，最好是实用的面包车，经销商想买代步车会自己挑选。不要用钥匙来代替车辆，最好把车开到现场，或者是在户外进行颁奖。

第七章

运维：一个好汉三个帮

没有人执行，再好的方案也只能搁置，企业要做好人才的“选、育、用、留”。本章介绍沟通法则、人员招聘、销售手册、新人培训等内容，让企业打造一支能征善战的队伍，把营销方案落地。

第一节　招人、用人是头等大事

1. 请总监要注意什么

总监是一个举足轻重的岗位，要找靠谱的人担任。

这些年，企业越来越重视外聘高手，尤其是从知名企业挖人。但这些年来，除了康普顿以外，笔者还没有发现哪个“空降兵”能把企业做好。

浙江台州的一家企业占地上百亩，请了一位高手，几年下来，销售额依旧是几百万元，而这些销售额还是企业自己的车队和合作伙伴贡献的。

厦门的一家企业，老板原来是做电子行业的，看到润滑油行业利润高，就兴冲冲地注册公司，请人当总监做市场，年薪 50 万元，这位总监第一年说要调研市场，第二年说做产品要精益求精。3 年过去了，市场销量很少，说是竞争激烈，需要调整思路，老板只好把队伍解散。

北京的一家基础油企业由于基础油产能严重过剩，就进军润滑油行业，聘请的一位总监一上来就举办一场盛大的发布会，动用模特、跑车、媒体，花费近百万元，却没请几家经销商，更没有多少成交量。如今，6 年过去了，这家企业在市场上几乎绝迹。

南京的一家企业请来一个据说年销亿元的销售团队，一年半的时间，经销商没有几家，工资、差旅费不菲，最后老板干脆放弃做自有品牌，只做代工业务。

上海的一家企业更是重金聘请一位精英当总监，在轰轰烈烈干了一年以后，采取特价打折的方式终于做到了 2000 万元的销售额，可也让老板损失不小，最后，老板只好辞退他。

安徽一家新成立的企业请了一位高人，企业直接委任他做总经理，他上任后搞特装参展、加大政策、全面优惠，就这样，一年折腾下来，十几个经销商销售额超过千万元，可成本也高达几百万元，双方互生嫌隙。

一些企业为了快速发展，请来“高人”，把企业交给他们管理，结果却产生了消极的影响。那么，企业应该如何用人呢？

企业可以采用以下几种方式考察用人：

（1）根据应聘者的履历询问他的前东家，至少询问两家，如果不方便询问，可以查看前东家的官方新闻，看他都做过什么，这是无法作假的。

（2）可以通过企业查询软件看他有没有官司缠身。

（3）问他具体的营销措施，看他是靠营销策略还是折扣促销提升销量。

（4）请他提供资信证明，看他有没有违法违纪，经济能力如何。

（5）看他有没有不健康的生活习惯等。

（6）最好向业内专家打听他的口碑和能力。

（7）可以请专业公司做尽职调查。

我们要牢记：能力越大，责任越大，用人不当，危害就大。

2. “空降”高管怎么用

企业任用“空降”人员，千万不要一步到位，要考核后再委以重任。

一些企业请“空降”人员时，老板会对“空降”人员直接委以重任，甚至让其身居要职，比如担任总经理。

错了！

我们要知晓一点：在大企业呼风唤雨的人到了你的企业，不一定表现出色。

很多职业经理人跳槽到新企业会出现“水土不服”，比如统一请过蒙牛的高管，几个月后这位高管黯然离去；重庆的一家企业曾聘请一位家电巨头的高管，可是做大超市和渠道拓展完全是两回事，一年多后企业经营业绩也没有什么变化；很多统一、康普顿、龙蟠出来的人到了中小企业难以施展拳脚，这里面有企业的原因，也有职业经理人的原因。

很多职业经理人只是大企业的一颗“螺丝钉”，只熟悉自己手头上的事情，比如市场部高管只了解市场推广，并不了解产品研发、渠道招商、客户管理等，而总监和总经理这两个职位需要的是全局把控能力。

企业聘请高管，最好先磨合，看双方是否适合，比如考察其在带队能力、方向把控、产品创新、招商模式、渠道管理上是否具备相应的能力。一般情况下，这个周期要 2 个月以上。

为了对双方负责，企业请来的职业经理人最好先担任副手，可以暂行管理职责，担任代理总监，确认他的能力足够担当重任后，再正式任命。

3. 不要招小团体

招人招精英，但不要招小团体。

企业当然希望招聘来的人来之能战、战之能胜，甚至希望来应聘的人能带来客户。一些人以团队名义来应聘，他们少则几个人，多则十几人，推举一个代表来和企业谈判。基本套路是：我们的团队很厉害，拥有稳定的客户群，能帮助企业快速招商，实现 × × 销量。

听到这些数字，很多老板立马决定聘用这些人。一般来说，至少要安排一位大区经理，如果是小企业，就安排一位总监。

这样的团队来到企业，基本上是抱成一团，老员工融入不进去，新员工被排斥，他们还经常让老板改制度、调政策，动辄就说："我们原来的企业就是这样做的，不改没有人接受。"老板本来还有想法、有思路，结果，这样的团队一来，全部乱套。更要命的是，他们会让老板给其客户支持、倾斜政策，理由是"人家是看我们的面子才跟企业合作的"。

但你别忘了交情是交情，生意是生意。经销商不会因为和你关系好，就和你合作。我们知道李嘉、姚旗，他们独立打造突破、中华，原统一的 2000 余家经销商跟他们真正合作的也是少数。但他们两位如果来到这些经销商的地盘，一定会受到热情款待。

有的团队会和经销商联手坑老板，比如山东的一家企业请来一个团队，经销商要求货到付款，经办人拍胸脯保证不会出问题，结果，几十万元的货发出去如同泥牛入海，最后动用了司法程序，也没有追回多少。

还有的团队把销售部、市场部都控制住，物料采购、包装设计、会展招商、差旅费用、政策拟定都由他们操作，这就和财务只由一人监管一样，很容易形成暗箱操作。典型的是 4L 瓶子一般是 4 元左右，他们联系的供应商就要差不多 5 元，最后，老板亏钱，他们拿着工资、补贴。

有的团队开发新产品，引入新的供应商，再参加各样展会，通过打折、让利的形式来吸引经销商，企业无利可图，却要给他们支付佣金。然后，半年左右，他们会再次跳槽到其他企业，重演这一幕。

我们不建议招募团队加盟，如果对方坚持绑定式入职，可以这样解决：

（1）给他们独立的品牌，完全由他们运作，控制好资金流动。

（2）为他们贴牌，企业提供启动资金，后期自理。

（3）给他们划定一个区域，按公司现有政策，让他们开展业务。

4. 慎用工作 3 年以上的人

老员工不仅思维固化，更会要求负责特定区域，企业要慎用工作 3 年以上的人。

从事润滑油多年的人很多被称为“老油条”，这里面有与时俱进的人，也有不思进取只想赚钱的人。

企业招聘时会遇到一些业内人士求职，他们在介绍完自己后，都会补上一句：“能否给我优先安排某区域？我对那里熟悉，有老客户。”

他们为什么不想离开熟悉的地盘呢？一是熟悉地形，不需要重新认路；二是有一些熟悉的客户，能尽快和他们联系业务；三是不想背井离乡；四是有自己的打算，想给自己留退路。

一位从事润滑油销售十多年的“老油条”换了几家企业，到现在还是区域经理，每次跳槽，都要求跑江苏、安徽，他也想职务晋升，可总离不开家，怎么能开阔眼界呢？企业如果聘用这种墨守成规的人，他只会让老客户换牌子，客户换一个牌子，销量就下滑一点，虽然他看似很努力，销量却每况愈下。

更多的人习惯单独跑市场，有自己固有的方法套路，不一定认可企业的销售模式，很难出业绩。这几年来，统一、康普顿、龙蟠出来的一些人，到了其他企业却难以再现曾经的辉煌。

一个新企业需要的是突破创新，如果找的都是“老油条”，来自不同企业的人的观念、方法、思维都不同，很容易让企业迷失方向。不如用新人，或者是入行没多久的人，让他们出去闯荡，说不定能闯出一条新路来。

5. 不给员工干股

给员工干股的老板不靠谱，要干股的经理人没冲劲。

干股就是不用掏钱，可以参与利润分成。很多企业为了吸引人才会采取这样的方式，美其名曰“利益共享，风险我担”，看似把经理人的利益减少了，其实不然。

如果企业第一年盈利200万元，老板答应给员工30%的分红，第一年分给员工60万元，没有问题，皆大欢喜。

第二年企业盈利500万元，老板就要分给经理人150万元，这个时候，老板很容易心理不平衡，想“凭什么经理人一分钱没出，就要分给他这么多钱”，然后很多老板就会因为舍不得分钱，最终不兑现承诺。也有的老板干脆通过财务运作，让企业账面上稍微盈利甚至亏损，但经理人既然干销售，自然知道销售额和大致的成本费用，搞不好，就要对簿公堂。

经理人都知道做的业绩再好、盈利再多，老板也很难真正分给他那么多钱，甚至会因为利益而跟他撕破脸、闹分家，反而丧失自己的稳定收入。聪明的经理人会在日常经营中控制销量，把利润控制在几百万元的规模，让自己拿到的分红不超过老板的忍让底线。

一般来说，这个底线在润滑油行业基本上是100万元以内。这样的操作，就让企业面临两难选择：是扩大规模，多给经理人分红呢？还是裁掉经理人，让企业背上恶名？或者是小富即安，就这样过日子。

这还是好的情况，因为企业盈利。如果是亏损，年终分不到红利，经理人的基本工资能有多少？这时，经理人就会找下家，即使不离开，也会三心二意。如果第二年企业又亏损，经理人大都会离职，把一个烂摊子扔给老板。

所以，企业给经理人干股还不如直接给他定销售任务、发年薪，这样做更直接有效。

6. 销售计划这样做

很多人的计划仅仅是个目标，缺少过程和保障。

很多人都会做计划，比如我要减肥，把微信名改成“不减20斤不换头像"，但几个月下来，体重依旧。为什么会这样？因为他做的计划仅仅是个愿望，却没有完成计划的安排和保障。

有人说："我要利用好碎片时间，每天提前半小时到办公室，这样就有非常稳定且不受打扰的时间。积少成多，一年下来我就能做很多事。"

如果这样做计划，过不了多久，自己就会放弃。

好的计划包括以下几个方面：

（1）目标。记下一个月的心得感悟。

（2）行动。每天晚上 10 时休息，次日凌晨 5 时起床，这样，每天就可以多出不受打扰的 1 小时，用来看书、记笔记。

（3）实施。用印象笔记（有道云笔记）来记感悟、存档、拍照，主要记录心得、感悟、体会、书评，每篇内容不超过 140 字。

（4）保障。每天用手机软件打卡签到，强制形成规律。

你或许觉得这很简单，如果你能坚持下来就不简单。实际上，笔者一直在按照计划做事，一年下来，能看上百本书，写出上千条感悟，2 年从中筛选 1500 条，也就是 21 万字以上的文字，整理成《润滑油品牌观点》一书。

企业做计划也应如此。

企业可以这样做销售计划：

（1）目标。年销 3000 万元。

（2）行动。老客户 40 家，现有年销售额 1500 万元，采用春季、秋季促销的方式，可以提升到 2000 万元。另外，再开发至少 30 家客户，形成 1000 万元的销售额。

（3）实施。给 3 个销售人员配置招商工具，扣除节假日，预计能招商 20 家；参加 2 场汽配会，投放百度竞价，预计能招商 10 家；老客户介绍，预计能有 5 家。

（4）保障。招商单页、推广方案、用油推荐、终端促销、三级推广等，要做到人人熟练。如果在 6 月底招商不足 20 家，则采取集中区域招商的模式。

企业只有制订详细的计划，才能保障实现目标。

7. 薪酬可以这样定

佣金比例不能长期不变，这样只会让销售人员失去拼搏的动力。

很多企业销售人员的佣金长期保持不变，目前来看，大部分是3个点左右，部分企业更细致，针对不同等级的产品规定不同的佣金比例。这样，我们就可以推算出年销售额500万元，销售人员就可以获得15万元的佣金，加上基本工资，年薪20万元还是比较轻松的。

据我们了解，不少企业的老员工年销售额多达800万元，甚至上千万元，但销量多年保持不变，而且，他不接纳新员工，自己也不会更换销售区域，企业怕他带着客户跳槽，只好把他供着。

企业常见的“新人留不住，老人不想走”反映出我们的制度出现了问题，尤其是薪酬制度出现了问题。

济南××企业的一位销售人员负责西南区域，年销售额800多万元，占公司年销售额的1/4，年收入30多万元，这样的收入在济南是凤毛麟角。干了几年，薪酬制度没有变化，销售人员就没有了开拓市场的动力，业绩停滞不前。

石家庄的××企业，一位负责山东地区业务的销售人员年销售额近千万元，他多年都没有换地方，也不要副手，平常就是夹个包到自己的地盘转一转，差旅费企业一分也不能少。

企业要根据情况及时调整佣金比例。新客户，尤其是第一年合作的客户，需要服务的内容多，耗费的精力大，可以适当提高佣金比例；老客户已经熟悉公司业务，也会做市场，就可以调低佣金比例。这样，销售人员为了能有更好的收入，就要努力开发新客户。

新老客户的界定最好以一年为限，首年佣金为3个点，后期佣金为1.5~2个点为佳，这样既保证了销售人员的收入，也不会打击其工作积极性。

8. 销售人员出差考核什么

苦劳不代表功劳，销售人员要凭业绩说话。

销售人员很辛苦，每月都要跑无数的城市见无数的人，长年累月难得回趟家，即便是公司，也是开月度或季度会议才回来一次，连公司的人都认不全。但辛劳不代表功劳，企业怎么对他们进行考核呢？

很多企业对销售人员进行考核时，会罗列一些数字指标，比如客户信息，你走访了多少城市，拜访了多少客户，跑了多少终端，用什么来体现？除了用钉钉考核外，更直接的是看你搜集了多少客户资料。

一些企业甚至用收集了多少张客户名片来考核销售人员。要么每天收集10张名片，要么每月有新客户签单。签单，别说对销售人员，就是对企业高管来说，也不是一件十拿九稳的事。当企业考核指标有多重标准时，人们自然选择容易完成的。签单难，收集名片却很容易，只要到汽配城、汽修街转一圈，就能轻松拿到几十张名片，完成考核任务。这就造成很多企业的销售人员回来，订单没有，却有一大堆车票、名片，销售人员没有掌握企业的实力、规模、人员、车辆等情况，这不是谈业务，而是“公费旅游”。

应该考核什么呢？我们知道现场搞定经销商比较难，经销商一般还是要到企业考察洽谈，所以，我们建议企业只考核一个指标，即邀约到厂参观的经销商数量。只要客户来工厂考察，合作就成功了一半。

9. 不要兼职销售

兼职只是短期收入，只要在一个企业待到5年以上，你自然会得到重用。

销售人员居无定所，四海为家，离职、跳槽是家常便饭，但这并不是说可以恣意妄为。

个别销售人员身兼多职，利用考核的漏洞或时间差，在多家公司任职，在每家公司都能领取基本工资和差旅费用，看似聪明，但世上没有不透风的墙。

一位销售人员曾经同时在多家公司任职，他应聘的时候，会说：“我在××区域有一定资源，我只做××区域，一入职就能立即带上一两个客户到公司考察。”很多公司觉得这是个人才，就聘用了他。后来，他会说公司存在各种问题，客户不满意，就这样，在每个公司他都能拿几个月的工资、补贴。最后，他发的微信朋友圈内容被其中一家公司的人无意中看到，这事才露馅。

这样的兼职看似多赚了一些钱，其实，这不仅是欺骗公司，而是人品都有问题，对自己的职业发展不负责任。别看中国很大，但有潜力的润滑油企业凤毛麟角，你昨天坑了这家，今天或许还能坑另一家，但世上没有不透风的墙，业内人士都知道你兼职的事，你怎么立足呢？

一位销售人员十几年时间先后在十多家企业兼职，在每家企业工作，他都采用“大鸣大放”的方式，参展、请客、打折、促销，利用政策的弹性给自己捞取好处。展会上，请两三百人来吃饭，很多企业没有见过这样的大场面，感到很高兴，过段时间财务报表送上来，领导才发现完全是赔钱赚吆喝，几个月下来，积攒了一堆会务费、招待费、设计费、广告费、差旅费，订单也挺多，但都是小单子，价格几乎是成本价，甚至低于成本价，最后企业只好请他走人。过了十几年，他终于干不下去了，开始自己成立公司，笔者却再也没有见到他的大手笔，后来才知道他和很多设计公司、展会主办方都有千丝万缕的联系。

销售是一个需要沉下去干事情的行业，只有你在一个行业不断积淀，才能得到客户的信任，拥有越来越多的客户。很多企业的营销总监就是这样一步步踏踏实实地走过来的，可以说，只要你在某个企业待上 5 年，基本上就能走上领导岗位。

老板愿意提拔能干的人还是放心的人？看过电视剧《大江大河》的人都知道，越能干的人越危险，选择人，第一选择放心的人，第二才是能干的人。

营销人坚持下去，就是胜利。

10. 保持业务稳定性

企业应该让销售人员以公司的名义申请手机号、QQ 号、微信号等，这样，换人不换号，保持业务的稳定性。

销售人员常年奔波在外，居无定所，有的连个人问题都难以解决，这些现实问题让销售人员难以安心，离职、跳槽司空见惯，即使是一些总监级的高层，大都在外拼搏，老婆、孩子都在老家，长期两地分居，要么举家搬来公司所在地，要么自己回家创业或求职。企业时常面临基层、高层人才不断流失的困境。

客户最烦不停地换对接人员，上个月是小王，这个月成了小李，刚存下的电话号码、加的微信全得换。客户只好越过销售人员，直接找总监、找老板。

销售人员变动过大也会让客户担心企业的经营出现问题，不然怎么连人都留不住？每次人员更换，即使顺利交接，也会存在各种问题，何况还有一些销售人员缺乏职业道德，离职时不交接客户资料，致使接手的人员费尽周折才与客户衔接上，这对客户和公司来说都是损失。

俗话说“铁打的营盘流水的兵”，营盘如何做成“铁打”的呢？

笔者总结了一些方法：公司对外联系的号码，包括手机号、QQ 号、微信号、电子邮箱，全部由公司统一注册申请；每个手机号都和 QQ、微信、电子邮箱绑定；每个号码对应一个区域或者一个职务，连总监也不例外。

这样做有以下几种好处：

（1）一个区域的电话号码一直固定，换人不换号，业务关系可以保持稳定。

（2）销售人员难以用个人号码挖走客户。

（3）即使销售人员出现各种意外情况，公司也可以随时补办电话号码。

（4）统一办理的电话号码可以开通集团号，内部沟通互免电话费。

（5）所有的电话号码都可以公开在官网或微信号上。

（6）公司看起来更规范。

如果你现在还没有办理公司的电话号码，马上去办！

第二节　营销目标与实施

1. 定个小目标：1 个亿

年销售额过亿元，企业才具有一定的规模优势，才能打造品牌。

王健林说："定个小目标，1 个亿。"

对润滑油企业来说，尤其是有调和厂的企业，1 个亿的目标必须实现。

润滑油产品的毛利润平均是 25～35 元，扣除各项费用和市场支持，净利润大都在 6%～8%，从康普顿、龙蟠、高科的报表就能看出他们的净利润也是如此。

一个占地 30 亩以上的工厂年折旧费和其他各项费用合计 500 万元，甚至更多，对一些年销售额几千万元的品牌来说是一个沉重的负担，这也是近些年来很多企业开展代工、贴牌业务的原因，通过扩大产能、降低单位成本获取利润。但一个企业有自己的品牌，再为其他企业做贴牌业务，对方会忌惮你抢他的客户，而完全放弃自有品牌，很多企业又舍不得。

宝捷、厚德、奇比特、大联、美合这些品牌就是为了发展代工品牌而雪藏了自有品牌，一些企业瞻前顾后，无法取得大的发展。

但代工是为人作嫁衣。富士康在苹果手机市场萎缩后效益滑坡，不得不放低身段和国内品牌合作。

一些品牌做大后，还会自己建厂或收购工厂，自己生产产品。他们的离开会让代工厂损失惨重。无锡惠源原来为多家企业代工，如今已经悄无声息；路路达最大的客户是统一，如果统一离去，对企业来说，无疑是灭顶之灾。

润滑油代工和手机、电脑不一样，电子元件有标准参数，容易检测，而常规手段连润滑油的等级都无法检测出来，这也是品牌做大后自建工厂的原因，企业对自己生产的产品比较放心。

由此可见，发展自己的品牌才是企业的生存之道，代工不是长久之计。

企业年销售额几千万元时，基础油、添加剂都要从贸易商那里购买，没有资格和供应商谈判。包装耗材规模小、批量多，也没有价格优势。但当企业做到亿元规模时，差不多就能向上游直接采购，甚至获得一定的信用、技术支持。据说，龙蟠从台塑直接采购基础油，其成本比贸易商的价格还低 10 多个点，笔者记得 2018 年龙蟠的报表显示其净利润是 9 个点，在润滑油项目中，基础油的使用比例平均为 90% 以上，也就是说，龙蟠的净利润几乎是从基础油里面省出来的。你说上游资源是否重要？

一些企业获得了雅富顿、雪佛龙的合作授权牌，不仅是荣誉，其实也是实力的体现。

企业一定要尽快实现年销亿元的目标，这样才会有更多的发展机会。

单一品牌进入亿元规模的企业，民族品牌不到 50 家，进入亿元品牌的行列，你就是当之无愧的“润滑油百强企业”。

2. 宣传和推广的步调一致

只有用户在终端看到产品，才有可能购买。

中国营销史上有两大败笔；一个是健力宝在央视投入近 2 亿元广告费，铺天盖地地宣传“现在流行第五季”，但半年后，产品才在终端露面，企业的资金跟不上，市场夭折；另一个就是恒大矿泉水投入 20 多亿元的推广费，将近一年才在一些小店铺货，最后不得不黯然退出市场。

好的产品即使投入大量广告支持，如果用户无法在终端看到它，就无法完成销售！只有用户看得见，才有可能购买。

可口可乐公司提出的“看得见、买得到、乐意买”是品牌推广的金玉良言。

这几年，突飞猛进的小米手机为什么被华为、OV 手机超越？就是在商品过剩、产能过剩的时代还采用“饥饿营销”的方式。润滑油行业也是如此，不信的话，你可以来吊经销商、修理厂的胃口试试看。

一个品牌声称先拿出 1 亿元做市场，结果，3 年了，市场上也没有看到其产品。

笔者也吃过这样的亏，当时受小米手机营销模式的影响，图书采取预售模式，原计划在双节（情人节、元宵节）发行，但受到春节的影响，直到 3 月初才发行，很多读者有意见。现在，我们会在收到样刊后，开始预售图书。

对企业来说，推广节奏要和宣传步骤协调一致。我们要避免宣传滞后，比如销售人员忙于跑市场，但宣传没跟上。同时，我们也要避免宣传提前，也就是广告、会展已经全面启动，但销售队伍还没有组建完成。

3. 广宣费用做什么

广宣费用就是广告、宣传费用，企业要把广宣费用用在刀刃上。

企业已经意识到媒体的局限性，广告支出基本上投放在展会、门头上，宣传费用则基本上用在单页、海报上。

那么，这些费用用在哪些方面，才能达到最好的效果？

企业可以把广宣费用用在以下几个方面：

（1）展会

现在展会越来越多，汽配展、油品展、宝马展、法兰克福展、用品展等，和润滑油相关的全国性展会有 20 多个，展会越多，效果越差。很多企业投入 10 万元 ~20 万元做一个展会，结果没来几家客户。如果把这个预算投入市场中，至少能提升 200 万元以上的销售额。

如果你的产品以专用油、功能油为主打，可以参展；如果是打造精品、借助渠道，还是老老实实靠人员招商更实在。一年只需要参加 2 次展会，最好参加春季招商，毕竟一年之计在于春。

（2）门头

这是唯一不要花钱的广告方式，能真正和车主面对面，对终端来说，换个亮丽、新颖的门头，也体现出店铺的生意蒸蒸日上。

美孚率先开始为终端提供门头，壳牌则把这一做法推广到全国。1999 年，壳牌制作了 2 块门头，如今，壳牌在全国有 8 万块门头，成就了壳牌连续 12 年领冠群雄的地位。中华润滑油每年投入门头的费用也高达几百万元。

我们的意见是多多益善。

（3）单页

企业不要怕花钱，要及时设计促销活动单页，配合活动。我们很多企业说促销活动效果不好，促销品被截留。为什么会这样？因为你制定的“买 1 送 1”促销政策是买一桶机油送一个保温壶，但仅仅是个通知，或者是在微信群里发一下，车主并不知道，终端就不客气地留下来，甚至经销商也会截留。

汽机油、柴机油、附属油、液压油等主流油品，每个系列都单独设计单页，这样，组合起来就是产品手册，既可以配套使用，也可以单独派发，一举多得。

（4）海报

海报是放大版的单页。由于海报容易变色、脱落，现在很多企业开始采用更高档的 KT 板，悬挂起来，更有档次。

以前的 KT 板都是固定的，需要经常更换，十分烦琐，现在一些企业借鉴楼宇电梯广告的形式，随时可以更换内容，这样，就避免了在终端多次打洞的烦恼。

（5）手册

一般情况下，企业手册、产品手册要分开，不要混在一起，造成内容传递的轻重不分。

企业手册内容相对固定，一年更新一次足够了，还可以做成 H5 多媒体格式，便于传播。

产品手册要随时更新，只要有新产品推出，就及时配套制作。多媒体格式不便于翻阅标记，只能作为辅助手段，印刷版的不可或缺。

4. 写好 3 个内容简介

从媒体立场和营销角度来看，企业简介不可或缺。

我们很重视企业简介，有的企业把企业简介写得过于夸张，但用力过猛，反而让人产生一种千篇一律的感觉，比如进口基础油、进口添加剂采用××配方，获得××荣誉，产业报国，服务中国。要么夸大，要么虚假。

企业需要在网站、微信、微博上刊登企业简介，宣传企业，我们建议写好以下 3 个内容简介：

（1）20 个字的简介。要像写广告语一样，写好这一句话，一般文字要限制在 20 个字以内。如果你对这句话很满意，就用大号字体标注，把这一句话放在一条新闻的末尾。比如润道的企业新闻经常在最后面加上“润道：润滑油企业教练，助力中小企业，年销 1 亿，只需 3 年”。

（2）100 个字的简介。“两微一抖”的内容简要，一般就截取 100 个字，现在虽然支持长微博，但页面上一般显示前 100 个字。

如果你有淘宝、京东旗舰店，你就会发现产品简介一般也是 100 个字。所以，这个简介适合网络推广、网店销售。

（3）400 个字的简介。一般来说，媒体发稿、制作企业手册、新闻介绍，400 个字足够。在碎片化的自媒体时代，新闻尚且简短精悍，我们的企业简介也要简洁明了。

我们可以把 100 个字简介扩充一下，写成 400 个字的简介，注意把最重要的内容放在前半部分。

5. 企业简介要突出“三性”

写好企业简介并不难，从故事性、趣味性、可靠性三方面入手即可。

企业简介很重要，但大部分企业不会写，基本上千篇一律，都是这样的模式：公司占地 × × 亩，采用进口基础油、添加剂，能生产 × 种润滑油，宣传口号“质量是生命，品牌是未来”。

除了这些内容，有的企业还会配上经营方针、企业理念、品牌使命等。

你知道企业简介是给谁看的吗？给经销商看的。至于用户，他才不关心你的企业背景，产品好就用，不好就放弃。经销商需要打款进货，他们关心的是企业是否靠谱，产品质量是否过关，品牌是否有故事。

故事性，是指企业有个“传说”。比如壳牌是从贩卖贸易开始，所以标志是个贝壳。不要觉得企业历史悠久才有故事，其实很多企业都可以总结出属于自己的故事，比如龙蟠从经销商转型，安美完全是一个励志故事，康普顿从路边小店发展而来。

趣味性，是指写的内容要轻松幽默，尤其是数字，很多企业为了凸显规模，非要写占地 × × 平方米，却忘了人们对平方米没有概念，不如用“亩”更合适。而储油 × × 立方米，不如换成吨更直观。至于灌装速度，别说 × × L，最好说 × × 箱或者是 × × 桶，人们能立即反应过来。

可靠性，是指企业的实力是否雄厚，企业是否值得信赖，主要是企业的投资规模、注册资金、工厂数量、员工人数等，数字越大，企业越值得信赖。

企业简介文字不要多，一般来说，140 ~ 200 个字即可，这样更容易让客户记住。

以下列举几个例子：

（1）故事性的例子

江苏龙蟠科技股份有限公司成立于2003年（原名江苏龙蟠石化有限公司），总部位于江苏南京，是国内名列前茅的独立润滑油企业。2014年1月20日，龙蟠石化顺利完成股份制改造，正式更名为江苏龙蟠科技股份有限公司（以下简称龙蟠科技）。

龙蟠科技旗下拥有江苏可兰素汽车环保科技有限公司、南京尚易环保科技有限公司、南京精工塑业有限公司、龙蟠润滑新材料（天津）有限公司、龙蟠科技（香港）有限公司、南京微蚁数据科技有限公司等六家子公司。

（2）可靠性的例子

加仑特石油化工（北京）有限公司成立于2007年5月29日，注册资本1500万元。生产基地坐落在首都北京，占地60余亩，建筑面积30000余平方米。油品生产能力达到10万吨/年。

（3）趣味性的例子

荷兰皇家壳牌成立于1907年，其历史可以追溯到19世纪初，在位于伦敦的一家小店里，赛缪尔（Samuel）家族主要销售各种贝壳。

目前，壳牌是全球大型能源企业之一，在全球超过70个国家和地区开展业务，拥有93000名员工。公司总部位于荷兰海牙，壳牌集团的母公司为在英格兰和威尔士注册成立的荷兰皇家壳牌有限公司。

第三节　广宣　“三剑客”

1. 单页、海报、手册要卖货

想把产品卖好，就必须把单页、海报、手册设计好。

把产品做出来，然后拍照发到微信朋友圈，或者是写一篇“××上市”的新闻，配上产品图片就算是上市了。但这样的操作，产品不可能卖得好。

产品要想卖得好，就需要广而告之，不是让你铺天盖地地做广告，中小企业也没有这样的实力。我们没有办法“一对一”地说服用户，但需要保持宣传口径的一致性。

如果你想依赖经销商的业务员或终端的维修工为你推销产品，那是缘木求鱼，他们熟悉哪个产品或品牌，就兜售哪个。如果他们不熟悉你的产品，或者是你的产品功能太复杂，他们才懒得深入研究。

怎么办？

除了把产品的卖点印在包装上，我们还有很多广宣渠道。

单页是最重要的一种宣传方式。最简单的单页就是把产品标签撕下来，再做一些艺术处理。比如嘉实多的磁护产品上的口号是“未启动，先保护”，有一张单页则是一个壁虎爬在光亮的引擎盖上，让人会心一笑。我们在给企业服务时制作了这样的单页：正面是产品卖点，反面是产品对比图，把同等级、同价位的产品列出来，凸显产品的“性价比”。

海报是大号的单页，最好用夸张的手法表现主题，比如嘉实多宣传磁护产品是用一个倒过来的车辆配上一句话：用磁护，无须倒着停车。另外，还有“心肌梗死”“终极试验”“启动瞬间”等多个版本的海报。

手册是全面介绍产品的载体，大部分企业不会单独做产品手册，而是和企业手册整合为一本，但这样就成了产品目录，而不是产品手册。最好是一个系列的产品做一本手册，除了产品卖点、指标外，如果能加上推广模式、终端类型、用户收益等，就成了很好的“销售手册”。

这样的手册不是发给终端、用户的，而是发给经销商、业务员的，让他们全面了解产品，从而更好地为客户推荐产品。那么，给终端提供什么呢？提供单页、海报。

2. 海报卖的是货，不是艺术

设计海报的目的是更好地卖货，而不是展现艺术形式。

现在的润滑油海报主要有两种类型，一种是各种图片堆砌的“粘贴派”，另一种是让人看不懂的“艺术派”。

在百度上搜索“润滑油海报”，你会发现大部分海报都是这样的：汽车 + 包装桶，卡车 + 机油，粗壮的胳膊 + 机油桶，“粘贴派”基本上采用这个套路。这几年还有一个应景的“艺术派”，不管什么节假日，反正找个应景的图片，在图片底部堆上一排产品。

别说润滑油，其他附属品的海报大部分也没有亮点，除了丹弗的金鱼篇防冻液海报、龙蟠的制动液海报、壳牌的齿轮油海报，鲜有出彩的作品，大部分海报中规中矩。基本的套路是：齿轮油就是油滴加齿轮，制动液就是油滴加刹车片，变速箱油就是包装加自动变速箱，润滑脂就是油脂加齿轮或轴承，毫无特色。

我们做海报的目的是什么？当然是为了卖货。

既然是卖货，就要从用户的角度来考虑，让用户一目了然，不要让用户猜测和思考，也别把自己淹没在大量类同的海报里，不仅海报，文案、广告、门头设计等也是为了吸引用户到店消费，首先要信息明了，然后才是优雅和艺术，不要孤芳自赏。

要凸显产品特色，比如超长周期，可以用地球 + 卡车来体现；启动速度快，可以用火箭来体现；油压稳定，可以用跷跷板来体现；黏度高，可以用青蛙捉虫来展现；动力足，可以用飞机起飞来展示。

海报是否好，就一个评判标准：能否卖货。

3. 海报制作要点

海报是终端销售的利器，忽视不得。

一些企业觉得做海报太麻烦，贴在终端，要经常更换、维护。他们只做一些电子版的应景海报，然后发到微信朋友圈，觉得这样宣传就行了。

作为用户，车主不知道你在搞什么活动，产品有什么特色，尤其是买赠活动，本来买一桶机油送一个腰包，可用户不知道，怎么让他们心动？

终端的维修工也不可能总记着你的产品亮点，但如果你把海报贴在墙上，他们随时扫一眼就可以给用户介绍产品。

所以，海报不仅要做，还要大量地做。

制作海报要注意以下几个方面：

（1）尺寸。一般情况下，标准海报用 42cm × 57cm 或者是 50cm × 70cm 的尺寸，个别企业用 60cm × 90cm 甚至 70cm × 100cm 的尺寸，这就有些过大，反而不好张贴。

（2）形式。海报有竖版和横版两种。有人说横版表现的幅度大，容易凸显文字，但在寸土寸金的终端，横版海报不好张贴，最好还是采用竖版。

（3）材质。必须用铜版纸，一般选 200g 或 210g 的，免得单薄，容易破损。考虑到风吹日晒，最好覆膜，这样就能用上一两个月。

（4）背胶。真不明白为什么一些企业的海报背面光秃秃的，在终端怎么让人张贴呢？最好背面自带胶，方便粘贴。

（5）颜色。海报的色彩设计一般根据品牌的 VI 来定，或者是根据所要表现的意境来定，但一定要慎用黄色。在阳光照射下，黄色很容易褪色。

（6）要素。海报的要素和单页类似，包括公司、地址、电话、网址等，千万不要忘了附上二维码。

如果觉得海报档次低，可以用 KT 板展示产品特色，如果终端合作良好，就帮终端钉在墙上，或者是悬挂起来。

4. 单页三要素

单页的作用就是卖货，如果想让用户留下信息，单页要具备三要素，即产品、形象、二维码。

很多企业不仅单页少，而且跟风现象严重！哪家产品设计用了一个素材，立刻就在行业内风行起来。比如变形金刚、速度与激情、内含引擎的胳膊、倒油等画面的海报，大家的区别就是包装桶不同。

我们不能抱着这种心态：别人有单页，我也要有。要清楚制作单页是为了卖货。

单页是用来派发给用户的，所以要小，一般的情况下，总尺寸不要超过16开，即210cm×285cm，推荐用32开，即210cm×140cm，方便携带、派发。正常情况下，也能满足内容需要。

单页需要保留哪些要素？

从保持卖点的一致性来说，一定要有产品的包装，好让受众知晓你的产品是什么样的，同时，把卖点凸显出来，起到重复提醒的作用。

根据卖点设计表现形式，壳牌主打清洁，就用引擎的剖面图展示内部的洁净，或者是把包装桶处理成油画框架，配上画；美孚主打动力，单页大都是高架桥、赛车。除了画面，能对卖点做进一步的阐述就更好了，比如我们为一款超长换油周期的产品设计了一个绕地球行驶的卡车，在地球中部凸显了一个大大的“3”字，下部配上文字“可以绕地球3圈的润滑油”。

既然单页是发给用户的，为了今后网络销售，要争取多搜集最终用户的信息，单页配上二维码是十分必要的，为了鼓励用户扫码，最好有利益刺激，比如“扫码送红包，扫就有，码上送”等，金额一般1~2元就够了。

5. 促销单页要有价值

要想促销活动效果好，就尽可能让促销单页有保留的价值。

单页是最好的小众宣传工具，虽然现在的微信、微博、头条很热门，但对一个新市场、新品牌来说，首要的任务是“引客”。

单页可以有针对性地面对特定群体、特定区域投放，其他社交媒体根本不可能实现直达用户的目的。

单页就是用来宣传的，让用户知道你的产品、活动，但很多时候，单页派发过后，用户就会随手扔掉，这样，单页的价值就大大缩水。最好能让用户保留你的单页，这样，可以不断加深印象，记住品牌。

那么，有什么好的方法呢？

我们可以采用以下几种方法：

（1）可以设计一张抵扣券，用户凭券获得10~20元的优惠。把抵扣券设计在单页底部，压痕处理，方便用户撕下来，也可以加上二维码，凡是扫码即可获得抵扣券，这样，企业还可以获得一手的车主信息。

（2）可以制作简易停车电话牌，把它从单页上撕下来，就可以贴在车窗上，留下联系电话，便于他人联系车主挪车。

（3）可以在单页上印上“凭券可以免费领取一份礼品”，比如毛巾、腰包、香皂、T 恤等。

既然想让用户把单页保留下来，单页就不能用普通的纸张，最好用 200g 以上的铜版纸。要突出可以抵扣的金额，金额数字的字体字号一定要加大加粗。免费领取的礼品要选质量可靠的品牌，以免对用户没有吸引力。

6. 不要做这些广告

我们知道做市场必须打广告，但有一些广告形式建议你不要做，具体包括以下几种：

（1）高炮广告。这两年，康普顿、英莱壳都在部分路段投放了高炮广告，但高炮广告传播的对象是匆匆而过的车主，你的广告一闪而过，别说他们看了没用，即使有用，你是指望他们买油，还是做你的代理？不做也罢。

（2）路牌广告。路牌广告指的是公交路牌或墙体广告。什么人会看到呢？一般是行人或乘坐公交车的人，但这种宣传方式获取客户的概率比较小，对小企业来说有些浪费。

（3）车身广告。你想一下，有几个牌子做过车身广告？作为广告的载体，公交车都在哪些地方活动？公交车一般是在城市街道、乡村小路上经过。看到车身广告的人层次不同，由于没有明确的目标群体，宣传产品无法做到有的放矢，除了马石油、康普顿、SK 做过车身广告，很少有企业尝试。

（4）电台广告。在滴滴、美团没有出现前，或者说智能手机没有普及前，电台的宣传效果还是不错的。那时，司机，尤其是出租车司机，他们开车途中都会听音乐台、交通台的广播内容，515、汇源润滑油都曾凭借电台广告火爆一时，如今，司机们都一门心思抢单呢。

（5）报刊广告。以前，公交车上几乎人手一份报纸，现在都是人人捧着手机看，很多报刊停刊，比如《北京晨报》《新疆都市报》《法制晚报》《生活周刊》《上海译报》等，润滑油行业刊物也部分停刊。周期长、发行低、效果差是报刊的致命弱点，很多城市连报刊亭都没有几家。如果你不是房地产商、医药商，在报刊上投放广告只会亏本。

（6）央视广告。近几年，央视的广告收入一直不断下滑，连被称为广告金主的宝洁也削减了将近一半的广告费用。央视广告有两个作用：一个是面向用户，起到广而告之的作用，更适合快消品；另一个是背书，体现广告主的实力。所以，很多润滑油企业为了体现自己的实力，会在广告价格低廉的央视9套等频道投放广告，就为了获得一个“央视荣誉品牌”的称号，而不是为了品牌宣传。

这些广告花费不菲，效果不好，不如把这些钱用来多给客户一些支持。

7. 这些广告效果好，也划算

做广告需要聚焦，你的目标越准确，宣传效果就越好。笔者建议企业采用以下几种广告形式：

（1）门头广告。你做高炮广告、央视广告、电台广告都要支付广告费，而在门头做广告不会收取广告费。车主进店第一眼就能看到门头，如果你在一般的地市有百十块门头，就能成为行业内的领军人物。壳牌在全国有8万多块门头，每块门头能带来10万元的销售额。

（2）单页。单页的制作成本最低，适合销售人员与客户面对面沟通。虽然面积小，却能实现产品介绍、功能解析、价格声明、促销活动、网点布局等宣传作用，只要选好派发点，控制好活动力度，效果就能显现。

（3）海报。海报可以张贴在终端，起到随时提醒工作人员、车主的作用。体现产品卖点的广告语需要各环节时刻重复宣传，尤其是小工推荐机油时，千万不要卡壳，有了海报，就好像有了备忘录，随时可以参考。现在，一些企业采用活动的KT板，随时可以更换内容。

（4）车贴。车贴可以粘贴在车身内外部，只要不是赤裸裸的广告，而是轻松幽默的话语，比如“97#加这里”“熊出没注意”“别追了，本人已婚”这些车贴适合贴在车身外部，起到广告宣传作用，而“请勿吸烟”“请系好安全带”“下车请付费”则适合及时提醒，贴车身内部比较合适。制作时，品牌广告要弱化，免得车主反感。

（5）灯箱广告。很多终端可能有现成的门头，这个时候，我们可以为终端提供灯箱广告。方形的灯箱广告面积大，好制作，费用低，加装背景灯也方便，一般人只要有电钻就能安装好，无须请专人施工。

（6）横幅。很多城市的市容管理部门不允许门店悬挂横幅，一些润滑油企业就不在这方面投入费用。其实，仅仅是店面外部不让悬挂横幅，店内可以悬挂横幅，城郊的店面是没人管理监督的。横幅悬挂简单，只要有绳子或钉子，几分钟就可以搞定，最好制作成彩印横幅，可以吸引人的注意力，起到良好的宣传效果。吊旗和横幅效果一样，点缀效果更好，多多益善。

选择广告载体，一定要看是否能和用户亲密接触。

第八章

宣传：微信、微博、自媒体

自媒体时代，微信、微博、抖音等平台我们要用好，写好软文能大大提升品牌的曝光率。

第一节 “两微一抖”实操

1. 微营销能打开市场吗

微信是一种沟通工具，它的作用不是用于打开市场，而是用于维护市场。

微信很火爆，似乎无所不能，尤其是可以用来开发客户。但你别忘了，微信是一个封闭的沟通工具，你要先加对方为好友，才能发消息、做宣传。

微信和电话、电子邮箱一样，只有你知道对方的联系方式才能做营销，而这些信息从哪里来？不是简单地搜索附近的人、购买名录就能得到客户信息，比如地推人员只有跑市场，才能获取车主信息。

如果你在汽机油市场得到一些客户的联系方式，但不知道终端规模、用量，怎么谈？客户有空和你拿着手机聊天吗？

微信更适合用于联系见过面的客户，用来保持客情，确认订货数量，传递动态，不适合需要长篇大论的洽谈。

不能说有了手机，就大谈手机营销；不是有了微博，就提倡微博营销。营销一定是面对面地沟通，其他的仅仅是营销工具，不是模式，也不是方法。

2. 有了自媒体还做官网吗

自媒体省钱、省事，却是闭环，官网则是开放的，两种媒体要并重。

有人说现在是自媒体的天下，“两微一抖”（微信、微博、抖音）用的人确实很多，但自媒体的最大问题是封闭性，比如不关注你的微信公众号的人看不到你的消息，即使关注，也有很多人不会看你的消息。微博内容繁杂，用它做营销很难脱颖而出。抖音的受众则是猎奇心态者居多。

从 2017 年开始，企业微信公众号打开率急速下滑。据统计，统一公众号的内容阅读量大多为几百次，个别内容的浏览量在 2000 次左右；龙蟠的内容阅读量一般为几百次，偶尔会有1800次左右甚至2000次以上；其他企业的内容阅读量大部分为几十次，最多上百次。

自媒体很多，包括微博、博客、播客、微信、豆瓣、头条、抖音、火山、论坛、贴吧等，只要没有政策上的问题，无须审核就可以发布消息，正因为如此，人人皆媒体，内容良莠不齐，在劣币驱逐良币的过程中，一个润滑油品牌要想脱颖而出，还要和其他繁杂的信息进行比拼。

一些企业看到自媒体火爆，就全力转向自媒体营销，连自己的官网都疏于打理。有的企业为了省事，直接复制微信上的内容发布在官网上，结果，内容里面的图片全是空白。你拼尽全力，最终是丰富了微信、微博的内容，但自己的官网却一片荒芜，是典型的“种了别人的田，荒了自己的地”。

企业官网很容易被搜索引擎收录，只要潜在客户在搜索栏输入“润滑油”“机油”“招商”等字眼，就可以很快找到企业的官网，而自媒体目前还难以实现这一功能。

自媒体除了具有封闭性外，更大的问题是信息碎片化，通过只言片语的描述很难拼凑出一个完整的形象，网站恰好可以弥补这个不足。自媒体方便、轻捷、互动性强，容易口口相传，官网稳重、大气、全面、权威，值得信赖。

如果你的系统能把官网、自媒体整合起来，只要更新官网，就能把信息自动推送到自媒体上，将起到事半功倍的效果。

3. 企业网站怎么做

做企业网站的目的是宣传产品，与客户完成交易。

自媒体信息碎片化，很难拼凑出一个企业的完整形象，官网却可以通过企业的自我介绍、企业新闻、产品展示等栏目让客户全面了解公司结构、发展战略、荣誉资质、发展历程、企业文化、科研开发、社会责任、公司新闻、媒体聚焦、产品应用、技术支持、防伪鉴别、客户服务。

微信公众号则无法实现这些功能，所有的更新都是碎片化的内容，需要客户自己拼凑企业形象。

官网的优势在于把内容整合起来，让用户看到企业的发展历程。比如新疆现代石油从2004年起就一直在更新内容，这样的企业无须说“稳健经营，历史悠久”，用户也能全面了解企业的发展历程，没有用户会翻阅企业多年前的微信内容。

长城润滑油虽然比较注重对官网的更新维护，但是官网和微信内容几乎没有重合，白白浪费了资源，我们建议企业最好把官网和微信打通，把微信公众号（小程序）的菜单直接链接到网站，只要网站更新，微信内容也同步更新。同时，用专门的手机模板自动切换，方便随时转发到微信、微博、抖音里，不仅方便用户阅读，也能提高网站的浏览量，提高网站权重。

这样的建站系统叫“多站合一”系统，能实现电脑、手机、小程序、微站、商城的功能，还能实现 QQ、微信、微博等多个账号的登录，费用在万元左右。

4. 微博营销怎么做

新浪微博本来是社交产品，但相对微信的强关系和“封闭性”，现在更多地体现为媒体属性，变身为一款纯粹的营销工具。

微博是典型的“一对多”，就是有多个粉丝浏览你发布的消息，现在没有了 140 个字的限制，内容组织更灵活。在具体操作中，我们要注意以下几个方面：

（1）尽管没有字数上的限制，但内容还是要简短，一般不要超过 140 个字。

（2）内容要紧跟社会热点问题，但要和自身有强关联。

（3）不要涉及政治、军事方面的敏感话题。

（4）多发布一些让用户互动的内容，比如转发领奖、随机抽奖等。

（5）塑造独立人格，比如活泼、睿智、专业、严肃。

（6）对网友的评论及时回复，增强互动性。

（7）文字要配图，图片要清晰，同类型的图片不要重复。

（8）要适时转发精彩评论。

（9）信息发布要有规律，比如早、中、晚各一条，培养粉丝的阅读习惯。

（10）文字要轻松幽默，语句通顺，尽量避免错别字。

（11）新号不要打广告，一定要在积累大量粉丝（浏览量 2000 次以上）后再做推广。

微博现在式微，尤其是 2019 年以后，一些所谓的流量大号其实大都是水军。

5. 在今日头条怎么做广告

如果你希望通过软广告来提高曝光量，那就选择头条号。

如果说手机必备的软件，那么微信、今日头条一定会上榜。作为靠算法来推荐内容的资讯软件，今日头条和百度完全不同，百度是读者看完就走，而今日头条是越看越想看，总会有新的迎合你的需求的内容出现。

在今日头条做软文广告，企业要注意以下方面：

（1）要带着娱乐的心态生产内容，这里的读者阅读注意力相对偏低。

（2）内容要简短，最好能控制在500字以内，让读者1~2分钟看完。

（3）数量要多，今日头条对发布数量没有限制，要充分利用。

（4）太专业的内容，比如油品调和、质量检测、客户管理，尤其是需要大量图片、表格才能说明白的内容就不要发了，发了也很难被平台推荐。

（5）多用图片，图片比文字更能说明问题。

（6）需要插入视频的地方不要插入网络视频，比如爱奇艺、优酷、腾讯，否则用户点击后会跳转到其他平台，最好是上传本地视频。

（7）导流文字不要出现“微信”“微博”字样，最好插入链接，或者是专门制作宣传图片。

（8）今日头条的互动功能比较弱，最好导流到你的核心内容平台。

（9）实名认证，规律性发布，图片要清晰。

6. 抖音怎么玩

网红制造基地面向的是年轻受众，其对品牌宣传起辅助作用。

抖音也属于今日头条系，推荐的内容以算法为基础，你搜索过什么，抖音就会给你不断地推送相关小视频。企业可以把抖音当作宣传窗口，不要当成拓展客户的渠道。

企业利用抖音做宣传要注意以下方面：

（1）账号取名尽可能和企业品牌有关，用V+微信号是最好的方式。

（2）做视频需要一定的技术，随手拍下就发布反而会影响宣传效果。

（3）发图片，然后做解读，效果会更好。

（4）发组图，数量控制在 6 张以内，这样，每张图片有 3 秒左右的浏览时间，15 秒内基本能阅读完毕。

（5）可以在设置页面申请 1 分钟的视频权限。

（6）最好用手机直播支架录制视频，避免抖动。

（7）如果有人物出镜，最好体现专业性，比如穿上工装或正装。

（8）用普通话讲解，如果普通话不标准，要配上字幕。

（9）内容要专业，不要发布和企业无关的热点内容。

（10）推荐发布的内容有车间实拍、原料采购、产品检测、调和投料、货运配送、促销活动、企业会议等。

（11）签名植入微信号，比如用 V、VX、WX 来开头，防止被封号。

（12）在图片或视频中，用小白板、背景墙来植入微信号。

（13）关联今日头条号、西瓜视频、悟空问答，获得更多的推荐。

（14）多关注业内知名品牌，从它们的流量中截流。

7. 宣传素材要可靠

荣誉证书可以提升品牌形象，但一定要有据可查，不要无中生有。

近日，广东一家连锁润滑油品牌被多地工商部门调查取证，它的一些证书、资质无从查证，被认定为虚假宣传，比如央视上榜品牌、中国动车组首批一级供应商、南极科考队专用工具指定润滑油等，在对应的官网上没有只言片语，奖牌有作假的嫌疑。企业在申请、参加评选活动时，一定要让主办方提供相应的新闻和可供查询的链接。

可以说，企业做市场、做品牌都离不开一些证书作为佐证，以体现自己在一些方面的能力，但有些企业不想花费精力提升品牌形象，不积极参与评比，而是让广告公司直接用电脑抠图，不光荣誉证书，连 API 证书、主机厂认证都敢作假，还明目张胆地四处宣扬，还有的企业用假冒的保险公司承保证书骗取用户的信任。

企业用证书来体现品牌实力没问题，错在不该为了省钱而作假。一般市场上证书的制作费是普通证书 1000 ~ 3000 元，十大类型要 5000 元左右。申请的证书上最好有主办方或制作方的官网，有可以查询的网址或页面，以便用户查证。申请的称号最好适当拔高企业形象，但不要脱离实际，比如你的品牌才做了一两年，就称为“十大品牌”，会成为行业内的笑话。企业最好根据自身特色来定称号，比如一个生物润滑油品牌虽然销量还不是很大，但全国做生物润滑油的企业很少，称号定为“生物润滑油领导品牌”就比较符合实际。

中小企业还可以申请一些没有特定标准的称号，不要使用“十大品牌”的称号，因为只要一提到十大品牌，熟悉润滑油行业的人就能掰着手指头数出来，中小企业非要挤进“十大品牌”行列，只能贻笑大方。“影响力”“十佳口碑”“十大新锐”这样的称号不会有什么问题，企业冠以这样的头衔无懈可击。为什么这么说？就像你说李冰冰漂亮，我说林志玲美丽，他说高圆圆大气，没有对错，只是每个人看法不同而已。

第二节　企业和媒体的关系

1. 企业为什么要和媒体搞好关系

你不帮助别人，就不要指望别人帮助你，关系是相互的，要懂得投桃报李。

自媒体虽然省钱，但作用有限。一个新品牌如果连业内人士都不知道，经销商在业内打听时，如果没有人为你美言，结果可想而知。

但媒体也要生存，他们的营收途径不外乎广告投放、会务组织、新闻发稿，你不投放广告就算了，难道指望媒体为你免费做宣传？

俗话说：好事不出门，坏事传千里。媒体喜欢炒作负面新闻，企业正常的新闻浏览量就是几百次，而一个负面新闻的浏览量却可以达到几万次！比如北壳润滑油平常的新闻浏览量正常，但一则北壳润滑油老板被拘留的信息却被转发了 4 万次左右。

一个企业的负面新闻，比如企业和员工之间的纠纷、企业资金链断裂、合同纠纷的法院判决、动产抵押的内容、失信信息的披露、股权抵押的变动等，这些信息都可以被媒体挖掘出来，放到公众面前。

大企业几乎不做行业媒体的广告，但他们每年都会以会议研讨、新闻发稿为由头，给媒体提供一定的费用，这样，媒体对企业的负面新闻就不会推波助澜。一位企业负责人说“即使不和媒体合作，每年也要投放一些宣传费用”，就是这个道理。

各地经常有质量检测，谁也说不准企业哪一天会登上“光荣榜”，等到负面新闻出来后，企业再联系媒体撤稿或淡化处理，这时候企业形象已经受损。

所以，平常企业要与主流媒体保持良好的合作关系，逢年过节，不要光给经销商送月饼、发挂历，也要给媒体送上一份。公司举办活动，就邀请媒体参加，花不了多少钱。

媒体发稿前，企业不要把其他媒体或自己官网的内容推送过去，要把文章、配图通过电子邮件发给媒体，以示尊重。

2. 怎么处理企业与媒体的关系

企业对各大主流媒体要一碗水端平，避免厚此薄彼。

企业所处的行业大都有专业媒体，这些专业媒体刊发行业动态，对一些企业、品牌做深度报道。而在运作模式上，这些媒体也会有所区别，比如有的媒体专注于和企业打交道、拉关系；有的媒体熟悉行业信息，为企业提供决策依据；有的媒体擅长分析整合，为企业做调研报告。

企业一般会给媒体投放一些广告，邀请媒体记者采访企业，或者是给媒体赠送礼品，但企业不能和一家媒体走得太近，却忽视了其他主流媒体。

媒体需要生存，也面临着盈利的压力，如果你厚此薄彼，给一家媒体投入几万元甚至十几万元的广告宣传费用，对其他媒体一毛不拔。试问，别的媒体怎么想?

媒体报道新闻是正常现象，而企业有正面新闻和负面新闻，如果企业和媒体关系好，媒体对负面新闻就会低调处理。日常关系疏于打理，那些你平常不搭理的媒体对你的负面新闻才不会手下留情。

俗话说“好事不出门，坏事传千里”。企业出现负面新闻，跟你关系不好的媒体会推波助澜，你的对手会趁机打压你，让整个行业都知晓企业出了问题。就像当年的北壳润滑油一样，光想着自己闷声发大财，和行业媒体不打交道，后来被曝光，行业内三大媒体深挖痛打，企业自此一蹶不振，老板的名字也是家喻户晓，后来再操作其他品牌也没有什么发展。

安徽的一家企业只和展会主办方打交道，对业内媒体不理不睬，结果，内部的一个辞退通知被媒体曝光，上下游供应商都更改了供货政策。

东北一家知名添加剂公司由于报表作假，被业内媒体连续大篇幅报道，合作伙伴对他敬而远之，业绩从 60 亿元跌落到不足 3 亿元。

那么，企业怎么平衡与各大媒体的关系呢？从省钱的角度来说，我们建议企业选择一个长期合作的媒体，在广宣费用上给予倾斜政策。其他媒体如果转载企业新闻，可以按每条 300 元 ~ 500 元支付费用。对于转载企业新闻多的媒体，最好签署一个广宣协议，支持 1 万元 ~ 2 万元就可以了。如果媒体只是偶尔转载新闻，企业最好每年中秋节给媒体送一份月饼聊表心意，岁末邀请媒体参加企业举办的活动。

这样，企业花钱不多，既能宣传自己，也能减少负面新闻对自己造成的影响。

3. 企业最可怕的是没有消息

以前，笔者看到企业的动态或市场动向，就会写上自己的看法或理解，当时是以批评为主，分析该现象产生的原因，以及会造成的影响，关注者很多，但现在笔者很少写评论。

因为润滑油业内熟人太多，只要笔者写一个批评性、分析性的内容，熟人、朋友、企业都会通过各种关系找过来，意思是大家都不容易，高抬贵手吧。

笔者对企业很不理解。评论是就事论事，既然企业推送新闻，不就是为了宣传吗？如果是一团和气，全部说好，谁还看呢？一个明星如果没有新闻，还要自己制造新闻，他们都知道这样一个道理：没有消息，才是最坏的消息。

从营销的角度来看，批评性的评论未必是坏事，有不同的声音才会引起更广泛的关注，制造长期的话题。

对品牌来说，被关注永远不是坏事。

对营销来说，没有消息才是最坏的消息。

如果问你哪个品牌做市场最牛？你会说是壳牌！是的，壳牌的新闻很多，即使搜索图片，也能找到无数。美孚的新闻很少吧？道达尔、雪佛龙、胜牌、SK 等品牌的新闻更是少得可怜。同样，在网站输入关键词龙蟠、统一，能搜索出很多素材，而康普顿、领航就很少，源根、玉柴就更少了。虽然曝光量不等于销量，但如果企业不受关注，谁有兴趣来曝光你？

做营销不妨有些逆向思维，制造一些可控的负面消息或批评性报道，在一片叫好声的营销环境里更能吸引眼球，也更显得真实。

好话说多了，客户会产生审美疲劳，反而质疑更多。笔者的建议是：小批评，大帮忙。

这样的评论报道因其公允的态度显得更为可信、可靠，效果也更好。

4. 给媒体提供什么稿子

每个人都喜欢靠谱的人，这样省心。

润道旗下有着行业资讯最全的网站——润滑油商情网，每天都会收到无数企业的新闻稿件，但稿件质量良莠不齐。

有的稿件文字没多少，图片一大堆，比如一个会议的新闻，光合影就几张，签到几张，领导讲话几张，到底让我们放哪张呢？

有的稿件通篇都是文字，甚至连段落都没有，你让我们怎么发稿？

还有的稿件配图很大，一张图片能有 10M 以上，一则新闻附件几百兆，这么大的图片需要我们拿给设计专门处理才能用。

更常见的是错别字很多，对应的图片也不写标题，尤其是有领导发言讲话的图片，我们经常张冠李戴。

还有其他的一些通病，比如电子邮件里不写供稿人的 QQ 号、电话号码或微信号，我们有什么问题，还得发送电子邮件与对方沟通。有的人发了电子邮件，也不发个微信或打电话说一声，难道我们 24 小时都查收电子邮件吗？还有的人是用微信发来稿件，你要知道，我们不一定用电脑登录微信，手机接收稿件后，怎么处理发布？

如果你的稿件主题明确、文字无误、配图清晰，我们可以拿来就用，这就是靠谱，你的新闻就可以第一时间发布出去。

说到这里，提醒一下企业的市场部或媒介部，QQ 或微信名字不要用昵称，只需写“×公司－××”，备注里面写上电话号码、微信号或电子邮箱，免得我们修改备注名称。

如果以上述介绍的内容为依据，笔者说句得罪同行的话：“润滑油企业内的媒体人士还要提高工作效率。”

5. 不要一稿多投

把同一篇新闻发给同一家媒体的多位编辑，会让人反感。

很多媒体有多位编辑，企业在投稿时，为了提高成功率，有时候会给多位编辑发电子邮件。编辑在处理稿件时会出现重稿，这对一个媒体来说就是失误，会对编辑进行处罚。这样，凡是经手稿件的编辑都会对这个企业有看法，甚至会把这个企业拉进黑名单。

企业市场部的人要记住：你只联系一家媒体的一位编辑或记者，所有的资料都发给一个人。如果这个稿件不适合他这个版块，他也会帮你转发给其他编辑。

如果你勤奋一些，还可以深入了解媒体的具体版块及编辑的分工，有针对性地联系编辑。比如有的编辑负责会务组织，有的编辑负责车用油发稿，有的编辑负责广告宣传，了解这些，对你还有其他好处，比如公司开会或是举办活动，邀请媒体时，可以有针对性地邀约。

在发稿时，要发可编辑的版本，不要发 pdf、jpg 格式，这样，编辑无法处理文本。发 word 文档，最好把文本、图片用压缩软件打包。

一以贯之比多头出击更有效。

6. 能用 QQ、微信发送文件吗

如果不是对方主动要求，最好别用 QQ、微信传文件，发电子邮件比较靠谱。

很多人图省事，喜欢直接用 QQ 或微信发文件，他们觉得这样方便、快捷、及时，却没有站在对方立场上考虑问题。

对方可能在外面用手机登录 QQ，或者是上微信，你发的文件对方即使收到，也无法用手机处理。

如果对方在家里，你用 QQ 或微信发的资料他还得下载，然后发到电子邮箱，或者是拷贝到优盘，大费周折，既增加了他的工作量，还很容易出错。

如果你用微信发文件，对方接收更不方便，很多人不一定用电脑登录微信，对方要处理文件，就必须先保存下来，再发送到 QQ 邮箱，或者是通过其他途径来处理。

如果你用电子邮箱发送文件，不仅便于对方查找，还可以分类保存，即使误删也能及时恢复，而用 QQ 传送，有时候对方就忘了存到哪里了。

现在的电子邮箱容量都很大，而且，很多电子邮件客户端有着强大的搜索功能，随时可以查阅以前的电子邮件，更重要的是电子邮箱发送文件有据可查，可以当作物证。

当然，发了电子邮件，用 QQ、微信提醒对方也是很有必要的。

7. 负面新闻怎样处理

企业对负面新闻要低调处理，不要动辄请律师打官司。

常在河边走，哪能不湿鞋？任何企业在运营中都难免会出现一些纰漏，比如包装设计不规范，把一些荣誉称号印在上面；产品质量不稳定，检测不合格；宣传夸张，被用户举报。

当出现这样的新闻，有人会转载评论，造成恶劣影响。我们观察过多个媒体的网站，其正常新闻的浏览量一般是几百次，而负面新闻的浏览量短时间内就达到上万次，一些爆炸性新闻则是 10 万多次。

企业看到负面新闻，一般会立即兴师问罪，说：“这样的新闻已经影响到我们的口碑，请立即删除！你们报道的新闻失实，我们将发律师函！我们没有得罪你们，为什么发我们的负面新闻……”企业是站在自身角度来指责媒体。你要知道，媒体是一个经营团体，他们也需要通过吸引读者关注获取流量，当你和媒体关系不好时，媒体凭什么保护你的品牌形象，替你低调处理负面新闻?

我们要做的是请求媒体撤稿，这样，就能避免负面新闻不断扩散。注意措辞委婉，体现商量、恳求的态度，我们知道行业媒体也不想和企业交恶，毕竟企业是媒体的盈利来源，如果你平常和媒体没有往来，在媒体为你低调处理负面新闻后，你可以感谢媒体，并赠送礼品。

第三节　自媒体的操作

1. 软文为什么要简短

现在的用户习惯了快速浏览新闻，企业的软文广告要简短。

微博的活跃度从前几年开始下滑，以前，140 个字的限制迫使用户使用凝练的文字迎合读者快速阅读的习惯，在取消限制后，微博内容泥沙俱下，再也没有以前的盛况。

生活节奏的加快使得碎片化阅读成为主流，而新技术的发展使得内容获取十分方便，每个人每天都面对着海量的信息，根本看不过来。

很多时候，你看着今日头条，不知不觉几个小时就过去了；你刷一下抖音，抬头一看，半天时间没有了。很少有人会耐心地看长篇大论，今日头条的内容大都在 1000 字左右甚至更少，抖音的内容也多是短小精悍。

你发的微博文字，读者可能只会扫一眼前面的两三行，根本不会打开看详细内容，更别说转发评论了。

你的微信公众号，很多订阅者只是想了解你在干什么，他们更多的只是看一下标题，懒得看内容。

可很多企业还在墨守成规，发个内容，文字没几个，图片倒是有十多张，网页打开速度慢，用户直接选择放弃。

企业必须转变作风，迎合读者快速阅读的习惯，写出简短的软文。在写软文时，要注意以下方面：

（1）让内容重点突出、层次分明，要么有趣，要么有用。

（2）标题很重要，它决定读者是否点击阅读。

（3）人们一般只看开头，所以，前面段落内容要写出核心，文字控制在 120 字左右，正好是摘要。

（4）内容最好便于理解。

（5）配图不要多，150～200 字配一张图片。

（6）横幅图片比较好，可以做到图文并茂，而竖排图片会影响文字的展示。

（7）文字长的话，要设立小标题。

（8）每篇文字末尾最好加上你的网址或微信二维码。

（9）需要强调的内容用“【】”比“”更醒目。

至于发布时间，我们推荐每天的 8 时、12 时、17 时、20 时，这些时间节点基本上是上下班时间，大家有时间、有心情通过手机浏览新闻。

2. 软文配图规则

有图有真相，新闻配图最好是横拍。

现在人们大都用手机拍照，用单反相机拍照的很少。用手机拍摄时，最顺手的方式是竖拍，在发布新闻时，企业就使用这些图片，但对读者来说，一个竖立的图片会铺满整个屏幕，上下文都看不到，体验并不好。我们建议企业使用图片时注意以下几个方面：

（1）横版。照片尺寸比例调整为 4∶3，这样的横幅照片适合电脑、手机用，如果需要竖版，可以裁剪。但如果拍成竖版，就很难处理成横版。

（2）全景。会议、活动、旅游一定要拍全景，这样才能体现活动的热闹，至少从前后两侧各拍一张，前面拍体现的是观众，后面拍体现的是发言人。如果光线比较暗，要开启暗光拍摄。

（3）特写。如果是新品发布会，要拍产品、模特的特写；如果是培训、演讲，要拍摄嘉宾，最好是其拿话筒、做互动时的镜头。如果有颁奖授牌活动，要拍领导颁奖的画面。

（4）角度。不要总是站着拍摄，可以蹲下来拍摄，这样会显得拍照对象高大。站在凳子上拍的景色多。如果是几个人合影，最好拍上身，拍全身时头部会模糊。最好学习一些构图法，比如九宫格、对称图、对角线、辐射式、透视图等。

（5）尺寸。为提高打开速度，不要直接给新闻配原图，原图的尺寸有 2～6m 大小，要用图片软件处理成 800cm × 600cm 以下的尺寸，文件大小不超过 80K。

3. 公众号的排版

排版是为了方便读者阅读，不要造成阅读障碍。

微信公众号排版需要注意以下几个原则：

（1）如果是大段文字，段落间应空一行。因为手机屏幕小，公众号后台默认的行距更小，字距太近眼睛看着容易累，行与行之间需要空间，不然会让读者产生不适感。

（2）段首不必缩进，即不用打两个空格。这也是考虑到手机屏幕一行能放的文字有限，空两格的话不经济，而且显得不整齐。

（3）如果不是长篇大论，居中对齐是个好选择，这样，文字美观，方便阅读，读者也不会感觉累眼睛。但需要提醒的是，不要学习古龙的做法，故意把连贯的句子断开，每一句都成为一个段落。

（4）正文字号和颜色不要太复杂。一般情况下，正文字号优先选择 5 号或 14px，这样不会显得文字傻大黑粗，也不会太过小巧，让人看不清楚。尽可能不用其他颜色，除了需要强调的文字套红外，老老实实地用黑色就够了。

（5）少用分割线，多用标号。用分割线占用空间多，看似活泼，却少了商业色彩，我们的目的是传递信息，用常规的标号看上去很清爽。

4. 软文形式有哪些

软文形式不外乎文字、图片、音频、视频，你可以任选一种，也可以自由组合。

企业对外宣传，一般情况下就用 4 种软文形式：文字、图片、音频、视频。4 种软文形式各有特点，要根据投放的媒体来确定采用什么组合方式。

以下是 4 种软文形式的优缺点：

（1）文字。优点是成本低，制作效率高，适用面广，缺点是门槛低，谁都能做，竞争激烈。

一般推荐在官网、微博、微信、今日头条、百科上使用。

（2）图片。图片可以起到画龙点睛的作用，有图有真相，尤其是介绍产品包装、现场活动、品牌推广，图片传递信息最快。其不足之处是没有摘要进行介绍，打开新闻才能了解产品。

图片可以使用在微博、微信、今日头条上。

（3）音频。优点是能节省用户时间，用户在上下班、旅游时都能接收信息，但成本高，而且没有可保存性，一般要结合文字内容使用。

一般可以用在抖音、今日头条、官微上。

（4）视频。优点是表现力强，竞争壁垒高，但人们的耐心有限。一般情况下，视频不能超过 2 分钟，内容最好是经过剪辑上传的。

视频的使用范围窄，也就用在抖音、西瓜网上。

从传递效果和投入费用来看，我们优先推荐文字，图片要少使用，音频尽量不用，视频只有在举办年终大会、经销商大会时，经过剪辑后偶尔用一下。

5. 标题撰写原则

一个恰到好处的标题让文章锦上添花，而一个不合时宜的标题可能让内容付诸流水。

撰写标题要注意以下方面：

（1）别故作高深。不能在 1 秒看明白的标题都不是好标题。不是说现在的用户素质不行，而是在庞大的信息流中，用户无法第一眼注意到你的标题。标题多用短句，少用复杂长句；多用常用字，少用或不用生僻字；标题千万不要用繁体字，大部分人不认识；逻辑要清楚，语句要通顺。

（2）多用“你”“我”。标题多用“你”“我”，让用户有代入感，“县级市场年赚百万元，你呢”“我们的十百千，已经让大部分客户赚到了真金白银”“你的业务员留不住，只因这 5 点”……看到这样的标题，用户的第一反应是：这文章不就是在说我吗？

（3）标题要直指用户痛点。“做生意不赚钱，你是否犯了这 7 条”“连锁加盟，这 5 点让你吃亏上当”“经销商亏损的 9 个致命问题”，这些标题都是吸引用户眼球的痛点。

（4）标题要短小精悍。标题要让人一眼看明白，必须短小精悍，但不是越短越好，一定要把内容里的亮点说明白，在此前提下，尽可能简短。一般情况下，标题最好在 15 字左右，不要超过 20 字，这样就可以避免标题换行，造成阅读障碍。

（5）点击和转化。我们做宣传的目的就是转化产品价值，如果一个企业为了吸引人们关注而给文章起一个低俗的标题，那么，这篇文章的点击率可能会很高，但会让人看不起你。

（6）遵守基本规则。

①有数字时，请用阿拉伯数字，这样更抢眼。

②同一个词语尽量不要出现两次。

③采用倒金字塔式结构，把最精彩的部分放在开头。

④标点符号要规范，不要省略，但也别滥用。

⑤多用反问句或感叹句。

6. 推广会新闻怎么写

写新闻要多用数字，多讲过程，少放图片。

笔者看到很多企业发的推广会新闻基本上是时间、地点、人物，然后就是无数的图片，筹备、签到、主持、发言、订货、颁奖、酒宴、游玩……应有尽有，但你的客户会关心这些吗？

谁会关注企业的新闻？一个是企业的经销商，一个是同行。

经销商关注的是企业的影响力怎么样，推广效果如何，活动流程是什么，发言内容说了什么，请了哪些代表。他了解这些，方便自己借鉴，如果看到效果好，会效仿这种做法，对企业和经销商都有好处。

同行也在关注你的一举一动，看有什么值得借鉴的地方。

企业新闻要把关键点写出来，包括领导发言内容、企业的发展规划、产品的优势、现场活动、到场客户、成交效果等，尤其是最终订货金额，它代表了会议取得的成效。不要怕透露秘密，在这个时代，企业比拼的是执行力。

几年前，英冠率先启动变速箱油市场，认为发现了蓝海，从不参加润滑油圈内的聚会活动，可从 2018 年起，多家润滑油品牌的销售额已经超越了英冠。三川润滑油采用分公司模式，和同行的沟通联系很少，2018 年多家分公司自立门户，企业销量断崖式下滑。

企业只有举办活动，才能引起关注，才会有人议论点评，便于企业调整思路，更好地发展。

大家看一下这篇文章。

2019 年 7 月 20 日，可兰素携手河南合作伙伴召开可兰素（河南地区）营销推广会，本次大会以“聚焦国六，扬帆起航”为主题。火辣辣的天气依旧挡不住可兰素合作伙伴的热情，会议邀请了来自河南各地的可兰素分销商、网点客户等，场面异常火爆！（介绍时间、地点、主题）

大会现场，可兰素营销部长王红兵先生给大家介绍了国家最新的环保法律法规、行业现状及机遇等。（介绍大环境）

可兰素的王部长强调：目前的市场形势，需要我们“抓机遇，精准突破，迎风口”。王部长从不同方面向大家展示了当前车用尿素的机遇、可兰素在此次机遇中拥有的优势及未来发展前景，增强了大家对市场的信心。（企业的优势）

可兰素项目负责人张治经理在大会上发布了以“借势商用车排放升级，在新赛道实现高质量发展”的精彩演讲。（指明市场突破方向）

张经理表示，面对市场及客户对美好生活向往的需求，可兰素勇担环保、健康领域的研发、生产、供应保障工作。长期以来，可兰素通过不断创新的新技术、新智能、新模式，提升了品牌核心竞争力。未来，可兰素将不断改进，持续改善，助力蓝天保卫战！（产品发展不可限量）

这篇新闻全文 400 多字，原文配图 2 张，能让读者 1 分钟看完，知晓会议主要内容。

老板·创业			
一、经理人			
书名	内容	书名	内容
老总有想法，高层有干法 王清华　著	企业将、帅之间的定位问题、角色问题、方法问题、思维问题、管理问题等	**历史深处的管理智慧1：组织建设与用人之道** 刘文瑞　著	通过历史鉴照当今企业选人用人、二代接班人、创业团队管理等问题
历史深处的管理智慧2：战略决策与经营运作 刘文瑞　著	通过历史鉴照当今企业决策、战略规划、战略冒进、决策监督等问题	**历史深处的管理智慧3：领导修炼与文化素养** 刘文瑞　著	通过历史鉴照当今企业的领导修养、用权、管理风格等问题
老板经理人双赢之道 陈　明　著	经理人怎养选平台、怎么开局，老板怎样选/育/用/留		
二、用人			
用好骨干员工 王　敏　著	系统化分享关键人才打造与激励方法	**领导这样点燃你的下属** 孟广桥　著	领导者如何才能让员工积极主动地工作
让用人回归简单 宋新宇　著	帮助管理者抓住用人的要害，让用人变得简单		
三、转型·创业			
创业要过哪些坎 董　坤　著	15年创业咨询经验总结的创业遇到的问题及办法	**高潜牛人** 董　坤　著	创业和事业发展中如何找到牛人
成为下一个SaaS独角兽 崔牛会　主编	19位SaaS领专家，7个不同的视角总结SaaS行业实践	**创模式：23个行业创新案例** 段传敏　著	CEO社群23位企业家的思考与实践分享。
重生——中国企业的战略转型 施　炜　著	本书对中国企业战略转型的方向、路径及策略性举措提出了建议和意见。	**7个转变，让公司3年胜出** 李　蓓　著	企业估值、业务模式、营销、生产制造、客户服务、用户黏性到组织管理7个转变
企业二次创业成功路线图 夏惊鸣　著	五步骤给出了一幅企业二次创业经营突破、管理提升的成功路线图	**跟老板“偷师”学创业** 吴江萍　余晓雷　著	如何通过“偷师”学习与积累当老板的阅历
公司由小到大要过哪些坎 卢　强　著	企业成长路线图，现在我在哪，未来还要走哪些路，都清楚了	**跳出同质思维，从跟随到领先** 郭　剑　著	66个精彩案例剖析，帮助老板突破行业长期思维惯性
企业经营			
经营打造你的盈利系统 高可为　著	选择最有效的经营策略，打造属于自己的商业模式	**中国企业的觉醒** 王　涛　著	企业告别自私、野蛮，转向善良、爱，才会赢得消费者
成为敏感而体贴的公司 王　涛　著	未来有竞争力的企业，一定是那些敏感而体贴的公司！	**有意识的思考** 王　涛　著	对头脑中固有观念保持觉察，从而超越它们的局限
简单思考 孔祥云　著	著名咨询公司（AMT）CEO创业历程中的经验与思考	**写给企业家的公司与家庭财务规划** 周荣辉　著	以企业的发展周期为主线，写各阶段企业与企业主家庭的财务规划

续表

书名	内容	书名	内容
从10亿到100亿的企业顶层设计 刘建兆　著	重新定义企业成长方式，有效益、有效率、有效能、有效果、有品质的良性成长。	**活系统：跟任正非学当老板** 孙行健　尹　贤　著	造活系统，使系统活，靠系统活，活得系统。
宗：一位制造业企业家的思考 刘建兆　著	发展20年营业额近亿元制造业企业家的思考与心得	**使命：驱动企业成长** 高可为　著	用大企业发展轨迹及企业家的心路历程，揭示企业成长的基因，做事的逻辑
让经营回归简单 宋新宇　著	战略、客户、产品、员工、成长、经营者的经营法则	**边干边学做老板** 黄中强　著	86个案例讲述中小公司成长过程遇到的问题和方法
盈利原本就这么简单 高可为　著	跨越业务与财务边界，为企业提高盈利水平提供方法。		
综合管理			
一、企业管理			
让管理回归简单 宋新宇　著	从目标、组织、决策、授权、人才、老板自己等提供方案	**管理的尺度** 刘文瑞　著	西医式的体检化验，又要施加中医式的望闻问切
管理：以规则驾驭人性 王春强　著	人性驾驭角度权度运筹安排的可兑现性，管理有效性	**看电影，学管理** 刘文瑞　著	十六部电影的解读，揭示电影内含的管理之道
好管理　靠修行 曾　伟　著	从佛法、道法思想中寻找管理智慧	**公司大了，怎么管** 金国华　著	成长型企业发展中的共性问题，通过案例实录解开
低效会议怎么改 王玉荣　葛新红　著	从梳理公司会议体系的层面改变低效会议的现状	**年初订计划年尾有结果** 郭　晓　著	总结七步落地方案让战略计划切实落地实现
分股合心 段　磊　周　剑　著	围绕股权激励，详细介绍相关知识和实行方法	**员工心理学超级漫画版** 邢　磊　著	漫画形式对组织中个体心理的全面介绍和深入探讨
让投诉客户满意离开 孟广桥　著	投诉法律法规，应对各种投诉技巧等提升客诉能力		
二、管理思想			
管理学的奠基者 刘文瑞　著	近代以来的管理思想发展揭示管理思想的演化奥秘	**巴纳德组织理论研读** 郭　威　著	深度研读巴纳德《经理人员的职能》，帮你理解和看懂
管理学在中国 刘文瑞　著	科学看待管理学流入中国，对继承发展进行深入阐述	**德鲁克管理学** 张远凤　著	以德鲁克管理思想发展为线展示20世纪管理学发展
德鲁克与他的论敌们 罗　珉　著	德鲁克与马斯洛、戴明等诸多管理大师论战的故事	**德鲁克管理思想解读** 罗　珉　著	作为德鲁克学生全面解构其思想的精髓与实践价值
治论：中国古代管理思想 张再林　著	深入分析中国古代哲学基本精神的基础上，梳理分析了儒法墨三家的管理思想		

续表

营销·销售			
一、企业销售			
书名	内容	书名	内容
大客户销售这样说这样做 陆和平　著	大客户销售活动的十大模块，68个典型销售场景	**向高层销售** 贺兵一　著	销售人员与客户高层打交道需要重点掌握的知识、技巧
资深大客户经理 叶敦明　著	将大客户经理必须具备的规划、策略、执行三种能力连通自如	**成为资深的销售经理** 陆和平　著	让销售经理成功把握销售管理6个关键点，并提供工具
销售是个专业活 陆和平　著	据客户采购流程拆分销售过程10阶段，讲解方法技巧	**学话术　卖产品** 张小虎　著	手机、电动车、家电、食品等消费品的一线销售话术
二、企业营销			
新营销组织力 迪智成　著	适应最新数字化外部环境，系统化协同组织能力建设	**营销按钮** 老　苗　著	讲述存在于人性以及各个营销环节中的“按钮”
精品营销战略 杜建君　著	“精品营销战略”核心逻辑与营销组合策略	**360°谈营销** 王清华　古怀亮　著	营销是立体的，从不同角度观察不同企业的营销精髓
互联网精准营销 蒋　军　著	互联网时代整3体策划、包装品牌和产品	**招招见销量的营销常识** 刘文新　著	做好基本的营销动作都可以提高销量、减低成本
用数字解放营销人 黄润霖　著	用数字说话覆盖营销工作的方方面面	**用营销计划锁定胜局** 黄润霖　著	让营销计划落地，营销人员只需解决两个问题：基数与概率
我们的营销真案例 联纵智达研究院　著	五芳斋粽子、诺贝尔瓷砖、利豪家具、保健品、娃哈哈	**中国营销战实录** 联纵智达研究院　著	51个案例，46家企业，46万字，18年积淀
弱势品牌如何做营销 李政权　著	产品与物流通道、服务通道、促销互动通路提供方法	**解决方案营销实战案例** 刘祖轲　著	十大工业品作者实操案例解码解决方案营销
升级你的营销组织 程绍珊　吴越舟　著	根据企业实际情况建立有机性营销组织	**变局下的营销模式升级** 程绍珊　叶　宁　著	十年大量案例归纳三种核心驱动要素，三种升级方向
老板如何管营销 史贤龙　著	以十六个招式，理论与案例相结合，高段位营销方法	**孙子兵法营销战** 刘文新　著	理解《孙子兵法》原意的同时，还可体悟到营销之用
三、品牌			
中国品牌营销十三战法 朱玉童　著	深度演绎最符合企业品牌营销策划的十三套实战战法	**中小企业如何打造区域强势品牌** 吴　之　著	如何建立强势品牌的角度解析扩张难题
四、营销策划			
这样写文案，就没有卖不动的产品 秦　剑　刘安丽　著	术、法、道三个层面由浅至深培养商业文案创作能力	**洞察人性的营销战术** 沈　坤　著	介绍了28个匪夷所思的营销怪招，大部分甚至可以直接运用

续表

书名	内容	书名	内容
双剑破局：沈坤营销策划案例集 沈　坤　著	双剑公司 8 年来的实操案例，每个项目诞生过程、策划角度和方法		
企业案例			
鲁花：一粒花生撬动的粮油帝国 余　盛　著	鲁花如何成长为优秀的带动农业产业发展的品牌，鲁花你一定学得会	**金龙鱼背后的粮油帝国** 余　盛　著	以金龙鱼为脉的一部中国粮油行业的史诗
你不知道的加多宝 曲宗恺　牛玮娜　著	以时间为轴线，详细叙述了加多宝品牌的发展历程	**静水流深** 黄治国　著	作者在美的十五年对何享健近内部讲话资料的整理
娃哈哈区域标杆 罗宏文　快车君 赵晓萌　寇尚伟	讲娃哈哈豫北市场如何成为娃哈哈全国第一大市场、全国增量第一的市场	**借力咨询：德邦成长背后的秘密** 官同良　王祥伍　著	德邦将自己积累的与咨询公司发展共赢的合作逻辑和盘托出
六个核桃凭什么从 0 过 100 亿 张学军　著	全视角深度解读养元企业的裂变成长，复盘十年蜕变轨迹	**像六个核桃一样** 王　超　著	六个核桃为什么卖得这么好，产品畅销的 6 大要义 36 条简明法则
中国首家未来超市 IBMG 集团　著	对乐城超市的掌门人及内部员工的采访详细阐释了乐城的经验	**三四线城市超市如何快速成长：解密甘雨亭** IBMG 集团　著	甘雨亭的许多关键经营指标均高于行业标准，学习其成功的方法
集团化企业阿米巴实战案例 初勇钢　著	作者在某酒厂推行阿米巴经营模式的心得		
经销商			
新经销：新零售时代教你做大商 黄润霖　著	探访近 100 位经销商在传统营销手法上的创新，传统营销微创新和新营销本地化	**商用车经销商运营实战** 杜建君　王朝阳 章晓青　著	对商用车经销商的经营与管理、4S 店运营做了全方面的系统总结
跟行业老手学经销商开发与管理 黄润霖　著	从管理耐用消费品经销商角度提炼了 48 个代表性问题并给出解决办法	**快消品经销商如何快速做大** 黄润霖　著	经销商如何通过经营实现规模，通过管理实现规模效益
建材家居经销商实战 42 章经 王庆云　著	经营管理的心法和战法，帮助经销商成为“业务妙手”和“管理能手”	**成为最赚钱的家具建材经销商** 李治江　著	针对建材家居行业的经销商，从销售模式、产品、门店、市场等方面给出方法
白酒经销商的第一本书 唐江华　著	经销商如何选择厂家、合作、运营品牌等问题给建议	**快消品招商的第一本书** 刘　雷　著	从招商理论到招商动作进行系列化分解，化繁为简
中小企业			
中小企业如何打造区域强势品牌 吴　之　著	如何建立强势品牌的角度解析扩张难题	**用流程解放管理者** 张国祥　著	8 个板块构成，共 66 篇文章，14 幅流程管理图
用流程解放管理者 2 张国祥　著	对中小企业规范化流程管理进行系统的阐述	**弱势品牌如何做营销** 李政权　著	产品与物流通道、服务通道、促销互动通路提供方法

续表

书名	内容	书名	内容
本土化人力资源管理8大思维 周　剑　著	用最贴近中国中小企业现实管理情境的案例去讲述周围人的“家事”	**中小农业企业品牌战法** 韩　旭　著	农业企业需要全产业链视野，更需要品牌实战方法
门店销售冠军复制系统 王吉坤　著	门店型企业如何打造可复制的销售冠军系统，凡是门店型企业都可以使用	**新零售动作分解与实操：建材·家居·家具** 盛斌子　著	对泛家居行业趋势、店面管理、团队管理、促销推广、五感营销等提供策略
家具建材促销与引流 薛　亮　李永锋　著	对泛家居营销执行模式和工具、关键环节等进行汇总	**建材家居门店6力爆破** 贾同领　著	产品力、导购力、形象力、推广力、服务力、组织力
家具行业操盘手 王献永　著	总结家具终端门店发展的现状及问题并给出策略	**手把手教你做专业督导** 熊亚柱　著	系统梳理督导的核心技能，岗位职责、工作流程及技能
手把手帮建材家居导购业绩倍增 熊亚柱　著	针对建材家居门店的业务人员，案例故事还原场景教你成为好导购	**10步成为最棒的建材家居门店店长** 徐伟泽　著	梳理店长管理的核心工作职责，店面管理规范和帮助销售人员成长
建材家居门店销量提升 贾同领　著	9个板块讲述建材门店一个单店如何做到经营的良性循环	**总部有多强大，门店就能走多远** IBMG集团　著	五大方向综合阐述连锁零售企业总部如何提升管理能力
赚不赚钱靠店长，从懂管理到会经营 孙彩军　著	注重专卖店的经营思路拓展，门店管理细节方面能力提升	**新医改了，药店就要这样开** 尚　锋　著	从药店定位的思考，内部和会员管理等几个方面探讨中小型药店发展方向
门店管理			
电商来了，实体药店如何突围 尚　锋　著	新时代药店经营三驾马车：药学专业服务、会员贴心服务和精准定向促销	**引爆药店成交率1：店员导购实战** 范月明　著	药店人的零售工作怎样接待顾客，完善销售技巧
引爆药店成交率2：药店经营实战 范月明　著	从药店经营角度如何建立改善门店现状的实用标准	**引爆药店成交率：专业化销售解决方案** 范月明　著	从简单的拿药服务到提供多角度的专业解决方案
互联网			
一、互联网转型			
画出公司的互联网进化路线图 李　蓓　著	18个“可以……吗”的问题作为你产品、客户和价值方面的指引牌	**7个转变，让公司3年胜出** 李　蓓　著	企业估值、业务模式、营销、生产制造、客户服务、用户黏性到组织管理7个转变
重生战略移动互联网和大数据时代的转型法则 沈　拓　著	四个重生战略对应四个法则告知传统企业的转型重生之路	**创造增量市场：传统企业互联网转型之道** 刘红明　著	为读者提供了寻找这些互联网的切入点和接触点的具体方法，带来增量市场
互联网+变与不变 本土管理实践与创新论坛　著	61篇精华文章，聚焦传统行业如何互联网+时代转型	**今后这样做品牌** 蒋　军　著	顶层设计、营销创新、产品战略、渠道变革、品牌策略
移动互联新玩法 史贤龙　著	立足现实，剖析新时代背景下的移动互联趋势与热点	**互联网时代的成本观** 程　翔　著	多维组合成本的互联网精神和大数据特征及应用

续表

书名	内容	书名	内容
正在发生的转型升级实践 本土管理实践与创新论坛　著	100多位本土管理专家当年对最新一年的思考和实践	**1000铁杆女粉丝** 张兵武　著	如何让普通女性成为忠实追随的铁杆粉丝，磁力点、情感结、甜蜜区、信任圈
混沌与秩序Ⅰ：变革时代企业领先之道 彭剑锋　施　炜 苗兆光　王祥伍 孙　波　夏惊鸣	新环境下企业面临变革应如何应对，作为企业家又应当如何坚守并与企业共同成长提出了深度思考	**混沌与秩序Ⅱ：变革时代管理新思维** 彭剑锋　施　炜 苗兆光　王祥伍 孙　波　夏惊鸣	对处于时代变革下的企业管理新机制、人力资源管理新思维，组织与人的新型关系，结合案例提出优化建议
消费升级：实践·研究 本土管理实践与创新论坛　著	从经营、管理、行业三个方面记录消费升级下的实践	**互联网精准营销** 蒋　军　著	互联网时代整体策划、包装品牌和产品
二、抖音、微信微商、电商			
抖音营销系统 刘大贺　著	抖音系统的实战营销知识，上百个从0做大的案例	**金牌微商团队长** 罗晓慧　著	微商团队长创业实操的指导工具书
微商生意经：真实再现33个成功案例操作全程 伏泓霖　罗晓慧　著	精心挑选的33个微商成功案例，阐述具体操作过程	**快速见效的企业微信营销方法** 孙　巍　著	站在微信生态的立体高度系统讲述企业微信快营销方法论
阿里巴巴实战运营：14招玩转诚信通 聂志新　著	产品定位、阿里巴巴排名因素、数据分析，标题优化等如何做好阿里巴巴	**阿里巴巴实战运营2：诚信通热卖技巧** 聂志新　著	打开诚信通运营的金钥匙，10大具体运营技巧
三、行业新营销			
餐饮新营销 杨　勇　程绍珊　著	聚焦餐饮企业转型，系统的餐饮企业营销管理体系	**新零售进化路径** 李政权　著	预先复盘新零售及商业的未来，找到方向
珠宝黄金新营销 崔德乾　著	珠宝业新营销/新品牌/新产品/新零售/新连接/新场景/新服务/新传播/新管理	**新经销：新零售时代教你做大商** 黄润霖　著	探访近100位经销商在传统营销手法上的创新，传统营销微创新和新营销本地化
新零售动作分解与实操：建材·家居·家具 盛斌子　著	对泛家居行业趋势、店面管理、团队管理、促销推广、五感营销等提供策略	**新营销** 刘春雄　著	让品牌商和渠道商掌握获得独立流量的能力，能够与平台商博弈
快速见效的企业网络营销方法　B2B　大宗B2C 张　进　著	数据和案例90%来自作者服务的中小企业，快速全面地学习企业网络营销方法	**移动互联下的超市升级** 联商网专栏　著	超市未来的发展趋势，对社区超市、生鲜、全渠道建设、O2O等提出观点
百货零售全渠道营销策略 陈继展　著	零售行业的竞争重点、行业本质，战略转型、未来趋势、经验和案例	**互联网时代的银行转型** 韩友斌　著	银行业在互联网金融变革浪潮中所做的积极应对和转型布局
触发需求：互联网新营销样本·水产 何足奇　著	通过鲜誉案例解读阐述水产行业如何进行互联网转型	**新农资如何弯道超车** 刘祖轲　著	从农业产业化、互联网转型、行业营销与经营突破四个方面阐述农资企业转型

续表

书名	内容	书名	内容
新零售　新终端 迪智成　著	将新零售系统打法做梳理并落地在新终端建设上		
医药医疗			
一、药店			
新医改了，药店就要这样开 尚　锋　著	从药店定位的思考，内部和会员管理等几个方面探讨中小型药店发展方向	电商来了，实体药店如何突围 尚　锋　著	新时代药店经营三驾马车：药学专业服务、会员贴心服务和精准定向促销
引爆药店成交率1：店员导购实战 范月明　著	药店人的零售工作怎样接待顾客，完善销售技巧	引爆药店成交率2：药店经营实战 范月明　著	从药店经营角度如何建立改善门店现状的实用标准
引爆药店成交率：专业化销售解决方案 范月明　著	从简单的拿药服务到提供多角度的专业解决方案		
二、药品销售			
医药第三终端：从控销到动销　诊所　基层医疗 王祥君　张芳文　著	用大量案例来梳理药企落地动销的策略、方法和技战术	医药营销：诊所开发维护与动销 张江民　著	从六个方面系统阐述基层诊所市场营销攻略
处方药合规推广实战宝典 赵佳震　著	对处方药推广体系搭建、推广人员岗位内容等六个方面进行阐述	医药代理商经营全指导 戴文杰　著	从产品选择、价格体系设计、路径管理等维度描述代理商产品操作的基本策略
处方药零售这样做 田　军　著	处方药零售的重要性及做市场的具体措施和方法	OTC医药代表药店开发与维护 鄢圣安　著	一位从初级OTC医药销售代表成长起来的销售经理的经验分享
OTC医药代表药店销售36计 鄢圣安　著	以《三十六计》为线，写OTC医药代表向药店销售的一些技巧与策略		
三、药企转型			
药企战略·运营与医药产业重构 杜　臣　著	对医药产业的深度认知与发展趋势结合，战略思考与经营操作相统一	医药行业大洗牌与药企创新 林延君　沈　斌　著	围绕着创新介绍医药行业，介绍近百家医药企业创新实践案例
医药新营销 史立臣　著	从药企最关心的八个方面阐述制药企业、医药商业企业营销模式转型	医药企业转型升级战略 史立臣　著	商业模式转型、管理转型、定位转型、运营模式转型和跨界转型五方面阐述转型
新医改下的医药营销与团队管理 史立臣　著	立足新医改相关政策的解读，为中小医药企业出谋划策	在中国，医药营销这样做 段继东　著	时代方略在医药营销领域思想、方法文章的精选合集
四、新医疗			
成为医疗器械领军者 王　强　著	中小型医疗器械生产企业和代理商怎样转型	新型诊所经营与创新 动脉网　著	对新型诊所从标准化管理、经营方式、团队建设、连锁模式四个方面进行解读

续表

书名	内容	书名	内容
医美新风口：颜值经济下的亿万市场 动脉网　著	详细介绍中国医疗美容行业的发展趋势，现状以及医美产业链等	互联网医院：正在发生的医疗新变革 动脉网　著	介绍互联网医院的建设与运营、管理，发展模式和市场布局，以及发展规律
快消品			
一、快消案例			
中国快消品营销这些年 史贤龙　著	一本书浓缩快消品营销15年的实战历程与前沿思考	这样打造大单品 迪智成　著	通过13个大案例帮助企业梳理打造大单品的路径
你不知道的加多宝 曲宗恺　牛玮娜　著	以时间为轴线，详细叙述了加多宝品牌的发展历程	娃哈哈区域标杆 罗宏文　快车君 赵晓萌　寇尚伟	讲娃哈哈豫北市场如何成为娃哈哈全国第一大市场、全国增量第一的市场
六个核桃凭什么从0过100亿 张学军　著	全视角深度解读养元企业的裂变成长，复盘十年蜕变轨迹	像六个核桃一样 王　超　著	六个核桃为什么卖得这么好，产品畅销的6大要义36条简明法则
5小时读懂快消品营销 陈海超　著	20年快速消品市场风云洞察解码，丰富的案例解析		
二、快消品区域经理			
快消品营销团队管理 刘　雷　伯建新　著	快消品团队管理相关的20余个工具+20余个案例	这样打造快消品区域标杆 罗宏文　牛玉龙　著	分为两篇解决如何成功打造标杆市场和进行持续增量管理两大问题
成为优秀的快消品区域经理（升级版） 伯建新　著	作为区域经理的“速成催化器”，升级版增加11篇内容	快消老手都在这样做：区域经理操盘锦囊 方　刚　著	一线成长起来的资深快消品营销人“压箱底”绝活亲囊而授
快消品营销人的第一本书 刘雷　伯建新　著	针对一线厂家业务员工作中常遇到的问题给予建议	销售轨迹：一位快消品营销总监的拼搏之路 秦国伟　著	一个普通营销人的故事，16年背井离乡的职场拼搏之路
快消品营销：一位销售经理的工作心得2 蒋　军　著	从市场操作、团队管理、传播推广、营销的具体策略和战略等方面提供方法		
三、快消品动销			
动销：产品是如何畅销起来的 余晓雷　著	怎么被消费者买走和竞争对手是谁这两个原点解决动销问题	动销操盘：节奏掌控与社群时代新战法 朱志明　著	用七个章节阐述关于动销操盘的要诀，节点、节奏、主次、条件匹配性等问题
动销四维：全程辅导与新品上市 高继中　著	从产品、渠道、促销和新品上市四个方面详细讲解提高动销的具体方法		
四、快消品渠道			
深度分销 施　炜　著	流道价值链、模式选择、渠道策略与管理、零售经销商管理、最佳实践、团队建设	通路精耕操作全解周俊 陈小龙　著	对康师傅制胜法宝通路精耕进行系统介绍与说明，图表和完善入微的操作方法

续表

书名	内容	书名	内容
酒水饮料快消品餐饮渠道营销手册 朱伟杰　著	对餐饮渠道深入挖掘，建立适合餐饮渠道发展的服务模式和组织保障措施	快消品经销商如何快速做大 杨永华　著	经销商如何通过经营实现规模，通过管理实现规模效益
快消品营销与渠道管理 谭长春　著	解决日常涉及的渠道管理、市场、产品等营销事务	快消品招商的第一本书 刘　雷　著	从招商理论到招商动作进行系列化分解，化繁为简
采纳方法：化解渠道冲突 朱玉童　著	21个最新的渠道冲突案例立体地介绍渠道冲突的现象和方法		
五、快消品企业战略			
重构：快消品企业重生之道 杨永华　著	从战略，品牌，市场，产品，营销，系统，管理7个方面进行重构	变局下的快消品实战策略 杨永华　著	从5个角度针对快消品企业如何应对行业变局给出答案
新营销 刘春雄　著	让品牌商和渠道商掌握获得独立流量的能力，能够与平台商博弈	采纳方法：破解本土营销8大难题 朱玉童　著	破解困扰营销人的八大难题变给出解决方法
白酒营销培训宝典：复制高业绩 刘孝鞅　著	总结白酒营销人员系统运作市场的要点，转化为易学可复制的动作和工具表单	酒水饮料快消品餐饮渠道营销手册 朱伟杰　著	对餐饮渠道深入挖掘，建立适合餐饮渠道发展的服务模式和组织保障措施
白酒营销的第一本书 唐江华　著	多角度阐释白酒一线市场操作的最新模式和方法	白酒经销商的第一本书 唐江华　著	经销商如何选择厂家、合作、运营品牌等问题给建议
白酒到底如何卖 赵海永　著	多角度地阐释了白酒一线市场操作的最新模式和方法	白酒到底如何卖2：从市场培育到动销 赵海永　著	系统化、标准化、模式化的促成动销的实战操作方式和方法
变局下的白酒企业重构 杨永华　著	白酒企业重构期的营销战略与实操策略6大方法	酒业转型大时代 微　酒　著	酒水营销、新闻资讯及行业分析、预测的知识宝典
区域型白酒企业营销必胜法则 朱志明　著	以36条法则从战略、营销、推广、产品线、品牌、市场、战术、等方面提供方法	10步成功运作白酒区域市场 朱志明　著	从市场攻守、产品攻略、新品上市、占领渠道、促销等十个层面阐述
茶·调味品·油·乳业			
营销中国茶：2小时读懂茶叶营销 史贤龙　著	中国茶营销的“困局”“破局”和“创举”	中国茶叶营销第一书 柏　龑　著	纵览中国茶叶市场的全局，并且有针对性地提出问题并阐述解决方法
调味品营销第一书 陈小龙　著	15年监控中国市场50个中外著名调味品品牌市场运作、管理等得到的经验总结	调味品企业八大必胜法则 张　戟　著	提炼了调味品企业八大规律性的关键成功要素
食用油营销的第一本书 余　盛　著	从小包装油行业概述到产品的基本知识，从基本执行动作到品牌整体策划等	鲁花：一粒花生撬动的粮油帝国 余　盛　著	鲁花如何成长为优秀的带动农业产业发展的品牌，鲁花你一定学得会

续表

书名	内容	书名	内容
金龙鱼背后的粮油帝国 余　盛　著	以金龙鱼为脉的一部中国粮油行业的史诗	**乳业营销的第一本书** 侯军伟　著	区域型乳品企业如何才能够稳健的发展
工业品			
一、工业品销售			
大客户销售这样说这样做 陆和平　著	大客户销售活动的十大模块，68个典型销售场景	**销售是个专业活　B2B** 陆和平　著	据客户采购流程拆分销售过程10阶段，讲解方法技巧
成为资深的销售经理：B2B　工业品 陆和平　著	让销售经理成功把握销售管理6个关键点，并提供工具	**一切为了订单：订单驱动下的工业品营销实践** 唐道明　著	以订单流程的三个环节为主线讲述工业品营销管理新思路
二、工业品营销			
工业品营销管理实务（第4版） 李洪道　著	是信任导向工业品营销体系的深化版、工业品营销管理体系优化咨询升级版	**工业品企业如何做品牌** 张东利　著	为当下中国制造的品牌化转型提供经过实践证明的理念、方法和体系
工业品市场部实战全指导 杜　忠　著	解决职能不清、市场部五大职能如何运作、职业发展路径等具体问题	**解决方案营销实战案例** 刘祖轲　著	十大工业品作者实操案例解码解决方案营销
资深大客户经理：策略准　执行狠 叶敦明　著	将大客户经理必须具备的规划、策略、执行三种能力连通自如		
三、工业品企业			
变局下的工业品企业7大机遇 叶敦明　著	探索工业品企业成长的新机会，7大战略与战术性机会	**两化融合管理体系贯标流程与方法** 戴　勇　著	融合五十多家企业在两化融合贯标过程的经验，总结重点与举措
丁兴良讲工业4.0 丁兴良　著	多角度阐述中国在工业4.0的机遇和挑战		
建材家居			
一、建材家居门店			
家居建材促销与引流 薛　亮　李永锋　著	对泛家居营销执行模式和工具、关键环节等进行汇总	**新零售动作分解与实操：建材·家居·家具** 盛斌子　著	对泛家居行业趋势、店面管理、团队管理、促销推广、五感营销等提供策略
家具行业操盘手 王献永　著	总结家具终端门店发展的现状及问题并给出策略	**手把手教你做专业督导** 熊亚柱　著	系统梳理督导的核心技能，岗位职责、工作流程及技能
手把手帮建材家居导购业绩倍增 熊亚柱　著	针对建材家居门店的业务人员，案例故事还原场景教你成为好导购	**10步成为最棒的建材家居门店店长** 徐伟泽　著	梳理店长管理的核心工作职责，店面管理规范和帮助销售人员成长
建材家居门店销量提升 贾同领　著	9个板块讲述建材一个单店如何做到经营的良性循环	**建材家居门店6力爆破** 贾同领　著	产品力、导购力、形象力、推广力、服务力、组织力
二、建材家居经销商			
新经销：新零售时代教你做大商 黄润霖　著	探访近100位经销商在传统营销手法上的创新，传统营销微创新和新营销本地化	**建材家居经销商42章经** 王庆云　著	经营管理的心法和战法，帮助经销商成为“业务妙手”和“管理能手”

续表

书名	内容	书名	内容
成为最赚钱的家具建材经销商 李治江 著	针对建材家居行业的经销商，从销售模式、产品、门店、市场等方面给出方法		
三、建材家居企业			
定制家居黄金十年 韩 锋 翁长华 著	对中国定制家居行业20年发展历程深度、系统、专业的解读	建材家居营销：除了促销还能做什么 孙嘉晖 著	探索家居建材行业营销的革命，回顾和思考来发现行业“营销天花板”的突破口
建材家居营销实务：新环境、新战法 程绍珊 杨鸿贵 著	针对建材家居市场特点提出以客户价值为基础的整体营销价值链		
零货·超市·百货			
新零售进化路径 李政权 著	预先复盘新零售及商业的未来，找到方向	新零售 新终端 迪智成 著	将新零售系统打法做梳理并落地在新终端建设上
移动互联下的超市升级 联商网 著	超市未来的发展趋势，对社区超市、生鲜、全渠道建设、O2O等提出观点	百货零售全渠道营销策略 陈继展 著	零售行业的竞争重点、行业本质，战略转型、未来趋势、经验和案例
超市卖场定价策略与品类管理 IBMG集团 著	零售企业的市场拓展与商品定位、商品结构与商品陈列、毛利分析与库存分析	连锁零售企业招聘与培训破解之道 IBMG集团 著	围绕零售企业组织架构、培训体系建设等内容进行深刻探讨
总部有多强大，门店就能走多元 IBMG集团 著	五大方向综合阐述连锁零售企业总部如何提升管理能力	三四线城市超市如何快速成长：解密甘雨亭 IBMG集团 著	甘雨亭的许多关键经营指标均高于行业标准，学习其成功的方法
中国首家未来超市：解密安徽乐城 IBMG集团 著	对乐城超市的掌门人及内部员工的采访详细阐释了乐城的经验	零售：把客流变成购买力 丁 昀 著	通过大量的实际案例对中国零售业态的升级转型之路提出思考
餐饮·服装·影院			
餐饮新营销 杨 勇 程绍珊 著	聚焦餐饮企业转型，系统的餐饮企业营销管理体系	电影院的下一个黄金十年 李保煜 著	介绍了中国电影产业的运作模式以及电影院的开发、设计思路
餐饮企业经营策略第一书 吴 坚 著	阐述餐饮企业产品之道、市场之道、顾客之道及盈利之道	赚不赚钱靠店长，从懂管理到会经营 孙彩军 著	注重专卖店的经营思路拓展，门店管理细节方面能力提升
农牧业			
一、农资			
饲料营销有方法 陈石平 著	饲料营销的7大核心命题	农资营销实战全指导 张 博 著	深度营销在农资市场行之有效的营销策略和工具
新农资如何弯道超车 刘祖轲 著	从农业产业化、互联网转型、行业营销与经营突破		

续表

书名	内容	书名	内容
二、农牧企业			
中国牧场管理实战 黄剑黎　著	牧场管理标准、管理制度、操作规程做出剖析和指引	**中小农业企业品牌战法** 韩　旭　著	农业企业需要全产业链视野，更需要品牌实战方法
变局下的农牧企业9大成长策略 彭志雄　著	为农牧企业量身打造了9个立足现在、展望未来的成长策略	**农产品营销实战第一书** 胡浪球　著	针对33个农产品营销的核心问题提供具体招数
地产·汽车			
一、地产			
中国城市群房地产投资策略 吕俊博　刘　宏　著	挖掘主要城市群的现状特征、发展因子、演化趋势、竞争关系等，给出分析建议	**产业园区/产业地产：规划、招商、实战运营** 阎立忠　著	认知、规划、招商、运营四方面系统解读产业园区的建设精要和运营技巧
人文商业地产策划 戴欣明　著	"全球化视野（创意）"+"人文+"思维		
二、汽车			
商用车经销商运营实战 杜建君　著	对商用车经销商的经营与管理、4S店运营做了全方面的系统总结	**汽车配件这样卖** 俞士耀　著	适合轮胎、机油、维修、快保、美容、洗车等汽车服务业态销售实操办法
润滑油销售：这样说，这样做更有效 张金荣　著	总结润滑油销售面对三大客户常遇到的200余个营销问题解决方法		
投资理财·收购资本			
交易心理分析 马克·道格拉斯【美】　著	一语道破赢家的思考方式，并提供了具体的训练方法	**财报背后的投资机会** 蒋　豹　著	零基础轻松掌握财务报表的相关知识，快速入门
写给企业家的公司与家庭财务规划 周荣辉　著	以企业的发展周期为主线，写各阶段企业与企业主家庭的财务规划	**分股合心** 段　磊　周　剑　著	围绕股权激励，详细介绍相关知识和实行方法
成功并购300问 浩德并购军师联盟　著	系统学习资本运作和企业并购知识的金融工具书	**并购名著阅读指南** 叶兴平　著	全球5000多本并购图书中精选200本并进行评价
阿米巴			
阿米巴经营的中国模式 李志华　著	基于阿米巴经典理念提出了适合中国本土的员工自主经营的"1532"模型	**集团化企业阿米巴实战案例** 初勇钢　著	作者在某酒厂推行阿米巴经营模式的心得
中国式阿米巴落地实践之激活组织 胡八一　著	划分原则、裂变与整合、组织管控、重新定位、巴长竞聘和组阁	**中国式阿米巴落地实践之从交付到交易** 胡八一　著	从6个方面阐述经营会计，从交付到交易是成功实施阿米巴的标志
中国式阿米巴落地实践之持续盈利 胡八一　著	企业做平台、平台做成阿米巴、阿米巴做成合伙制		

续表

人力资源管理			
一、绩效·薪酬			
书名	内容	书名	内容
回归本源看绩效 孙　波　著	从目的和概念帮助企业梳理绩效管理与经营的关系	**走出薪酬管理误区** 全怀周　著	7个常见薪酬误区入手为企业提供一套系统解决方法
曹子祥教你做绩效管理 曹子祥　著	作者核心授课课程的还原，掌握绩效管理的核心内容	**曹子祥教你做激励性薪酬设计** 曹子祥　著	作者28年咨询经验总结，如何进行科学的薪酬体系设计
二、招聘·面试·培训			
把招聘做到极致 远　鸣　著	多年人力资源资深招聘经理多年工作心得提炼	**把面试做到极致** 孟广桥　著	一套实用的确定岗位招聘标准、提升面试官技能方法
人才评价中心漫画版 邢　雷　著	用漫画形式写成的人才测评专业书籍	**世界500强资深培训经理人教你做培训管理** 陈　锐　著	从构建培训体系、培训组织、培训文化、开发培训资源教你做培训管理
三、HR高管·劳动法			
经营型HRD 黄渊明　著	总结企业HRD如何支撑企业经营成功抓好七件关键事情	**人才供应链：实现高绩效均衡的人才管理模式** 许　锋　著	打造人才供应链的四大支柱，十项修炼的完整体系
新任HR高管如何从0到1 新　海　著	到互联网创业型企业担任HRVP，从0到1建立较完善的HR体系	**人力资源体系与e-HR信息化建设** 刘书生　陈　莹 王美佳　著	6大框架、28个关注点、5大目标、6大优势、166个交付物咨询体系和盘托出
集团化人力资源管理实践 李小勇　著	针对集团型企业人力资源管理急问题，提出科学建议	**我的人力资源管理笔记** 张　伟　著	第三方咨询视角跳出“技术方法”看人力资源管理
人力资源的5分钟劳动法 李皓楠　著	入职管理、在职管理、离职管理中遇到的劳动法问题及应对		
四、HRBP			
HRBP是这样炼成的之菜鸟起飞 黄渊明　著	作者在初步转型HRBP两年时间里摸索实践的亲身经历与总结	**HRBP是这样炼成的之中级修炼** 黄渊明　著	结合作者亲身从事HRBP的工作经历，总结HRBP的作战故事
HRBP高级修炼 黄渊明　著	故事方式，HRD角度深度呈现运用HRBP的思维、方法		
企业文化			
企业文化落地本土实践 王祥伍　著	华夏基石“知信行”模型描绘企业文化落地路线图	**企业文化的逻辑** 王祥伍　著	从文化起源深刻剖析文化、效率、企业、企业文化联系
企业文化定位·落地一本通 王明胤　著	企业文化理念传播和落地聚焦的17种方法，解读了近100个实战案例	**36个拿来就用的企业文化建设工具** 海融心胜　著	汇集整理了36个通用的企业文化实践工具

续表

书名	内容	书名	内容
企业文化激活沟通 宋杼宸　安　琪　著	系统阐述沟通与企业文化的关系，给予企业提升沟通效能的企业文化解决方案	**企业文化建设超级漫画版** 邢　雷　著	用漫画形式写成的企业文化建设专业书籍，理论体系和 29 个具体的操作方法
在组织中绽放自我 朱仁建　著	个人与组织之间的关系，文化对组织化形成的影响		
流程管理			
营销・研发・供应链业务架构与流程管理 谭勋晖　著	对营销、研发、供应链这三大业务流程变革实践经验总结	**打造集成供应链** 王春强　著	第一用力在“集成”上，梳理内外部各相关模块及其依赖关系
人人都要懂流程 金国华　余雅丽　著	50 幅流程管理漫画，内部对流程价值理念的高度共识	**用流程解放管理者** 张国祥　著	8 个板块构成，共 66 篇文章，14 幅流程管理图
用流程解放管理者 2 张国祥　著	对中小企业规范化流程管理进行系统的阐述	**跟我们学建流程体系** 陈立云　罗均丽　著	在《跟我们做流程管理》基础上丰富了标杆实践案例
16949 质量管理体系落地与全套文件汇编 谭洪华　著	对 IATF16949 每个条款讲解采用理解、作用、落地、模板、成功案例四个模块解析	**ISO9001：2015 制造业文件模板全集** 贺红喜　著	五篇内容组成的完整的质量管理体系工具文件
精益质量管理实战工具 贺小林　著	四个方面对精益质量管理进行了全方位介绍和解读，并提供大量方法工具	**五大质量工具详解及运用案例** 谭洪华　著	APQP、FMEA、MSA、SPC、PPAP 这五大质量工具的具体运用
IATF16949 质量管理体系详解与案例文件汇编 谭洪华　著	针对 IATF16949 的标准原文做详细解说，同时提供大量表单案例	**SA8000：2014 社会责任体系认证实战** 吕　林　著	将 SA8000 多版本及 10 多年的体系实战经验汇编成书
ISO9001：2015 新版质量管理体系解读与案例文件汇编 谭洪华　著	ISO9001：2015 新版标准理解和运用操作进行详细解读	**ISO14001：2015 新版环境管理体系解读与案例文件汇编** 谭洪华　著	ISO14001：2015 改版后的差别和操作运用进行详细讲解
精益生产			
一、精益・JIT・IE			
精益思维 刘承元　著	作者二十余年企业经营和咨询管理的经验总结	**比日本工厂更高效** 刘承元　著	管理提升无极限＋超强经营力＋精益改善里的成功实践
计划与物流精益改善之道 于晓光　著	围绕“计划与物流战略咨询的方法论”进行解析，提供方法论和案例	**300 张现场图看懂精益 5S** 乐　涛　著	通过日本丰田、上市企业案例，用 300 张现场图系统讲解 5S 管理
3A 顾问精益实践 1：IE 与效率提升 党新民　苏迎斌 蓝旭日　著	系统、全面地介绍 IE 工厂管理技术，提高效率创造价值	**3A 顾问精益实践 2：JIT 与精益改善** 肖智军　党新民　著	系统、全面地介绍 JIT 生产方式，并加入实践案例
高员工流失率下的精益生产 余伟辉　著	从三方面论述推行精益管理时如何应对员工流失		

续表

书名	内容	书名	内容
二、生产管理			
化工企业工艺安全管理实操 黄　娜　著	围绕化工工艺安全14要素来展开分析	手把手教你做专业生产经理 黄　娜　著	生产经理如何在信息流、物流、资金流三大流中开展工作
欧博心法：好工厂　靠管理 曾　伟　著	从管人篇和管事篇帮助读者解决人难管、事难控	欧博工厂案例1：生产计划管控对话录 曾　伟　曾子豪　著	工厂管理生产计划管控模块的8个全景细节大案例
欧博工厂案例2：品质技术改善对话录 曾　伟　曾子豪　著	工厂管理品质、技术、效率管理模块的10个全景细节大案例	欧博工厂案例3：员工执行力提升对话录 曾　伟　曾子豪　著	工厂管理人员管控模块的5个全景细节大案例
工厂管理实战工具 曾　伟　著	中国传统文化指导下的工厂管理工具		
全能型班组：城市能源互联网与电力班组升级 国网天津电力公司　著	从互联网时期的班组转型升级出发，对新型班组组织模式和运行机制进行设想	国网天津电力全能型班组建设实务 国网天津电力公司　著	聚焦天津电力公司在探索全能型班组转型升级时的优秀实践
车间人员管理那些事儿 岑立聪　著	小事入手把基层车间管理者头疼的事务打包解决		
咨询·培训师			
培训师事业长青之道 廖信琳　著	培训师自我管理的“洋葱模型”，十项内容与五个层级	管理咨询师的第一本书 熊亚柱　著	深度剖析初级入行咨询师在工作中会遇到的问题
资深管理咨询顾问工作心得 张国祥　著	使用手册讲述咨询师如何操作项目，老板如何选择咨询师，企业如何自主落地	手把手教你做顶尖企业内训师 熊亚柱　著	从开、控、收、编、制、用的角度去践行培训师的职责
TTT培训师精进三部曲上 廖信林　著	手把手教您“深度改善现场培训效果”的一招一式	TTT培训师精进三部曲中 廖信林　著	建构一整套培训课程设计与开发的认知架构和方法体系
TTT培训师精进三部曲下 廖信林　著	通过“沉淀职业功力的六度模型”，帮助培训师在职业技能上的持续精进		
产品·研发			
研发体系改进之道 靖　爽　陈年根 马鸣明　著	取材数十家企业研发改进的咨询实践，提炼一套实操的改进步骤与工具	新产品开发管理，就用IPD（升级版） 郭富才　著	把产品经营的思想凝结在新产品开发管理机制中，升级版更丰富
产品开发管理：方法·流程·工具 任彭枞　著	结合超过300家企业的实际研发管理方法，总结问题和方法，大量表格	资深项目经理这样做新产品开发管理 秦海林　著	采用过程管理方法，对新产品开发的四大过程进行分析，主要针对小电器产品
产品炼金术Ⅰ：如何打造畅销产品 史贤龙　著	如何打造畅销产品的四个方法	产品炼金术Ⅱ：如何用产品驱动企业成长 史贤龙　著	经营者视角重新认识产品，对产品现状快速诊断
中东历史与现状二十讲 黄民兴　著	对中东几千年的历史和动荡的现状进行了一个白描	非暴力抵抗的诞生 甘　地　著	甘地南非21年为印度侨民争取政治权利的艰苦历程

续表

书名	内容	书名	内容
中国古代政治制度上：皇帝制度与中央政府 刘文瑞　著	探究中国古代政治制度的规则和机制，论证古代皇帝制度的形成和演变历程	中国古代政治制度下：地方体制与官僚制度 刘文瑞　著	探究中国古代政治制度的规则和机制，论证古代地方政府的发展演变过程
两晋南北朝十二讲 李文才　著	分12个专题对两晋南北朝的历史进行阐述	每个中国人身上的春秋基因 史贤龙　著	透过真实的春秋历史，看到人性里的黑暗与光明、卑劣与高尚
二、哲学			
车过麻城·再晤李贽 张再林　著	用游记的方式，展示李贽独到的学术眼力和理论建树	王阳明万物一体论 陈立胜　著	“万物一体”是王阳明思想的基本精神。大人者，能与天地万物为一体
自我与世界：以问题为中心的现象学运动研究 陈立胜　著	对现象学运动之中的“意向性”“自我”“他人”“身体”及“世界”进行深入分析	作为身体哲学的中国古代哲学 张再林　著	对中国古代哲学之性质内容给予一种全新的理论解读
中西哲学的歧义与汇通 张再林　著	揭示中西哲学“你中有我，我中有你”之旨		
三、传统文化			
与老子一起思考·道篇 史贤龙　著	一本将《老子》思想本义、思想价值、思想史地位、文明史意义讲透的著作	与老子一起思考·德篇 史贤龙　著	考、释、译、论四个方面的工作对《老子》进行解读
国富策：读管子知天下财富 翟玉忠　著	《管子》轻重十六篇为核心的轻重术，深刻阐发并从中汲取有益时代的经验教训	说服天下：鬼谷子的中国沟通术 翟玉忠　著	为纵横家正名，对纵横术进行了系统总结
中国商道 翟玉忠　著	对中国先秦和明清时期商业典籍系统整理和诠释	梁涛讲孟子之万章篇 梁　涛　著	对《万章》的讲解通俗、富有新意
中国思想文化十八讲 张茂泽　著	中国宗教文化课程10年基础上撰写而成，介绍中国古代宗教思想	孔门心法，中道而行：史幼波中庸讲记 史幼波　著	史幼波讲的《中庸》提炼出中华传统心性之学的精髓
大学之道，圣学纲目：史幼波大学讲记 史幼波　著	史幼波讲的《大学》帮助我们在自己身上找到一个精神的皈依处	史幼波《周子通书》《太极图说》讲记 史幼波　著	根据史幼波围绕这两篇儒学经典的系列讲座整理而成
四、书法·太极·教育·英语			
跟陈忠建学写名家书法Ⅰ 陈忠建　著	用视频跟陈忠建学名家书法之楷书·行书	跟陈忠建学写名家书法Ⅱ 陈忠建　著	用视频跟陈忠建学名家书法之隶书·楷书·行书
郑子太极拳理拳法 杨竣雄　著	作者14岁入郑子太极之门，用故事性的方式讲述教学	内功太极拳训练教程 王铁仁　著	训练方法及练习，用内气演练过程予以详析，有视频
别让你的执着毁了孩子 廖信林　著	复盘与孩子互动过程中的关键时刻，有效的亲子教育	像美国人一样讲话 马方旭　著	美国最常用的800句习惯用语搭配场景例句，有视频